내 아이의 정서지능을 키워주는

그림책 놀이

3~7세용

내 아이의 정서지능을 키워주는

그림책 놀이

3~7세용

이정원 지음

예문아카이브

Prologue

그림책 육아의 힘

아이가 자연 속에서 실컷 뒹굴고 놀며 다양한 경험을 충분히 하면, 잘 자랄 거라 믿었습니다. 그리고 그 경험의 장을 넓히기 위해서는 책이 꼭 필요하다고 생각했습니다. 세상의 지혜는 다양한 경험을 통해 얻을 수 있지만 모든 것을 경험할 수 없기에, 책을 통해 간접적으로 경험하는 것들이 직접 경험한 것에 더해지고 어우러지면 좋겠다는 생각을 했습니다.

"책 육아를 해야지!"라고 다짐하지는 않았지만 아이가 자연스럽게 책을 접할 수 있는 환경을 만들어주었습니다. 아이가 깨어 있는 시간에는 라디오나 동요, 동화 CD를 틀어뒀고, 되도록이면 텔레비전, 휴대폰 등 디지털 기기와의 접촉을 줄이려고 노력했습니다.

아이가 어렸을 때는 '그림책 놀이'라고 이름을 붙일만한 대단한 활동을 하지 않았습니다. 그냥 그림책을 함께 읽고, 아이가 좋아하는 놀이를 했습니다. 그림책을 읽은 뒤 독후 활동을 하는 것보다 그림책을 읽으며 아이와 이야기를 나누는 것이 훨씬 더 중요하다고 생각했기 때문입니다. 이 마음은 지금도 변함이 없습니다. 마음먹고 무언가를 시도하면 제가 원하는 결과를 만들어내고 싶어 아이에게 무리한 요구를 할 것 같아서 였습니다. 대신, 평소 아이의 모습 속에서 그림책과 연관된 무엇인가를 발견하면 그 그림책을 꺼내와 읽으며 이야기를 나눴습니다.

아이는 엄마 아빠의 말보다 행동을 보고 자란다고 합니다. 그래서 다 읽지 못하더라도 꾸준히 도서관에 다니며 책을 빌려오고, 책을 구입해 집에 쌓아두었습니다. 마음이 편안할 땐 책을 읽으며 필사도 하고, 생각을 정리하며 글도 썼습니다. 가끔 마음이 불편할 땐 좋아하는 책을 읽으며 마음을 달래기도 했습니다. 그렇게 8년이라는 시간이 흘렀고, 여전히 아이에게 그림책을 읽어주고 있습니다. 아이는 매일 책을 봅니다. 자신이 읽은 책 이야기를 엄마 아빠한테 들려주기도 하고, 가끔은 이 그림책을 읽고 이런 수업을 하면 좋겠다는 아이디어를 주기도 합니다.

아이가 앞으로 학교 공부를 좋아하고 성적을 잘 받을지는 모르겠지만, 자신이 하고 싶은 일과 해야 하는 일을 위해 마음을 쓰고 노력하리라는 것은 확신합니다. 행복한 삶을 살아가는 힘을 가진 아이를 보며, 용기내 아이와 함께 그림책을 읽으며 나눴던 이야기들을 담았습니다. 아이와 나눴던 이야기들이 그림책 육아를 하고자 하는 엄마 아빠에게 도움이 되길 바랍니다.

저자 이정원

CONSTRUCTION

이 책은 이렇게 구성되어 있어요!

이 책은 '그림책 읽어주는 엄마'가 되기 위해 주제별로 그림책을 분류하여 소개하고 그림책을 통해 엄마와 아이가 대화할 수 있도록 구성되어 있어요. 또 그림책과 연관된 엄마 놀이가 함께 수록되어 있어 좀 더 재미있게 책을 접할 수 있답니다.

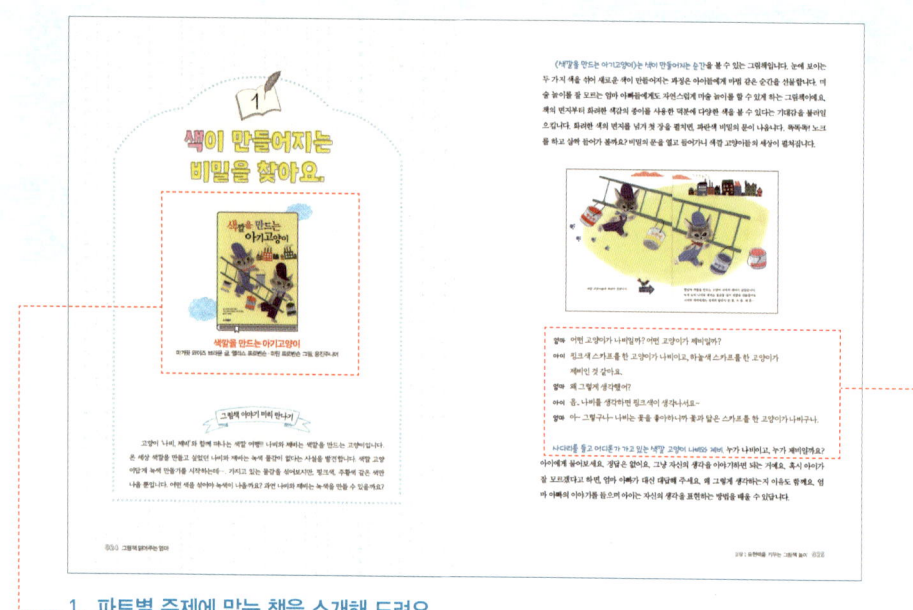

1. **파트별 주제에 맞는 책을 소개해 드려요.**
   책을 찾을 수 있는 간단한 정보와 책의 줄거리를 미리 확인할 수 있어요.

2. **아이와 함께 대화해요.**
   책의 내용을 보며 아이와 주제나 아이의 감정 등을 확인해 볼 수 있는 대화를 보여줘요.

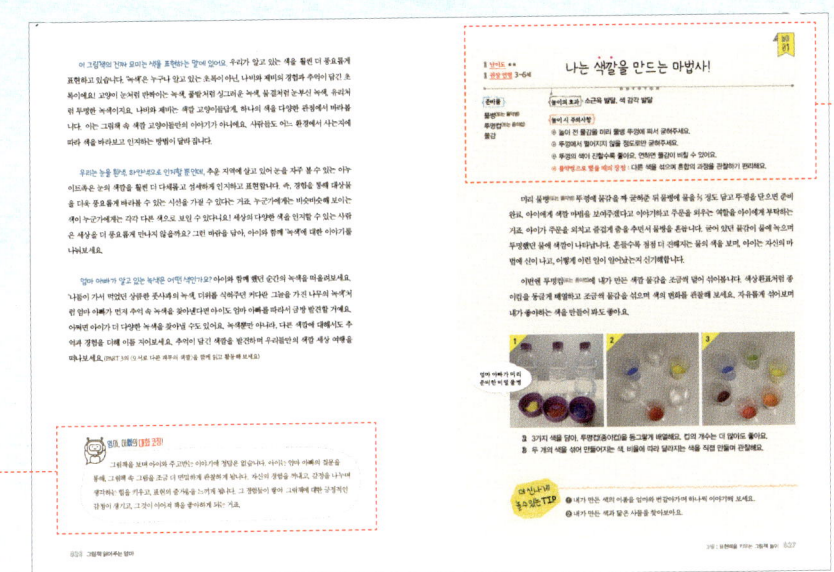

3. 엄마, 아빠 이런 점을 알고 읽어주세요.
  엄마, 아빠가 그림책을 아이에게 읽어 주면서 주의해야 할 점이나 아이가 어려워하는 부분에 대한 설명 등을 알려줘요.

4. 놀이로 재미를 더해요.
  그림책 내용과 관련된 다양한 놀이를 통해 아이에게 책의 주제 이해와 재미를 더해줘요.

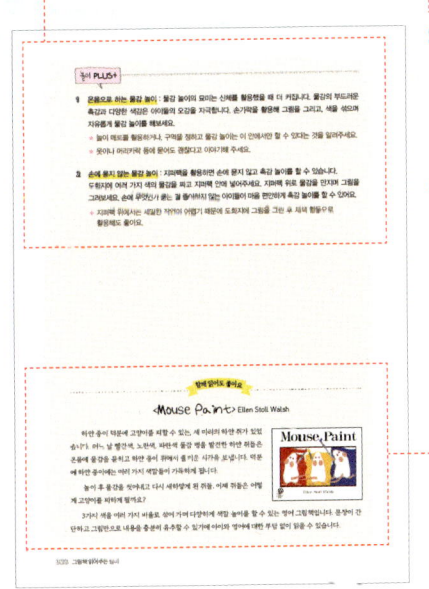

5. 재밌는 놀이를 더해요.
  응용 놀이를 더해 재미있는 놀이를 추가할 수 있어요.

6. 함께 읽어도 좋아요.
  앞서 소개한 책과 비슷한 주제의 도서를 소개해 드려요.

CONTENTS
이 책의 차례

그림책 놀이가 아이의 미래를 바꾼다

1	그림책 바로 알기	014
2	그림책 읽기의 힘	015
3	좋은 그림책을 선별하는 눈 갖기	017
4	그림책과 놀이	020
5	너도 나도 궁금했던 그림책 Q&A	022

표현력을 키우는 그림책 놀이

1	색이 만들어지는 비밀을 찾아요.	030
2	팡팡! 엄마 불꽃놀이 보러 가요!	035
3	동그라미로 그린 동물원	041
4	내가 쓰고 싶은 모자를 만들어요.	044
5	빛으로 그림을 그려요.	049
6	손도장으로 캐릭터를 만들어요.	053
7	나의 새로운 연필	057
8	몽실몽실 부드러운 구름 놀이	061
9	숲속 열매로 만든 내 친구	066
10	종이 한 장의 마법, 색종이의 변신	069

11	나의 작고 낡은 옷이...	072
12	비 오는 날 만난 장면	077
13	얼음으로 그린 그림	082
14	내가 좋아하는 생일 케이크	087
15	내가 만든 떡	091

Part 3 관찰력을 키우는 그림책 놀이

1	도형으로 동물을 만들어요.	098
2	숨바꼭질 그림을 그려요.	102
3	채소의 이름을 지어요.	106
4	식물 화석을 만들어요.	110
5	동물마다 꼬리가 달라요.	114
6	크기를 비교해요.	018
7	걸음의 종류를 살펴봐요.	122
8	세상에서 가장 특별한 뼈	126
9	서로 다른 피부의 색깔	130
10	나무에 옷을 입혀 주세요.	134
11	봄에 만날 수 있는 것을 찾아요.	137
12	물의 다양한 이름	143
13	바람을 만나요.	148
14	리본으로 표현하는 세상	153
15	박수책을 만들어요.	157

Part 4 상상력을 키우는 그림책 놀이

1	책으로 할 수 있는 일들	164
2	우리집 수박 수영장	170
3	나만의 손바닥 동물원	174
4	과일 그리고 채소의 변신	178
5	내가 좋아하는 물고기	183
6	나의 마술연필	188
7	상자의 변신	193
8	거울, 반전 그림	196
9	나만의 집	200
10	내가 심고 싶은 씨앗	204
11	그림 밖의 세상	208
12	우주인이 된 내 모습을 상상해요.	213
13	하늘을 표현해요.	217
14	나의 ㄱㄴㄷ 그림책	221
15	나의 그릇	224

Part 5 감정을 표현할 수 있는 그림책 놀이

1	도깨비에게 다양한 얼굴 표정을 선물해요!	234
2	표정 인형을 만들어요.	240
3	나만의 감정 사전	244
4	오늘 내 기분을 남겨요.	248
5	마음의 색	252
6	친구를 사귀는 방법	256
7	마음 우체통	260
8	나를 웃게 하는 순간들	264

9	나의 행복한 순간	267
10	두려움이 사라지는 주문	270
11	뽀뽀를 전해요.	274
12	짜증을 터뜨려요.	277
13	춤추는 세상	281
14	사라져라, 슬픔!	284
15	내 눈에 꼭 맞는 안경	288

Part 6
자존감을 키우는 그림책 놀이

1	내가 받는 사랑, 내가 주는 사랑	296
2	나는 이름이 많아요.	300
3	색깔을 찾아요.	304
4	나도 반짝이 비늘이 있어요.	308
5	나는 어떤 동물을 닮았을까?	313
6	내가 가진 가장 소중한 물건	317
7	멋진 나의 몸을 소개합니다.	321
8	내가 먹은 음식이 바로 나	325
9	혼자 할 수 있어요.	328
10	나는 ○○○입니다.	332
11	우리 가족은 위대해	336
12	소원을 이루어주는 나무	339
13	잘하게 됐어요.	343
14	나는 매일 자라요.	346
15	내 이불을 디자인해요.	350

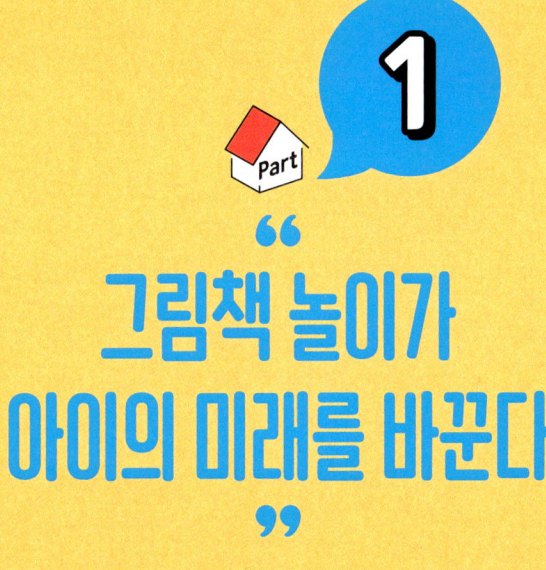

Part 1

"
그림책 놀이가
아이의 미래를 바꾼다
"

1. 그림책 바로 알기

　　　　과거의 그림책은 아이들이 글자를 배우기 시작할 때 글자를 익힐 수 있는 학습 도구로써, 본격적으로 학습을 시작하기 전 학습 내용을 재미있게 접할 수 있는 보조 자료의 역할을 담당했습니다. 즉, '그림책'이라고 하면 즐겁고 재미있는 책이기보다 배우고 익혀야 하는 책이라는 인식이 더 컸죠. 이는 그림책의 태생이 교과서이기 때문입니다. 태초의 그림책이라고 할 수 있는《세계도회》는 사물의 명칭을 그림으로 나타낸 교과서입니다. 어린 아이들은 지적으로 발달이 덜 된 상태이기 때문에 사물을 언어로만 기술하는 것보다 그림을 함께 보여주는 것이 훨씬 효과적이라고 생각했습니다. 게다가 지금의 부모들이 어렸을 때는 집집마다 전집을 구매해 아이들에게 책을 꼭 읽혀야 한다는 문화가 있었습니다. 그러한 분위기에서 자란 우리는 여전히 같은 시각으로 그림책을 대해왔습니다.

　　　　과거에는 학습 보조 도구의 역할을 충실히 하기 위해 편집자와 소수의 작가들이 글을 쓰고 그림을 그려 전집을 구성했습니다. 그러다보니 각 권마다의 특색이 없거나 전문성이 떨어지는 경우가 있었습니다. 하지만 요즘의 전집은 다릅니다. 각 그림책마다 글을 쓴 작가도, 그림을 그린 작가도 다양합니다. 전집을 위해 만들어진 그림책이 아니라 좋은 그림책들을 모아 전집을 만들었기 때문입니다.

　　　　우리는 점점 그림책을 학습 보조 도구가 아닌 하나의 작품이라고 인식하고 있습니다. 그림책 연구자들은 그림책을 '글과 그림으로 이루어진 종합예술작품'이라고 이야기합니다. 아이를 키우는 엄마로서, 그림책을 활용하여 강연을 하는 강연자로서 저도 이 정의에 공감합니다. 이미 우리 주변에 종합예술작품이라 칭할 만한 그림책들이 넘쳐나고 있습니다.

　　　　더 이상 그림책은 아이들만을 위한 책이 아닙니다. 0세부터 100세까지 전 세대가 함께 보는 책입니다. 다양한 가치관을 인정하고 그것들을 담고 있는 그림책이 꾸준히 출판되면서 그림책을 즐기는 어른들도 많아졌습니다. 잘 만들어진 그림책은 어느 누가 읽더라도 감동과 즐거움을 줍니다. 그런 책들은 볼 때마다 더 많은 것들을 발견하게 됩니다. 누구와 함께 보느냐에 따라 10만큼 읽을 수도 있고 1,000만큼 읽을 수도 있습니다. 대학을 졸업하고 독서교육과 관련된 공부를 할 때 레오 리오니의《프레드릭》과 앤서니 브라운의《돼지책》을 보고 마음속 울림을 경험한 적이 있습니다. 두 책 모두 "네가 하고 싶은 대로 해도 돼."라고 말합니다. 허공에 약간 떠 있는 듯이 살고 있는 저에게, "그렇게 해도 돼."라고 이야기해주는 그림책이었습니다. 더 잘해야 한다고 이야기하는 그림책보다, 지금 이대로 충분하다고 말해주는 그림책이지요. 그런 측면에서 제게 그림책은 나를 살게 하는 공기입니다. 내가 꿈꾸고, 그 꿈을 이루기 위해 애쓰는 모습을 외면하지 않고 잘하고 있다고 다독이는 에너지입니다.

당신에게 그림책은 무엇인가요? 나에게 있어 그림책이 어떤 의미인지 정의해보세요. 남들이 아무리 좋다고 해도 내가 그렇다고 생각하지 않으면 아닌 거잖아요. 내게 확신이 없다면 내 것이 아닙니다. 나는 왜 내 아이와 그림책을 읽고 싶은 것인지 생각해보세요. 나는 그림책 읽기를 통해서 무엇을 하고 싶은 것인지, 무엇을 얻고 싶은 것인지 고민해 보고 꼭 글로 남겨 보세요. 언어의 강력한 힘을 누리세요.

2. 그림책 읽기의 힘

책 읽는 아이에 대한 환상

대부분의 엄마 아빠들은 아이가 책을 좋아하는 모습을 보면 기분이 좋습니다. 우리의 인식 속에 책을 좋아하는 아이는 지식이 많고, 공부를 잘할 것이라는 연결고리가 있기 때문이죠. 책을 잘 읽는 아이들은 사고의 속도나 범위가 책을 읽지 않는 아이들과는 다릅니다. 책을 읽으면서 향상된 능력은 공부를 하는 데도 많은 도움을 줍니다. 책을 읽으며 스스로 생각해보는 연습을 많이 해 본 아이들은 그렇지 않은 아이들보다 뇌가 훨씬 더 활성화되어 있다는 사실은 우리 모두가 알고 있는 내용입니다. 그런데 책을 좋아하는 아이가 학교에 입학하고 나서도 책을 읽으며 많은 시간을 보내면 부모의 마음은 불편해지기 시작합니다. 공부할 시간에 책을 읽고 있다는 생각이 듭니다. 학교 진도 범위 밖의 무엇을 하는 아이의 모습이 탐탁지 않습니다. 엄마 아빠의 시선을 느낀 아이들은 자연스럽게 책을 내려놓고, 문제집을 풉니다. 그게 우리 사회의 어른들이 원하는 모습이니까요. 너무나 착한 아이들은 그렇게 어른들의 시선에 맞춰가죠.

엄마 아빠가 그림책을 읽어줘야 하는 이유

아이에게 그림책을 읽어주시나요? 몇 살 때까지 읽어주셨나요? 또는 몇 살 때까지 읽어주실 계획인가요? 어른들은 아이들이 글자를 읽을 수 있게 되면, 더 이상 책을 읽어주지 않아도 된다고 생각합니다. 하지만 글자를 읽을 수 있는 것과 그 글자의 의미를 아는 것은 조금 다른 의미입니다. 글자를 보고 그 소리가 무엇인지는 알 수 있지만, 그 소리를 안다고 해서 그 글자가 내포하고 있는 의미를 모두 알 수 있는 것은 아닙니다. 우리가 영어 문장을 읽을 수는 있지만, 해석을 잘 못하는 것과 같은 경우입니다. 그렇기 때문에 아이의 인지능력이 충분히 향상될 때까지는 엄마 아빠가 책을 읽어주는 것이 좋습니다. 인지능력이 충분히 향상되는 시기는 아이들마다 다르지만, 적어도 10살 때까지는 엄마 아빠와 함께 그림책을 접할 수 있도록 해주세요.

그림책은 작가의 글과 그림으로 우리에게 메시지를 전합니다. 성인인 우리는 문자로 학습을 한 세대이고, 그 경험이 오래도록 누적되었기에 자연스럽게 문자에만 집중합니다. 아이들도 마찬가지입니다. 아이들은 글자를 몰랐을 때는 본능적으로 그림을 보다가 글자를 배우면서 글자를 읽는 재미에 빠지고, 나중에는 자연스럽게 글자에만 집중하게 됩니다. 그렇기에 엄마 아빠가 책을 읽어주면, 아이들은 읽어주는 이야기를 들으며 그림에 집중할 수 있습니다. 이야기를 들으며 그림을 보면 그림책을 입체적으로 볼 수 있고, 작가가 전하는 메시지를 더 섬세하게 읽어낼 수 있게 됩니다.

그림책을 함께 읽어야 하는 진짜 이유

어렸을 때부터 그림책의 그림 읽기를 충분히 경험한 아이들은 글자를 배우게 되더라도 그림 읽기를 놓치지 않습니다. 글자를 읽으면서 그림도 읽어냅니다. 그럼에도 아이가 원한다면 아이의 나이와 상관없이 엄마 아빠가 그림책을 읽어주는 것을 추천합니다. 그림책을 함께 읽는 행위는 단순히 책을 읽고 내용을 파악하는 것에만 있지 않습니다.

아이에게 그림책을 읽어줄 때, 아이는 어디에 앉을까요? 아마 엄마 아빠의 무릎에 앉거나 엄마 아빠의 바로 옆에 앉을 것입니다. 그림책을 읽는 것은 엄마 아빠와 살결을 맞대고 눈을 맞추며 시간을 보내는 것입니다. 그 시간을 통해 아이는 엄마 아빠가 전해주는 사랑을 확인합니다. 그림책에 담긴 언어는 노래하는 것 같고, 부드럽고 따뜻합니다. 엄마 아빠의 목소리로 전해주는 긍정적인 내용은 아이에게 따뜻한 에너지를 전해줍니다. 그 에너지는 아이의 자존감을 키우는 영양분이 됩니다. 또한 엄마 아빠와 그림책을 함께 읽으면 자연스럽게 대화를 나누게 됩니다. 그림책 속에 담긴 내용이 대화의 소재가 됩니다. 그림책을 보며 아이가 먼저 질문하기도 하고, 엄마 아빠가 궁금한 것들을 자연스럽게 물어볼 수도 있습니다. 그림책을 읽고 이야기를 나누는 과정에서 아이는 적극적으로 그림책을 만나게 됩니다. 그리고 그 시간 또한 아이에게 즐거운 경험으로 기억되겠지요.

그림책을 함께 읽으며 아이는 엄마 아빠의 사랑을 충분히 느낄 수 있습니다. 즐거운 경험의 시간을 쌓고, 사랑을 충분히 나눌 수 있는 일. 그림책을 함께 읽어야 하는 진짜 이유입니다.

3. 좋은 그림책을 선별하는 눈 갖기

아이가 좋아하는 책을 함께 보세요

많은 분들이 아이가 원하는 그림책을 함께 보라고 이야기합니다. 하지만 아이가 원하는 그림책을 알고, 그것을 선택하기까지는 꽤 오랜 시간이 필요합니다. 아이의 취향이 생기기 전까지 다양한 그림책을 접해보는 경험을 먼저 해야 하니까요. 그래서 엄마 아빠는 다른 사람들이 추천하는 책을 끊임없이 찾아봅니다. 어떤 책이라도 그 책이 최고의 선택이 될 것입니다. 아이에게는 책의 품질보다 엄마 아빠와의 시간이 더 큰 즐거움이기에 어떤 책을 선택하더라도 그 시간이 행복할 것입니다. 엄마 아빠가 어떤 태도로 책을 대하느냐에 따라 아이의 반응도 달라집니다. 엄마 아빠가 좋아서 자주 읽어주고 재미있게 읽어주면 아이도 그 책을 좋아합니다. 반대로 재미가 없어서 덜 읽어주게 되면 아이 또한 같은 태도로 책을 대하게 됩니다.

혹시 아이가 좋아하는 책이 있다면 그 책을 보면 됩니다. 사실 엄마 아빠들은 아이가 한 가지 분야의 책만 좋아하기보다 여러 방면의 책을 좋아했으면 하는 마음에서 여러 종류의 책을 보여줍니다. 하지만 지금부터는 아이를 믿고 기다려보는 건 어떨까요.

그림책을 선정하는 방법

대부분의 엄마 아빠들은 상 받은 그림책을 좋아합니다. 칼데콧 상, 닥터 수스 상 등 황금 딱지가 붙어 있으면 묻지도 따지지도 않고 아이에게 읽어줍니다. 하지만 이 상이 어떤 의미를 가지고 있고, 왜 상을 받았는지 알지 못하면 이 그림책이 어떤 메시지를 전하고 싶은지 파악하지 못할 때도 있습니다. 상을 받았다는 이유로 그림책을 선택할 때는, 그 상이 어떤 작품에 주는 상인지 정도는 알아보는 것이 좋습니다. 그림책 분야의 상은 꽤 종류가 많습니다. 그 중 많이 알려진 상과 아이와 함께 그림책을 볼 때 자주 접하게 되는 상 몇 가지를 소개합니다.

칼데콧상

미국 도서관 협회 분과인 '미국어린이도서관협회'에서, 매년 여름 그 전해에 출판된 책 중 가장 뛰어난 그림책의 삽화가에게 주는 문학 상입니다. 19세기 후반 영국 그림책 작가 '랜돌프 칼데콧'의 이름을 따 제정했고, 1939년부터 시상하였습니다. 칼데콧 상은 '칼데콧 메달'과 '칼데콧 아너 상'으로 나뉘어 시상하고 있으며, 수상작품의 조건으로는 그림은 창작이어야 하고, 미국 국적을 가진 사람이나 미국에 거주하는 사람이어야 한다는 제한이 있습니다.

뉴베리상

'미국도서관협회 아동도서분과'에서, 매년 초 그 전해 출판된 어린이책 중에서 뛰어난 책에 수여하는 상입니다. 1922년부터 시작되었으며, 어린이 문학도 시나 소설 등과 같은 평가를 받을 수 있도록 하자는 취지에서 영국 최초로 아동을 위한 책을 출판한 '존 뉴베리'의 이름을 따 제정하였습니다. 수상 작가는 미국 시민이거나 미국에 거주하는 사람이어야 한다는 제한이 있습니다.

케이트 그린어웨이상

'영국문학협회'에서 주관하며, 매년 6월에 수상작을 발표합니다. 예술성, 시각적 경험, 그림과 텍스트의 조화와 시너지 등을 심사하며, 19세기 영국 일러스트레이터 '케이트 그린어웨이'의 이름을 따 1955년 제정하였습니다. 후보에 오르기 위해서는 영어로 출간되어야 하고, 영국에서 초판이 발행(3개월 이내 영국에서 공동출판 형식으로 출간 시 인정)되어야 합니다.

카네기상

'영국문학협회'에서 주관하며, 매년 6월에 수상작을 발표합니다. 미국 철강 재벌 '앤드류 카네기'를 기리기 위해 카네기 탄생 100주년을 기념하여 1935년에 제정되었습니다. 후보에 오르기 위해서는 아동 및 청소년을 대상으로 한 작품이어야 하고, 영어로 출간되어야 하며, 전전해 9월 1일부터 전해 8월 31일까지 영국에서 처음 출판된 책이어야 한다는 조건이 있습니다.

안데르센상

'국제 아동청소년 도서협의회'에서 아동문학에 지속적으로 기여한 글작가 1명, 그림작가 1명을 2년마다 선정하여 수상합니다. 한 작품이 아니라 작가의 전 생애에 걸친 업적을 다루며, 생존 작가에게 시상합니다. 글 분야는 1955년부터, 그림 분야는 1966년부터 시상하였습니다. 수상자는 볼로냐 아동도서전에서 발표하며, 아동문학 분야에서 가장 국제적인 권위를 지닌 상입니다.

👑 볼로냐 라가치상

1964년부터 매년 봄 이탈리아 볼로냐에서 개최되는 '볼로냐 국제아동도서전'에서 시상하는 상으로, 창작성, 교육적 가치, 예술적인 디자인을 기준으로 내용과 미술적 표현이 뛰어난 그림책에 주어집니다. 1966년 제정되었고, 픽션·논픽션·뉴 호라이즌·오페라 프리마 등의 하위 분야로 나누어 시상하고 있으며, 볼로냐 라가치 디지털 상, 스트레가 라가체 에 라가치 상 등 다양한 상을 마련하여 시상하고 있습니다.

👑 에즈라잭키츠상

에즈라 잭 키츠 상은 '유네스코'와 '에즈라 잭 키츠 재단'에서, 에즈라 잭 키츠의 정신을 기리기 위해 제정한 상으로, 1986년부터 다른 문화나 인종에 대한 어린이들의 인식과 이해를 확장하는 작품, 세계의 다문화적 성격을 표현한 작가에게 수여하고 있습니다. '에즈라 잭 키츠(1916~1983)'는 그림책에 소수 민족 어린이를 주인공으로 등장시켰고, 콜라주, 마블링 등 다양한 그림 기법을 사용하였으며, 미국 아동 연구 협회에서 주관하는 '올해의 어린이 책'에 14번이나 선정된 그림책 작가입니다. 흑인 어린이 '피터'가 성장해 가는 모습을 담은 피터 시리즈 중 《눈 오는 날》과 《피터의 안경》으로 칼데콧 상을 수상하기도 했습니다.

이 외에도 다양한 상들이 존재합니다. '그림책 박물관 http://picturebook-museum.com'에 접속하면 자세한 설명과 수상작을 확인할 수 있습니다.

권장도서 목록에 있는 그림책을 활용하는 것도 좋습니다. 요즘은 권장도서 목록, 추천도서 목록이 독서의 질을 높이기보다 양적인 부분에 초점을 맞추게 하고, 실질적인 독서를 방해한다는 의견이 있어 많이 사라지고 있는 추세입니다. 권장도서는 꼭 봐야 한다는 의미가 아니라, 그것을 기준으로 아이가 좋아하는 책을 찾을 수 있으면 좋겠다는 의미이기도 합니다. 평소에 선택하지 않았을 그림책을 만나게 되는 기회가 되기도 하니까요. 서울시교육청 어린이도서관 추천도서, 국립어린이청소년도서관 사서 추천도서, 어린이도서연구회 추천도서 등을 통해 다양한 그림책을 만날 수 있기를 바랍니다.

아이가 좋아하는 책을 기준으로 '꼬리잡기 독서'를 하는 방법도 있습니다. 꼬리잡기 독서는 한 그림책을 선정하면 그 그림책과 관련이 있는 다른 그림책을 찾아보는 것입니다. 우선 같은 작가의 그림책을 찾아보는 방법이 있습니다. 그림책의 작가 소개란에 있는 작품 목록을 보고 결정하거나 인터넷 서점 홈페이지에서 검색해보면 됩니다. 아이가 그림책에서 다룬 소재나 주제에 흥미를 느낀다면 유사한 소재를 담고 있는 그림책, 같은 주제를 다루고 있는 그림책들을 찾아보는 것도 좋아요. 어떤 시리즈 안에 포함된 도서를 좋아한다면(보통은 그림책 표지 상단에 어떤 시리즈인지 적혀 있어요), 그 시리즈 중에 아이가 흥미로워 할 만한 그림책을 만날 수 있을 거예요. 또는 같은 출판사의 책들을 살펴보는 방법도 활용해 보세요.

4. 그림책과 놀이

🦋 그림책 놀이의 시작

그림책 놀이의 시작은 여유로운 마음입니다. 학습을 위한 놀이가 아니라 책에 대한 긍정적인 경험을 쌓기 위한 활동이기 때문입니다. '이 그림책을 읽어준 뒤 이걸 해야지.'라는 마음이 있다면, 이름만 그림책 놀이지 학습이 될 가능성이 큽니다. 또는 그 누구에게도 재미있는 놀이가 될 수 없을 것입니다. 그림책 놀이를 할 때는 '재미나게 놀고 끝낸다.'는 여유로운 마음이 필요합니다.

🦋 그림책을 장난감으로 활용하는 방법

그림책을 책으로 보지 말고, 아이를 위한 장난감이라는 관점에서 살펴봅시다. 책을 아끼고 소중히 여기는 마음을 내려놓고, 자유롭고 즐겁게 놀이할 수 있는 도구로 생각해 봅시다. 그렇다면 그림책으로 우리는 어떤 놀이를 할 수 있을까요? 책을 길게 늘어놓아 보세요. 징검다리를 만들듯이, 보도블록을 깔듯이 책 길을 만들어 보는 활동을 해보아요. 또 책을 높이 쌓아 탑을 만들 수도 있고, 책으로 울타리를 만들어 나만의 공간을 만들 수도 있답니다.

책의 표지에 주로 사용된 색을 살펴보며, 'ㅇㅇ색 그림책 찾기'와 같은 활동을 할 수도 있고, 책 안에 등장하는 소재들을 떠올리며 'ㅇㅇ가 등장하는 그림책 찾기', 그림책 속 계절을 상상하며 '계절과 관련된 그림책 찾기'와 같은 활동도 할 수 있습니다.

🦋 경험과 그림책을 연결하기

엄마 아빠가 아이에게 그림책을 읽어주면 좋은 점 중 하나는, 우리가 일상에서 경험하는 순간들을 그림책과 연결할 수 있다는 것입니다. 일상생활에서 어떤 경험을 하게 되었을 때 함께 읽은 그림책이 떠오른다면 자연스럽게 그림책 이야기를 나눌 수 있습니다. 예를 들면, 캠핑을 가게 되었을 때 《나오니까 좋다》와 같은 그림책을 떠올리고 이야기 나누는 거죠. 엄마 아빠가 먼저 관련된 그림책의 이야기를 꺼내보세요. 아이가 그 그림책에 대해 기억하고 있어 이야기를 나눌 수 있으면 좋겠지만 혹시 기억하지 못해도 괜찮습니다. 엄마 아빠가 이야기를 들려주면 되니까요. 그렇게 자연스럽게 그림책 속 이야기를 일상으로 끌고 오면 다음에 다시 그 그림책을 읽을 때, 훨씬 더 풍요롭게 만날 수 있답니다. 이런 과정을 통해 자연스럽게 책과 일상이 어우러지게 되는 것입니다.

🦋 내 아이가 좋아하는 놀이 알기

그림책 놀이는 아이를 위해 하는 것입니다. 엄마 아빠가 그림책을 읽고 어울리는 독후활동을 준비했다는 것이 중요한 게 아니라, 그림책을 읽고 자연스럽게 아이가 하고 싶어 하는 놀이를 하게 되는 것이 더 바람직한 방법입니다. 아이를 잘 관찰하면 무엇을 좋아하는지 보일 거예요. 물론 '잘' 관찰하는 것이 쉽지 않죠? 아이가 자유롭게 시간을 보내고 있을 때, 주로 무엇을 하며 노는지 살펴보세요. 그림을 그리나요? 인형 놀이를 하나요? 무엇인가를 만드나요? 자동차를 가지고 노나요? 이건 늘 한결같지 않을 수 있어요. 아이의 취향은 언제든 달라질 수 있는 거니까요. 아이가 엄마 아빠와 놀아달라고 할 때, 어떤 놀이를 하고 싶어 하는지도 유심히 살펴보세요. 어떤 놀이를 가장 집중해서 하는지도 살펴보세요. 이렇게 살펴보면서 아이가 좋아하고 흥미 있어 하는 주제로 그림책을 선정하고 놀이를 하면 됩니다.

🦋 나의 감정과 생각을 표현하는 과정

왜 우리는 책을 읽고, 공부를 하는 걸까요? 더 많은 지식을 얻기 위해서인가요? 저는 '내가 누구인지 알고, 자신의 감정과 생각을 세련되게 표현할 수 있는 방법을 배우기 위해서'라고 생각합니다. 우리는 짧게는 10여 년, 길게는 20년 가까이 학교를 다니며 공부를 했지만, 여전히 공식적인 자리에서 말을 하거나 나의 생각을 글로 쓰는데 어려움을 느낍니다. 이유가 뭘까요? 충분히 경험해보지 못했기 때문입니다. 지식을 습득하는 공부, 시험에만 집중해 공부를 했던 우리들은 남들과 다른 생각을 드러내는 것, 나만의 감정을 표현하는 것을 경험해보지 못했습니다. 그래서 어른이 된 지금도 여전히 나의 감정, 생각을 드러내는 것이 어렵습니다. 우리 아이들은 그림책 놀이를 하면서 자신의 감정, 생각을 드러낼 수 있게 해주세요. 엄마 아빠의 기준이 아니라 아이들의 기준에서 선택하고 표현할 수 있게 해주세요. 그 경험들이 자신의 감정과 생각을 다양한 언어로 표현할 때 원동력이 되어줄 테니까요.

5. 너도 나도 궁금했던 그림책 Q&A

🦋 종이 그림책 vs 전자책

IT 관련 기술이 발전하면서 현란한 영상으로 이루어진 그림책들이 탄생하고 있습니다. 불과 4~5년 전만 해도 그림책 장면을 보여주며 글을 읽어주는 정도의 수준이었다면, 현재는 배경 음악은 기본이고 그림이 움직이고, 등장인물의 대화가 추가되는 등 다채롭게 변화했습니다. 아이들은 평면적인 종이 그림책보다 영상으로 만들어진 그림책에 더 호기심을 갖게 되고, 영상 속에 참여한다는 착각을 하며 매체에 빠지게 됩니다.

최근 뇌과학자들이 밝혀낸 바로는 인류는 글자를 읽기에 적합하지 않은 뇌를 가지고 있다고 합니다. 역사적으로 인류가 출현한 시기보다 문자의 발명이 훨씬 더 늦은 시기에 이루어졌기에 생물학적인 뇌에는 읽기를 할 수 있는 회로가 없다는 것이죠. 따라서 읽고 쓰는 능력은 자연적으로 가질 수 있는 능력이 아니라, 습득해야 하는 능력이고, 누가 어떻게 습득하느냐에 따라 뇌의 회로는 충분히 달라질 수 있다고 합니다. 그래서 저는 세상이 발전하고 다양한 매체가 등장하더라도 아이들은 종이 그림책을 접함으로써 글자를 읽고 쓰는 능력을 키워야 한다고 생각합니다. 글자를 읽고 쓰는 능력은 단순히 문자를 습득하는 것을 넘어 인지 능력을 키우는 일이기 때문입니다. (이에 대한 자세하고 전문적인 이야기는 매리언 울프의 《다시, 책으로》에서 확인할 수 있습니다.)

🦋 어른이 보기에 그림책은 유치하다?

우리들의 머릿속에 그림책은 아이들이 보는 책이라는 인식이 강하게 깔려 있습니다. 이는 아이들에게도 전해져, 초등학교 저학년만 되어도 그림책이 아닌, 글밥이 있는 책이나 만화책에 관심을 더 갖게 되지요. 애초에 그림책이 어린이들을 위해 만들어진 장르이므로 이러한 생각을 갖는 건 당연하다고 생각합니다. 하지만 이제 그림책은 하나의 작품입니다. 경험해 보지 못했던 세계를 만날 수 있게 하고, 경험했던 세계를 깊이 있게 되새길 수 있는 기회를 열어줍니다. 아이에게 책을 읽어주다 엄마 아빠가 더 감동하는 순간들이 있습니다. 아직 삶의 경험이 많지 않은 아이에게 부모가 발견한 새로운 메시지를 전해주고 싶어지는 순간들도 있고요. 최근에는 '어른을 위한 그림책'이라는 이름의 그림책도 많이 출간되고 있습니다. 이는 그림책이 아이들만의 전유물이 아니라는 뜻이기도 합니다. 아이를 위한 그림책도, 어른을 위한 그림책도 아이와 함께 여러 번 읽어보세요. 그림책의 매력에 푹 빠질 거예요.

어른을 위한 그림책을 아이와 함께 봐도 될까요?

그림책을 향유할 수 있는 대상 연령층이 넓어지면서, 아이들과 함께 읽기에 어려운 책도 있습니다. '어른을 위한 그림책'이라는 이름을 달고 나오는 그림책도 많고요. 그런 책을 아이와 함께 읽어도 될까요? 이 부분 또한 그림책 연구자들마다 다른 의견을 가지고 있습니다. 하나는 어른이 먼저 살펴보고 아이들의 수준에 맞는 그림책을 제시해야 한다는 입장이고, 다른 하나는 그림책은 누가 읽고, 어떻게 읽느냐에 따라 읽어낼 수 있는 깊이가 달라지기에 수준과 상관없이 읽어도 된다는 입장입니다. 저는 후자의 생각에 동의합니다. 그림책의 분위기가 너무 무섭거나 아이들이 몰라도 되는 세계를 담은 것이 아니라면, 어떤 그림책이든 함께 읽어도 된다고 생각합니다. 아이들은 그 안에 담긴 철학적 내용을 이해하지 못할지라도 자신의 경험의 깊이만큼 읽어낼 것입니다. 어쩌면 어른들이 읽어내지 못한 것을 발견할지도 모르고요.

그림책은 언제부터, 어떻게 읽어주면 좋을까요?

그림책은 지금 이 글을 본 순간부터 읽어주면 됩니다. 일찍 시작할수록 좋지만 그렇지 않다 하더라도 걱정할 필요는 없습니다. 언제 시작하든 아이에게는 의미 있는 경험이 될 테니까요. 보통 그림책은 아이가 앉을 수 있을 때부터 읽어주면 좋지만 그 이전에 읽어주어도 관계없습니다. 그림책을 읽는 이유는 더 많은 지식을 확보하기 위한 것이 아니기 때문에 아이의 연령이나 인지적 능력과 상관없이 시작하면 됩니다. 아이에게 그림책을 읽는 시간은 엄마 아빠의 따뜻한 언어를 통해 사랑을 접하고 나누는 시간이기 때문입니다.

그렇다면 어떻게 읽어주면 좋을까요? 처음 그림책을 보면 글자도 거의 없고, 스토리가 없는 경우도 많기 때문에 무엇을 읽어야 할지 난감할 것입니다. 심지어 글자가 전혀 없는 그림책도 있어요. 그럴 땐 아이에게 그림을 읽어주면 됩니다. 그림 속 상황이 어떠한지, 등장인물이 무엇을 하고 있는지, 어떤 마음일 것 같은지 등을 이야기해 주면 됩니다. 아이가 의사소통이 가능한 나이라면 아이와 대화를 주고받으며 그림 읽기를 하면 됩니다. 엄마 아빠에게는 그냥 그림일 뿐이지만, 아이들에게 그림은 세상을 읽을 수 있는 문자입니다.

영유아기에 접하는 색깔 그림책을 펼치면, 페이지마다 어떤 특정 색깔의 사물들만 존재합니다. 어떻게 읽으면 될까요? "빨강, 장미꽃, 사과, 불자동차" 이렇게 낱말만 읽지 말고, 엄마 아빠가 하고 싶은 이야기를 해주면 됩니다.

"우아~ 빨간색이구나. 빨간색인 물건들이 이렇게나 많네~. 또 어떤 것이 있을까?"
(아이가 대답을 할 수 있다면, 대답을 기다려주고)

"이건 장미꽃이야, 장미꽃은 줄기에 가시가 있는 꽃이지~.
색도 다양하고 꽃향기도 좋아. 엄마가 좋아하는 향이야."

"이건 사과네, 사과는 우리 유진이가 제일 먼저 맛 본 과일이야.
아삭아삭하고 달콤한 맛이나~."

"이건 불자동차야. 불이 났을 때 불을 끄러 오는 차야. 이 탱크에는 불을 끌 수 있는
물이 아주 많이 들어 있어. 높은 곳을 올라갈 수 있는 사다리도 있지."

매일 똑같은 책만 가져와 읽어달라고 하는 아이, 괜찮을까요?

아이는 왜 매일 그 책을 가지고 오는 걸까요? 엄마 아빠는 잘 모르는 매력을 발견했기 때문이겠죠? 무엇인가를 좋아하는 것이 이상한가요? 어른들은 아이들이 한 가지 책만 보는 것, 한 분야의 책만 보는 것은 독서 편식이라며 좋지 않다고 생각합니다. 하지만 그것은 독서 편식이 아니라 독서 취향입니다. 취향은 내가 어떤 사람인지를 드러내는 중요한 요소입니다. 아이의 독서 취향을 통해 아이의 성향을 파악해 보는 기회로 삼아 보세요. 엄마 아빠의 입장에서 아이가 다양한 책을 접하면 좋겠다는 바람이 생기는 건 당연합니다. 그래서 아이가 좋아하는 책 외에도 새로운 책을 보게 하려고 애쓰는 모습도 이해가 갑니다. 하지만 아이가 자신이 좋아하는 것을 충분히 즐길 수 있게 해주세요. 아이가 좋아하는 것을 깊이 있게 만난다면, 다른 관심 있는 분야도 찾을 거예요. 아이가 관심 있어 하는 것을 바탕으로 조금씩 확장할 수 있도록 도와주세요.

아이가 혼자서 그림책을 보고 있을 때, 어떻게 해야 할까요?

아이가 혼자서 그림책을 보면서 놀고 있을 때, 아이의 행위를 알아차리고 읽어주는 게 좋을지 그냥 잘 놀고 있으니 두는 게 좋을지 고민스럽습니다. 이때 아이의 표정을 살펴보세요. 몰입하고 있다면 혼자서 그림책을 즐기고 있는 중이기에, 엄마 아빠가 다가가 읽어주지 않아도 된답니다. 아이가 그림책을 엄마 아빠와 함께 읽고 싶다면 읽어달라고 가지고 올 거예요. 아이들은 글자를 모르더라도 그림책을 충분히 즐길 수 있습니다. 그 안에 담겨 있는 그림을 보며 놀고, 색감을 보며 놀고, 선을 보고 놀고, 질감을 보며 논답니다. 아이 나름의 방법으로 그림책을 가지고 놀고 있는 중이니 편안한 마음으로 지켜봐주면 됩니다.

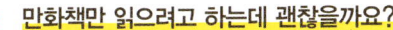 **만화책만 읽으려고 하는데 괜찮을까요?**

아직 그림책의 재미를 충분히 누려보지 못했다면, 만화책만 읽는 것은 권하지 않습니다. 만화책이 주는 장점도 분명히 있습니다만 텍스트를 읽고 이해하는 연습, 생각하는 연습을 충분히 하지 않고 만화책을 접한다면 장점보다 단점이 더 크게 전해질 것입니다. 만화책 안에 담긴 글은 호흡이 짧습니다. 장기적으로 아이들이 성장하기 위해서는 '생각하는 힘'이 꼭 필요하고, 그 능력을 갖추기 위해서는 글을 읽고 이해하고 자신의 생각을 표현하는 과정을 거쳐야 합니다. 아이가 만화책만 읽으려 한다면 아이가 흥미로워할 그림책을 찾아 읽어주고, 함께 이야기 나누는 시간을 가져보세요. 이야기를 나누는 시간은 생각을 자유롭게 표현하는 시간이 되어야 합니다. 아이에게 부담이 없어야 그 시간을 즐길 수 있습니다. 책을 읽는다는 것은 뇌 안에 새로운 회로를 만드는 것과 동일한 일이므로 그 회로가 만들어지는 과정을 충분히 누릴 수 있도록 만화책을 조금 멀리 해보세요.

Part 2

"표현력을 키우는
그림책 놀이"

어렸을 때부터 다양한 미술 재료로 자유로운 표현을 할 수 있는 기회를 많이 가져야 해요. 어떤 대상을 똑같이 그리는 방법을 배우는 것보다 자신의 생각을 다양한 색과 선으로 표현하는 경험을 하는 것이 중요합니다. 아이들이 연필을 잡고 무엇인가를 그리기 시작하는 순간부터 미술 언어 표현이 시작됩니다. 인간이라면 누구나 표현의 욕구가 있기 때문에 표정 언어, 행동 언어, 음성 언어 등을 활용해 자신을 표현합니다. 아직 문자 언어가 익숙하지 않은 유아들에게는 그림이 자신을 드러낼 수 있는 아주 훌륭한 표현 언어가 될 수 있습니다.

그림책은 글과 그림으로 이루어진 책답게 그 안에 미술적 요소들이 많이 담겨 있습니다. 어떤 그림책은 미술 표현을 위해 스토리가 만들어졌나 싶을 정도로 독특하고 아름다운 장면들이 담겨 있습니다. 다양한 표현법들이 담긴 그림책을 통해 아이들은 자연스럽게 그림 언어를 이해하는 방법을 배웁니다. 그리고 우리는 어떤 미술 놀이를 통해 아이의 오감을 발달시킬 수 있을지 아이디어를 얻을 수 있지요.

이번 장에서는 미술 언어를 활용하여, 아이의 표현력을 키우는 그림책 놀이를 소개합니다. 생활 속에서 다양한 미술 작품들을 감상하고, 표현하는 활동을 경험한 아이들은 삶을 더 풍요롭게 느낄 것입니다. 또한 다양한 재료로 자유롭게 표현하는 경험을 통해 아이의 표현력, 창의력이 향상될 것입니다. 물감, 색종이, 크레파스, 찰흙, 재활용품 등을 활용해 아이의 감각을 발달시키는 것은 물론이고요.

아이가 어릴수록, 자유로울수록, 자기주도적일수록 엄마 아빠가 원하지 않는 작품이 탄생할 것입니다. 어쩌면 어떠한 작품도 완성하지 못할 수 있어요. 하지만 미술 놀이의 가장 중요한 포인트는 아이들이 즐겁게 참여해야 한다는 것이므로 주어진 재료를 만져보는 것만으로도 아이가 충분히 즐거웠다면, 그 놀이는 성공했다고 말할 수 있어요.

이 장에는 미술적 표현이 잘 담겨 있는 그림책, 미술 언어를 발달시키기 좋은 그림책들을 선정해 소개했습니다. 막연하게 재료를 활용하기보다는 그림책의 주제와 연결하여 대화를 나누고 작품을 만들어낼 수 있는 내용들을 담고 있습니다. '이 그림책은 꼭 이 활동을 해야 합니다.'라는 원칙은 없습니다. 비슷한 주제를 담고 있거나, 같은 소재를 다루고 있거나, 또는 다른 그림책과 이야기가 연결되거나 등등 다양한 상황에 맞게 선택하여 활동하면 됩니다. 각자의 가정에서 내 아이의 상황에 맞게, 자유롭게 활용하세요.

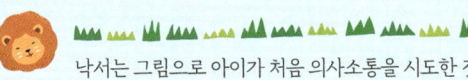

낙서는 그림으로 아이가 처음 의사소통을 시도한 것이다.
즉, 주변 세계에 대해 능동적으로 생각하고 느낀 바를 종이에 '쓰려'한 결과다.
더욱 단순하게 생각하면 아주 어린아이에게 그림 그리기란 글을 쓰는 것과 마찬가지다.

《아이들은 왜 그림을 그릴까》_76쪽

색이 만들어지는 비밀을 찾아요.

색깔을 만드는 아기고양이
마거릿 와이즈 브라운 글, 앨리스 프로벤슨·마틴 프로벤슨 그림, 웅진주니어

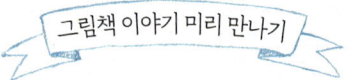

고양이 '나비, 제비'와 함께 떠나는 색깔 여행!! 나비와 제비는 색깔을 만드는 고양이입니다. 온 세상 색깔을 만들고 싶었던 나비와 제비는 녹색 물감이 없다는 사실을 발견합니다. 색깔 고양이답게 녹색 만들기를 시작하는데…. 가지고 있는 물감을 섞어보지만, 핑크색, 주황색 같은 색만 나올 뿐입니다. 어떤 색을 섞어야 녹색이 나올까요? 과연 나비와 제비는 녹색을 만들 수 있을까요?

《색깔을 만드는 아기고양이》는 색이 만들어지는 순간을 볼 수 있는 그림책입니다. 눈에 보이는 두 가지 색을 섞어 새로운 색이 만들어지는 과정은 아이들에게 마법 같은 순간을 선물합니다. 미술 놀이를 잘 모르는 엄마 아빠들에게도 자연스럽게 미술 놀이를 할 수 있게 하는 그림책이에요. 책의 면지부터 화려한 색감의 종이를 사용한 덕분에 다양한 색을 볼 수 있다는 기대감을 불러일으킵니다. 화려한 색의 면지를 넘겨 첫 장을 펼치면, 파란색 비밀의 문이 나옵니다. 똑똑똑! 노크를 하고 살짝 들어가 볼까요? 비밀의 문을 열고 들어가니 색깔 고양이들의 세상이 펼쳐집니다.

엄마   어떤 고양이가 나비일까? 어떤 고양이가 제비일까?
아이   핑크색 스카프를 한 고양이가 나비이고, 하늘색 스카프를 한 고양이가 제비인 것 같아요.
엄마   왜 그렇게 생각했어?
아이   음.. 나비를 생각하면 핑크색이 생각나서요~
엄마   아~ 그렇구나~ 나비는 꽃을 좋아하니까 꽃과 닮은 스카프를 한 고양이가 나비구나.

사다리를 들고 어디론가 가고 있는 색깔 고양이 나비와 제비. 누가 나비이고, 누가 제비일까요? 아이에게 물어보세요. 정답은 없어요. 그냥 자신의 생각을 이야기하면 되는 거예요. 혹시 아이가 잘 모르겠다고 하면, 엄마 아빠가 대신 대답해 주세요. 왜 그렇게 생각하는지 이유도 함께요. 엄마 아빠의 이야기를 들으며 아이는 자신의 생각을 표현하는 방법을 배울 수 있답니다.

이 그림책의 진짜 묘미는 색을 표현하는 말에 있어요. 우리가 알고 있는 색을 훨씬 더 풍요롭게 표현하고 있습니다. '녹색'은 누구나 알고 있는 초록이 아닌, 나비와 제비의 경험과 추억이 담긴 초록이에요! 고양이 눈처럼 반짝이는 녹색, 풀밭처럼 싱그러운 녹색, 물결처럼 눈부신 녹색, 유리처럼 투명한 녹색이지요. 나비와 제비는 색깔 고양이들답게, 하나의 색을 다양한 관점에서 바라봅니다. 이는 그림책 속 색깔 고양이들만의 이야기가 아니에요. 사람들도 어느 환경에서 사는지에 따라 색을 바라보고 인지하는 방법이 달라집니다.

우리는 눈을 흰색, 하얀색으로 인지할 뿐인데, 추운 지역에 살고 있어 눈을 자주 볼 수 있는 이누이트족은 눈의 색깔을 훨씬 더 다채롭고 섬세하게 인지하고 표현합니다. 즉, 경험을 통해 대상물을 더욱 풍요롭게 바라볼 수 있는 시선을 가질 수 있다는 거죠. 누군가에게는 비슷비슷해 보이는 색이 누군가에게는 각각 다른 색으로 보일 수 있다니요! 세상의 다양한 색을 인지할 수 있는 사람은 세상을 더 풍요롭게 만나지 않을까요? 그런 바람을 담아, 아이와 함께 '녹색'에 대한 이야기를 나눠보세요.

엄마 아빠가 알고 있는 녹색은 어떤 색인가요? 아이와 함께 했던 순간의 녹색을 떠올려보세요. '나들이 가서 먹었던 상큼한 풋사과의 녹색, 더위를 식혀주던 커다란 그늘을 가진 나무의 녹색'처럼 엄마 아빠가 먼저 추억 속 녹색을 찾아낸다면 아이도 엄마 아빠를 따라서 금방 발견할 거예요. 어쩌면 아이가 더 다양한 녹색을 찾아낼 수도 있어요. 녹색뿐만 아니라, 다른 색깔에 대해서도 추억과 경험을 더해 이름 지어보세요. 추억이 담긴 색깔을 발견하며 우리들만의 색깔 세상 여행을 떠나보세요. (PART 3의 〈9. 서로 다른 피부의 색깔〉을 함께 읽고 활동해 보세요)

엄마, 아빠의 대화 코칭!

그림책을 보며 아이와 주고받는 이야기에 정답은 없습니다. 아이는 엄마 아빠의 질문을 통해, 그림책 속 그림을 조금 더 면밀하게 관찰하게 됩니다. 자신의 경험을 꺼내고, 감정을 나누며 생각하는 힘을 키우고, 표현의 즐거움을 느끼게 됩니다. 그 경험들이 쌓여 그림책에 대한 긍정적인 감정이 생기고, 그것이 이어져 책을 좋아하게 되는 거죠.

나는 색깔을 만드는 마법사!

🏆 난이도 ★★
👤 권장 연령 3~6세

준비물
물병(또는 물약병)
투명컵(또는 종이컵)
물감

놀이의 효과 : 소근육 발달, 색 감각 발달

놀이 시 주의사항
ⓐ 놀이 전 물감을 미리 물병 뚜껑에 짜서 굳혀주세요.
ⓐ 뚜껑에서 떨어지지 않을 정도로만 굳혀주세요.
ⓐ 뚜껑의 색이 진할수록 좋아요. 연하면 물감이 비칠 수 있어요.
ⓐ **물약병으로 했을 때의 장점** : 다른 색을 섞으며 혼합의 과정을 관찰하기 편리해요.

미리 물병(또는 물약병) 뚜껑에 물감을 짜 굳혀준 뒤 물병에 물을 ⅔ 정도 담고 뚜껑을 닫으면 준비 완료. 아이에게 색깔 마법을 보여주겠다고 이야기하고 주문을 외우는 역할을 아이에게 부탁하는 거죠. 아이가 주문을 외치고 즐겁게 춤을 추면서 물병을 흔듭니다. 굳어 있던 물감이 물에 녹으며 투명했던 물에 색깔이 나타납니다. 흔들수록 점점 더 진해지는 물의 색을 보며, 아이는 자신의 마법에 신이 나고, 어떻게 이런 일이 일어났는지 신기해합니다.

이번엔 투명컵(또는 종이컵)에 내가 만든 색깔 물감을 조금씩 덜어 섞어봅니다. 색상환표처럼 종이컵을 둥글게 배열하고 조금씩 물감을 섞으며 색의 변화를 관찰해 보세요. 자유롭게 섞어보며 내가 좋아하는 색을 만들어 봐도 좋아요.

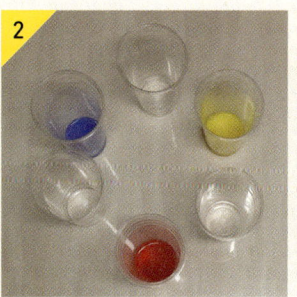

1 엄마 아빠가 미리 준비한 비밀 물병
2 3가지 색을 담아, 투명컵(종이컵)을 동그랗게 배열해요. 컵의 개수는 더 많아도 좋아요.
3 두 개의 색을 섞어 만들어지는 색. 비율에 따라 달라지는 색을 직접 만들며 관찰해요.

더 신나게 놀 수 있는 TIP
❶ 내가 만든 색의 이름을 엄마와 번갈아가며 하나씩 이야기해 보세요.
❷ 내가 만든 색과 닮은 사물을 찾아보아요.

> 놀이 PLUS+

1. **온몸으로 하는 물감 놀이** : 물감 놀이의 묘미는 신체를 활용했을 때 더 커집니다. 물감의 부드러운 촉감과 다양한 색감은 아이들의 오감을 자극합니다. 손가락을 활용해 그림을 그리고, 색을 섞으며 자유롭게 물감 놀이를 해보세요.

    ★ 놀이 매트를 활용하거나, 구역을 정하고 물감 놀이는 이 안에서만 할 수 있다는 것을 알려주세요.
    ★ 옷이나 머리카락 등에 묻어도 괜찮다고 이야기해 주세요.

2. **손에 묻지 않는 물감 놀이** : 지퍼팩을 활용하면 손에 묻지 않고 촉감 놀이를 할 수 있습니다. 도화지에 여러 가지 색의 물감을 짜고 지퍼팩 안에 넣어주세요. 지퍼팩 위로 물감을 만지며 그림을 그려보세요. 손에 무엇인가 묻는 걸 좋아하지 않는 아이들이 마음 편안하게 촉감 놀이를 할 수 있어요.

    ★ 지퍼팩 위에서는 세밀한 작업이 어렵기 때문에 도화지에 그림을 그린 후 채색 활동으로 활용해도 좋아요.

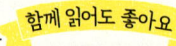

\<Mouse Paint\> Ellen Stoll Walsh

하얀 종이 덕분에 고양이를 피할 수 있는, 세 마리의 하얀 쥐가 있었습니다. 어느 날 빨간색, 노란색, 파란색 물감 병을 발견한 하얀 쥐들은 온몸에 물감을 묻히고 하얀 종이 위에서 즐거운 시간을 보냅니다. 덕분에 하얀 종이에는 여러 가지 색깔들이 가득하게 됩니다.

놀이 후 물감을 씻어내고 다시 새하얗게 된 쥐들. 이제 쥐들은 어떻게 고양이를 피하게 될까요?

3가지 색을 여러 가지 비율로 섞어 가며 다양하게 색깔 놀이를 할 수 있는 영어 그림책입니다. 문장이 간단하고 그림만으로 내용을 충분히 유추할 수 있기에 아이와 영어에 대한 부담 없이 읽을 수 있습니다.

팡팡! 엄마 불꽃놀이 보러 가요!

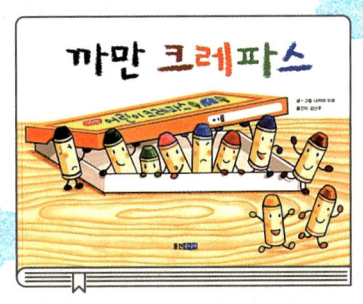

까만 크레파스
나카야 미와 글·그림, 웅진주니어

그림책 이야기 미리 만나기

반짝반짝 빛나는 새 크레파스가 있었어요. 어느 날 노랑이가 심심하다며 뛰쳐나갔어요. 노랑이는 새하얀 종이를 발견하고, 종이 위를 빙글빙글 돌면서 나비를 그렸죠. 그리고 빨강이와 분홍이를 불러왔어요. 빨강이와 분홍이도 종이를 보자 신이 나 빙글빙글 꽃을 그렸어요. 그리고 초록이와 연두, 황토와 갈색이도 불러왔죠. 까망이도 그림을 그리고 싶었지만, 아무도 까망이를 끼워 주지 않았어요.

크레파스 친구들이 그리기에 열중하다보니 그림은 엉망진창이 되고 말았죠. 이때, 까망이는 샤프 형이 알려준 대로 그림 위를 까맣게 칠했어요. 모두들 까망이에게 화를 냈죠. 그러자 샤프 형이 까망이가 칠한 것을 벗겨 냈어요. 과연 까만 종이 위에 어떤 일이 일어났을까요?

크레파스는 조금만 힘을 줘도 부드럽게 그려지며, 색깔 또한 선명해서 아이들이 좋아하는 그림 도구입니다. 《까만 크레파스》는 그런 크레파스가 주인공으로 등장하여 아이들이 더욱 좋아하는 그림책입니다. 아이들의 놀이 장면에서 충분히 일어날만한 상황을 보여주기 때문에 쉽게 공감하고 예측할 수 있습니다. 아이들과 그림책 속 크레파스들의 마음을 읽어보는 활동을 해보세요.

엄마   크레파스 상자 안에 몇 명의 친구들이 있었을까?

아이   10명이 있어요.

엄마   맞아~ 어떻게 알았어?

아이   지금 종이 위에 크레파스가 9명이 있거든요.

엄마   이렇게 많은 친구들이 있었는데, 왜 아무도 까망이를 안 끼워준 걸까?

아이   까망이는 너무 까맣다고 그릴 게 없다고 생각했어요.

엄마   이때 까망이의 마음은 어땠을까?

아이   속상해요. 같이 놀고 싶은데 혼자 놀아야 하니까 심심해요.

엄마   엄마 생각도 그래~ 함께 하고 싶은데 할 수 없어서 너무 외롭고 슬펐을 거 같아. 만약에 ○○이에게 이런 일이 생기면 어떻게 할 거야?

아이   같이 놀자고 이야기해요. 내가 그릴 수 있는 걸 말할 거예요.

엄마   우아~ 울지 않고 나의 생각을 말로 표현하다니 정말 멋지다!

아이들은 자기중심적 사고를 하기에, 나의 행동으로 인해 친구들이 상처를 받을 수도 있다는 생각을 하지 못해요. 아이가 못되거나 나쁜 마음을 가져서가 아니라 발달 단계상 자연스러운 현상입니다. 그림책 속 크레파스들도 까망이를 미워했던 게 아니라, 자신들이 그린 그림이 까맣게 되는 게 싫었을 뿐입니다. 이처럼 그림책을 보며 상대방의 입장에서 생각해 보는 경험은, 자기중심적 사고를 벗어나 자신을 객관화하고 타인의 생각을 예측하는 데 도움을 줍니다. 이런 과정을 통해 아이들은 다른 사람을 이해하는 능력이 커지고 이것이 곧 사회성의 밑바탕이 된다고 할 수 있지요.

이 그림책은 아이들뿐만 아니라, 우리가 어렸을 때 한 번쯤 해본 미술 놀이가 담겨 있기 때문에 엄마 아빠들도 좋아하는 그림책이에요. 이야기의 흐름을 따라가면 자연스럽게 스크래치 페이퍼를 활용한 미술 놀이가 가능하답니다. 미술 활동을 좋아하는 아이들은 그림책을 덮자마자 이 활동을 해보고 싶다고 이야기할지도 몰라요. 아이와 함께 스크래치 페이퍼를 만들어 보세요. 그림책에 나온 것처럼 크레파스를 사용해 만들 수도 있고, OHP 필름과 아크릴물감을 활용해 만들 수도 있어요. 시중에 '스크래치 페이퍼'라는 이름으로 판매 중인 종이를 사용하는 방법도 있습니다.

스크래치 페이퍼를 만들었다면, 그림을 그리기 전 밤에 있었던 일들을 이야기 나눠 보세요. 할머니 집에 갔다가 밤늦게 집에 돌아온 일, 캠핑을 가서 밤에 모닥불을 피웠던 일, 잠자기 전 작은 전등을 켜놓고 그림자놀이를 한 일, 반딧불을 보러 갔던 일 등 밤과 관련된 추억들을 떠올려 보세요. 그중에서 어떤 장면을 표현하고 싶은지 이야기 나누고, 자유롭게 그려볼 수 있도록 해주세요.

스크래치 페이퍼

나의 밤을 그려요.

- 난이도 ★★
- 권장 연령 4~7세

준비물
도화지
크레파스
안 나오는 볼펜
(또는 이쑤시개, 나무젓가락)

놀이의 효과 소근육 발달, 색 감각 발달, 표현력, 집중력 향상

놀이 시 주의사항
- 종이의 크기가 너무 크면 집중력이 떨어질 수 있으니, A4용지 반장 크기로 준비해 주세요.
- 알록달록하게 칠할수록 결과물에 다양한 색이 보여 예뻐요.
- 크레파스가 옷에 묻을 수 있어요. 이럴 땐 폼클렌징이나 물파스를 활용해 지우면 된답니다.
- 나무젓가락이나 이쑤시개, 안 나오는 볼펜의 끝이 뾰족하니 다치지 않도록 조심해요.

그림책에서 크레파스들이 했던 것처럼 스크래치 페이퍼를 만들어요.

두꺼운 종이 위를 알록달록 크레파스로 가득 칠하고, 까만색 크레파스로 종이 전체를 칠해주세요. 종이가 너무 크면 스크래치 페이퍼를 만드는 시간이 오래 걸려 아이의 집중력이 떨어질 수 있으니, A4용지 정도 사이즈나 A4용지의 ½ 사이즈로 준비해 주세요. 그리고 밤에 있었던 일들을 떠올릴 수 있게 해주세요. 아이들은 아직 시간에 대한 개념이 명확하지 않아 낮과 밤을 잘 구분하지 못할 수도 있습니다. 그럴 땐 깜깜할 때 있었던 일들을 생각해 낼 수 있게 해주세요.

깜깜한 시간에 놀이터에서 그네를 탄 일, 할머니 집에 갔다가 밤늦게 집에 돌아온 일, 캠핑에 가서 모닥불을 피웠던 일, 잠자기 전 작은 전등을 켜놓고 그림자놀이를 한 일, 반딧불을 보러 갔던 일 등 자유롭게 생각을 꺼낼 수 있게 도와주세요. 아이가 잘 기억하지 못한다면 사진을 보여주며 떠올릴 수 있게 도와주세요.

혹시 밤과 관련된 경험이 없다면, 밤에 하고 싶은 일을 떠올리거나, 밤과 관련된 이야기를 상상하여 표현할 수 있게 해주세요. 어떤 장면을 그릴 것인지 결정했다면 스크래치 페이퍼에 표현해 보세요. 나무젓가락을 뾰족하게 깎아 쓰거나, 안 나오는 볼펜 등을 활용해 그림을 그려보세요. 그림을 수정하고 싶을 때는 까만색 크레파스로 그 위를 다시 칠하면 된답니다.

1. 도화지에 크레파스로 꼼꼼하게 색칠해 주세요.
   이때 알록달록하게 색을 배열하면 더 좋아요.
2. 불꽃이 터지는 모습과 아직 남아있는 폭죽을 표현했어요.
   반딧불의 모습도 함께 담았고요.
3. 시중에서 구입할 수 있는 스크래치 페이퍼에, 별과 불꽃이 있는 장면과
   어른 반딧불이 아기 반딧불을 구하는 장면을 표현했어요.

더 신나게 놀수있는 TIP

1. 사포나 나무, 호일 등 다양한 재질 위에 크레파스로 그림을 그려 보세요.
2. 크레파스의 잘 번지는 성질을 활용해 도화지에 크레파스로 그림을 그린 뒤
   면봉으로 문질러 번지기 효과를 더해보세요.

밤을 밝히는 조명

놀이 02

스크래치 기법을 활용한 만들기

난이도 ★★★
권장 연령 5세 이상

준비물
플라스틱 물병
아크릴물감
안 나오는 볼펜
(또는 이쑤시개, 나무젓가락)

놀이의 효과 소근육 발달, 표현력, 성취감, 감성 발달

놀이 시 주의사항
ⓐ 플라스틱병에 아크릴물감을 칠하고 충분히 말려주세요.
ⓐ 나무젓가락이나 이쑤시개, 안 나오는 볼펜의 끝이 뾰족하니 조심할 수 있게 해주세요.

스크래치 기법을 활용해 반짝이는 조명을 만들어볼게요. 재활용이 가능한 생수병, 우유병 등 투명한 병을 준비하고, 아크릴물감으로 꾸며준 후 바탕을 검은색(어두운 색)으로 칠한 뒤 충분히 말려주세요.

아크릴물감이 마르면, 그 위에 안 나오는 볼펜(이쑤시개, 나무젓가락)을 활용해서 그림을 그려주세요. 아크릴물감이 벗겨지면서 그림이 그려진답니다. 그림을 그린 후 병 안에 전구를 넣으면 조명이 완성돼요.

반짝반짝 조명 완성! 전구를 넣고 불을 켜면, 나만의 전등이 반짝입니다.

1 투명한 병에 아크릴물감을 칠해주세요.
2 아크릴물감이 완전히 마르면, 안 나오는 볼펜 등을 활용해 그림을 그려주세요.

동그라미로 그린 동물원

난 동물을 잘 그려요
레이 깁슨 글, 아만다 발로우 그림, 보물창고

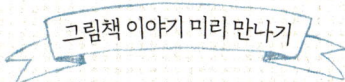

크레용을 잡고 동그라미를 그리면 동물이 완성됩니다. 사자, 고양이, 순록, 토끼 등 특징이 두드러지는 동물들을 간략하지만 누구나 알아볼 수 있게 그리는 방법이 담겨 있어요. 이 책을 보면서 동물을 그려본다면, "난 동물을 잘 그려요!"라고 외칠 수 있게 될 거예요.

《난 동물을 잘 그려요》는 '엄마 아빠와 함께 신나게 그리기' 시리즈 도서 중 하나로, 동물을 잘 그릴 수 있는 방법이 담겨있는 그림책입니다. 커다란 동그라미 한 개, 작은 동그라미 두 개, 그리고 뾰족뾰족 선을 몇 개 그리면 사자가 완성됩니다. 이번엔 커다란 동그라미 두 개, 작은 세모 두 개, 그리고 길쭉한 원을 하나 그려 볼까요? 순서대로 따라 그리니 고양이가 완성됩니다. 몇 단계만 따라하면 동물이 그려진다니요!!

이 그림책은 그림 그리는 것을 부담스러워하는 아이들에게, 동물 그리는 방법을 궁금해 하는 아이들에게, 어쩌면 그림 실력이 없는 엄마 아빠에게, 동물을 쉽고 간단하게 표현할 수 있는 방법을 알려줍니다. 그림책 안에는 16가지 동물을 그리는 방법이 담겨 있지만, 우리는 더 많은 것을 배울 수 있습니다. 각 페이지마다 테두리에 그 동물과 관련이 있을 법한 사물이나 동물도 담고 있거든요. 그림 언어를 읽어내는 능력을 가지고 있는 아이들은, 아마 벌써 발견했을 것입니다.

끝이 둔한 크레파스로 정교하게 그릴 수 있는 방법은, 가장 두드러지는 특징만 담는 것! 아이와 동물들의 특징을 이야기해 볼까요? 엄마 아빠는 발견하지 못하는 경우가 많아요. 이미 동물들의 모습을 언어 표현으로 접했기에 자세히 보지 않기 때문에요. 아이들은 동물들을 다른 사람이 관찰한 대로 보는 게 아니라, 자신의 눈으로 직접 관찰하기에 엄마 아빠보다 더 다양한 특징을 발견합니다. 동물을 직접 보러 가거나 사진이나 영상을 본 후 이야기 나눈다면 훨씬 더 다양한 특징을 말할 수 있을 거에요.

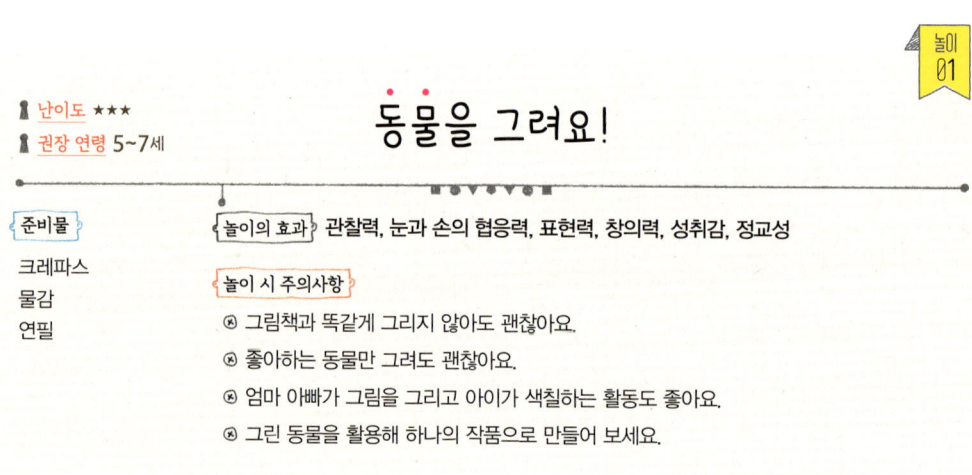

놀이 01

동물을 그려요!

- **난이도** ★★★
- **권장 연령** 5~7세

준비물
크레파스
물감
연필

놀이의 효과 관찰력, 눈과 손의 협응력, 표현력, 창의력, 성취감, 정교성

놀이 시 주의사항
ⓧ 그림책과 똑같게 그리지 않아도 괜찮아요.
ⓧ 좋아하는 동물만 그려도 괜찮아요.
ⓧ 엄마 아빠가 그림을 그리고 아이가 색칠하는 활동도 좋아요.
ⓧ 그린 동물을 활용해 하나의 작품으로 만들어 보세요.

우리 아이는 어떤 동물을 좋아하나요? 어떤 동물을 그리고 싶어 하나요? 동그라미를 활용해 동물을 그려봅시다. 아이가 그리고 싶은 동물이 그림책 안에 있다면, 보고 따라 그리도록 하고 혹시 없다면 그 형태를 닮은 동물을 보고 그리며 응용해 보세요. 둥근 귀를 뾰족하게 하거나, 기다란 꼬리를 짧게 그리면서 조금씩 형태를 바꾸며 마음대로 그려보세요. 과정 속에서 그림 언어로 표현하는 즐거움과 그림 언어를 사용하는 방법을 획득할 수 있을 거예요.

크레파스 위에는 물감이 묻지 않으므로, 크레파스로 그리고 수채 물감으로 색칠하면 더 완성도 있는 동물 그림을 표현할 수 있어요. 다양한 동물들을 따라 그리는 것도 좋고, 아이가 특별히 좋아하는 동물이 있다면 그 동물들만 여러 번 그려도 괜찮아요. 아이가 그린 동물들을 가위로 오려 도화지에 배치한다면 더욱 멋진 작품이 될 거예요.

함께 읽어도 좋아요

<아빠가 그려준 코끼리> 양미주

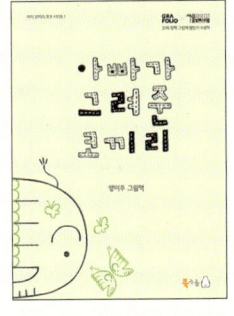

지구의 땅 위에 사는 동물 중, 가장 덩치가 크다는 코끼리. 이 거대한 코끼리를 쉽고 재미있게 그리는 방법이 담겨 있는 그림책입니다. 그림책을 펼치면 코끼리를 그리는 아빠와 그 과정을 지켜보는 아이의 대화가 이어집니다. 아빠가 그림 그리는 모습을 지켜보며 아이는 코끼리가 아니라고 생각하죠. 코끼리의 꼬리를 그리고, 커다란 귀를 그려도 아니라는 생각이 드나 봅니다. 그리고 코끼리가 완성되었을 때 비로소 코끼리라는 것을 확신하지요. 와! 이렇게 쉽고 재미있는 방법으로 코끼리를 그릴 수 있다니요. 아이는 노래를 부르며 아빠가 알려준 방법으로 코끼리를 그립니다. 우리가 알고 있는 동요 '나비야'의 리듬에 맞춰 따라 그리면 딱 맞게 완성할 수 있어요.

내가 쓰고 싶은 모자를 만들어요.

모자가 좋아
손미영 글·그림, 천개의바람

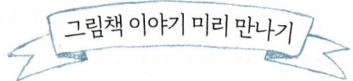

그림책 이야기 미리 만나기

아이가 모자를 쓰고 봄나들이를 나왔습니다. 안전 모자를 쓰고 자전거를 타기도 하고, 요리사 모자를 쓰고 음식을 만들기도 합니다. 봄, 여름, 가을, 겨울 계절이 달라지면서 즐기는 놀이도 다르고, 쓸 수 있는 모자도 달라집니다. 아이가 다양한 활동을 할 때마다 달라지는 모자의 모습을 보며 모자의 쓰임과 특징을 찾아보세요.

모자는 무엇일까요? 모자를 무엇이라고 설명할 수 있을까요? 모자는 나를 안전하게 보호하기도 하고, 예쁘게 보이게도 합니다. 또 나의 신분을 드러내는 도구로 쓰이기도 하지요. 머리에 쓰는 이 작은 물건으로 우리는 많은 것들을 알아낼 수 있습니다. 단순히 장신구의 역할을 넘어, 성별, 연령, 직업, 계절 그리고 문화까지도 알 수 있습니다. 모자의 이러한 기능 덕분에 어떤 모자를 쓰느냐에 따라 다른 역할을 갖게 되고, 다르게 생각하고 다르게 행동하게 됩니다.

《모자가 좋아》는 아이가 쓰는 다양한 모자, 아이가 좋아하는 다양한 모자뿐만 아니라 모자의 형태를 통해 알 수 있는 것들이 무엇인지를 이야기하고 있습니다. 우리나라에는 오래전부터 다양한 형태의 모자들이 존재했습니다. 신분이나 성별, 계절 등을 모자를 통해 분명하게 알 수 있는 문화였죠. 몇 년 전 '모자의 나라, 조선'이라는 이름으로 전시회를 열기도 했답니다. 조선을 방문한 외국인들은 모자를 높이 평가하며, '외관의 소지품을 넘어 자신을 나타내는 상징물이다.'라는 말을 하기도 했습니다. 이처럼 다양한 모자를 가지고 있는 문화임에도, 우리나라 작가가 쓴 《모자가 좋아》에는 우리 전통 모자 이야기가 없어서 조금 아쉬운 마음이 듭니다.

표지 한 장면만 가지고도 많은 이야기를 나눌 수 있습니다. 그림 속의 아이의 표정을 보며 기분이 어떠할지도 이야기 나눠보고, 다양한 모자들을 보며 아이가 알고 있는 모자는 무엇인지, 어떤 모자를 써 본 경험이 있는지도 이야기해 보세요. 아이는 자신의 경험을 떠올리며 그림책 속 이야기를 나와 연결 지을 수 있게 된답니다.

엄마 우아, 이 아이는 지금 뭐하고 있는 거야?

아이 모자를 엄청 많이 쓰고 있어요. 모자를 아주 많이 좋아하나 봐요.

엄마 그런가보다~ 아이가 모자를 쓰고 하하 웃고 있네.
이 모자들 중에 ○○이가 알고 있는 모자는 뭐야?

아이 음~ 나는 털모자랑, 자전거 모자랑, 밀짚 모자랑, 마법사 모자랑, 산타 모자랑, 화가 모자랑, 요리사 모자를 써 봤어요. 그리고 여기는 없는데 토끼 모자랑 또 머리가 뚫린 모자도 써 봤어요.

엄마 아~ 썬캡을 말하는구나. 여름에 햇빛을 가리기 위해 쓰는 모자~

아이 맞아요. 그리고 또 수영할 때 쓰는 모자도 있어요.

엄마 우아~ ○○이도 이 아이만큼 많은 모자를 써 봤네.

아이 엄마!! 나 생일 파티할 때도 쓰고, 벌 보러 갔을 때는 얼굴까지 다 가리는 모자도 썼어요.

엄마 그렇구나~ 엄마는 기억을 못하고 있었는데, ○○이 덕분에 생각났어. 이 아이는 어떤 모자를 쓰는지 한번 보자~

그림책 안에는 장면마다 다른 모자를 쓰고, 그 모자와 어울리는 장소에서 놀이를 하고 있는 아이의 모습이 나옵니다. 이미 표지에서 자신의 경험을 이야기해 봤기에, 아이는 책장을 넘길 때마다 자신이 경험했던 이야기를 하고 싶어 할 거예요. 아이가 자신의 경험을 이야기하고 싶어 한다면, 충분히 들어주고 공감해 주세요. 이야기를 하다보면 생각은 확장되고 또 정리됩니다. 그러한 과정 속에서 그림책에는 등장하지 않았지만 내가 알고 있는 모자를 발견하기도 하고, 또 내가 써 봤던 모자를 찾아내기도 하죠.

아이가 어떤 모자를 찾아내느냐에 따라 다양한 방향으로 확장하여 이야기를 할 수도 있습니다. 한복을 입을 때 썼던 조바위나 갓을 찾아낸다면 과거의 모자로 연결할 수 있고, 소방관 모자나 경찰관 모자와 같이 직업과 관련된 모자를 찾아낸다면 하는 일에 따라 달라지는 모자들을 찾아낼 수도 있습니다. 모자를 보면 계절을 알 수도 있고, 어떤 직업을 가졌는지 알 수도 있고, 어떤 나라 사람인지 알 수도 있습니다. 또 그 사람의 취향을 알 수도 있고, 무슨 날인지 알 수도 있습니다. 아이에게 모자의 기능이나 역할을 알려주는 것은 기억해야 하는 지식이나 정보를 전달하는 것이지만, 이렇게 자신이 경험했던 내용을 바탕으로 스스로 찾아내면 그것은 내 머릿속에서 나온 나의 이야기가 되는 것입니다.

엄마, 아빠의 대화 코칭!

어린 아이와 모자의 상징 의미를 찾아내는 건 쉬운 일이 아니므로 아이들이 자신의 경험을 떠올리고 그때의 경험을 마음껏 이야기하는 것에 집중해 주세요. '모자를 통해서 우리는 이런 것들을 알 수 있구나.' 정도의 이야기를 나눌 수 있으면 충분합니다. 아이는 앞으로 모자뿐만 아니라 꽃, 의자 등 다양한 상징 언어들을 만나게 될 텐데 그때 자신의 이야기를 언어로 표현해 본 경험들이 새로운 언어를 이해하고 표현하는데 도움을 줄 것입니다.

모자의 상징을 잘 담고 있는 놀이를 하나 소개합니다. '여섯 가지 색깔 모자'라는 창의적 사고 기법입니다. 녹색 모자는 창의적인 대안을 떠올리고, 노란색 모자는 긍정적인 점을 떠올리고, 검은색 모자는 비판적으로 생각하며 문제점과 어려운 점을 떠올리는 것 등 여섯 가지 색깔 모자마다 사고의 유형이 지정되어 있습니다. 그 색깔 모자를 쓴 사람은 그에 맞는 의견을 제시해야 하는 거죠. 실제로 모자를 바꿔 가며 토론하는 이 방법은 다양한 각도에서 체계적으로 생각해 볼 수 있는 장점이 있습니다. 이때 모자의 상징 의미를 이해하지 못하면 참여하기 어렵기 때문에 엄마 아빠가 미리 알고 있다가 아이가 조금 큰 후에 함께 놀이해 보세요.

모자를 만들어요.

난이도 ★★★
권장 연령 4~7세

준비물
종이띠(긴 도화지)
색종이
사인펜
가위
풀
사진 자료
꾸미기 재료

놀이의 효과 자아정체성, 표현력, 모자에 대한 상징 이해, 추상적 사고력 발달

놀이 시 주의사항
ⓐ 주제를 정하고 모자를 꾸밀 수 있게 해주세요.
ⓐ 어떤 형태의 모자를 만들어도 좋아요. (종이를 활용해 띠처럼 머리에 두를 수 있는 형태도 좋고, 안 쓰는 모자를 사용해도 좋아요. 신문지나 달력을 활용해 모자를 접는 것도 좋아요)

아이의 취향이 담긴 모자를 만들어보는 활동입니다. 그림책을 읽으며, 이야기를 나누며 모자의 의미를 알게 된 다음 그것을 반영해 '내가 쓰고 싶은 모자'를 만들어 보세요. 종이띠를 활용해 모자의 형태를 만듭니다. 하나의 종이띠를 동그랗게 말아 만들어도 좋고, 3,4장의 종이띠를 활용해 모자의 윗부분까지 만들어도 좋습니다. 더 이상 사용하지 않는 모자를 활용해도 좋습니다. 모자 형태가 완성되었다면 모자를 어떻게 꾸밀지 이야기 나눠보세요.

단순히 재료들을 붙여 예쁘게 꾸미는 것도 좋지만, 어떤 주제를 담고 있다면 더 의미 있는 활동이 될 거예요. 그 모자를 쓰고 어디를 가고 싶은지, 무엇을 하고 싶은지 물어보고 그것들을 그림으로 표현하여 모자 꾸미기에 활용하면 됩니다. 직접 그림으로 그리지 않고 사진 자료를 활용하거나 상징물을 활용하는 것도 좋은 방법입니다.

아이가 어려워한다면, '좋아하는 계절과 관련된 재료들을 활용하여 꾸미기'처럼 주제를 정하고, 주제와 어울리는 재료들을 준비해 꾸미기를 할 수 있게 해주세요. 이러한 활동을 통해 모자로 '나'를 드러낼 수 있다는 것, '무엇'인가를 의도적으로 표현할 수 있다는 것을 알게 될 거예요.

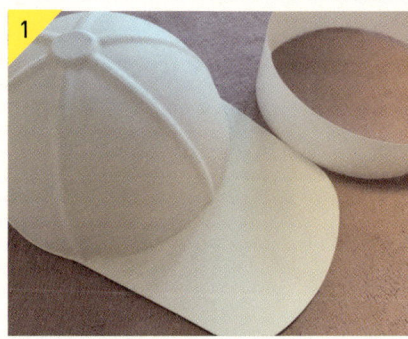

1 종이를 길게 잘라 머리 사이즈에 맞게 붙여요.
2 오늘은 내가 공주예요.
3, 4 나는 사랑이 가득한 사람이니까 색깔별로 하트를 그려요.

더 신나게 놀수있는 TIP
❶ 다른 그림책 또는 잡지, 애니메이션에서 모자를 쓴 사람을 찾아봐요.
❷ 직업 모자를 쓰고 역할 놀이를 해요.

함께 읽어도 좋아요

<용기 모자> 리사 데이크스트라

메이스는 세상에 무서운 것이 너무 많았습니다. 개도, 날아다니는 비둘기도, 어둠 속의 빛도 무섭게만 느껴집니다. 걱정이 많은 메이스를 위해 할아버지는 용기 모자를 선물합니다. 할아버지가 만들어주신 용기 모자를 쓴 뒤, 메이스는 두렵고 겁나던 대상들을 다른 시각으로 볼 수 있게 됩니다. 용기 모자를 쓰자, 용기 가득한 마음으로 생각해 보게 된 것이죠. 두려워했던 대상들이 아무것도 아니라는 것을 깨닫게 됩니다. 이처럼 모자를 쓴다는 건 우리에게 새로운 역할을 선물하고, 새로운 사고의 가능성을 열어주는 장치입니다. 지금 당신에게는 어떤 모자가 필요한가요?

5

빛으로 그림을 그려요

빛을 비추면 In light
김윤정, 최덕규 글·그림, 윤에디션

그림책 이야기 미리 만나기

"빛을 비춰 봐." 빛은 어둠을 밝히고, 그리운 사람에게 안내를 합니다. 따뜻함을 나누어 주고, 떠나는 이를 지켜봐 줍니다. 빛이 우리에게 있어 어떤 역할을 하는지를 서정적으로 담고 있는 그림책입니다. 빛이 있을 때 더 많은 이야기를 만날 수 있는 그림책. 어떤 비밀이 숨겨져 있는 그림책일까요?

빛이 없는 삶을 상상해 보신 적이 있나요? 아직 불이라는 존재를 갖지 못했을 때의 인류는 태양이 지고 어둠만 남았을 때 어떤 마음이었을까요? 어떤 바람으로 밤을 견뎠을까요? 빛은 밝음과 따뜻함을 주는 존재입니다. 그리고 그 밝음과 따뜻함 덕분에 우리는 무수히 많은 일들을 할 수 있습니다. 현대의 우리들에게 빛은 너무 흔하고 당연한 존재가 되었고, 그 소중함도 고마움도 잊고 삽니다. 그런 우리들에게 '빛'에 대한 이야기를 전해주는 그림책입니다. 이 그림책을 보려면 '빛'이 필요한데, 그 장치만으로도 '빛'에 대해 생각해 보게 합니다.

　　빛은 어둠을 밝힙니다. 그리고 주위를 환하게 합니다. 빛은 밝은 에너지를 발산합니다. 빛이 있는 곳은 먼 곳에서 봐도 반짝거림이 느껴집니다. 어떤 존재는 스스로 빛을 내고, 어떤 존재는 빛을 반사하면서 반짝거립니다. 아이와 함께 빛과 닮은 것들을 찾아보세요. 처음엔 전등, 가로등, 손전등 같은 것들을 찾아낼 거예요. 그리고 어쩌면 불, 난로도 떠올릴 수 있을 거예요. 또 무엇이 있을까요?

　　태양의 특징, 빛의 속성을 생각해 보세요. 태양은 어둠을 밝게 만들어요, 따뜻하게 해주고, 식물을 자라게 해요, 또 물방울을 수증기로 바꿔 물을 순환할 수 있게 해요, 그리고 시간이 흐르게 하죠. 에런 베커의 《당신은 빛나고 있어요》라는 그림책을 통해서도 태양의 힘을 느낄 수 있어요. 늘 새로운 여행을 꿈꾼다는 작가는 우리에게 '빛'을 통해 여행을 떠날 수 있게 도와줍니다. 그리고 우리 모두는 빛나고 있다는 메시지를 전해주죠. 절제된 글과 그림으로 표현한 덕분에 더 많은 이야기를 나눌 수 있습니다. 그림책 장마다 서로 다른 색들을 배열하고, 그 색들이 쌓이면서 다채로운 색을 만들어냅니다. 그 다채로운 색을 다시 보고 싶어 앞으로 뒤로 몇 번씩 책장을 넘기며 보게 됩니다. 해를 향해 펼치면 더욱 아름다운 장면을 볼 수 있는 그림책, 빛나고 있는 '나'라는 존재를 만날 수 있는 그림책입니다.

　　아이와 빛과 관련된 그림책을 보며, 내가 가진 빛 에너지를 생각해 볼 수 있는 시간이 되길 바랍니다. 나는 무엇을 밝힐 수 있는 빛인지, 무엇을 담고 있는 빛인지 생각해 볼 수 있게 해주세요. 또 내 주변에 존재하는 빛은 무엇이 있는지도 생각해 볼 수 있다면 좋겠습니다. 엄마 아빠에게 더 의미 있는 시간이 될 거예요.

빛으로 그림을 그려요!

■ 난이도 ★★★
■ 권장 연령 4~7세

준비물
도화지
칼
셀로판 종이
딱풀
테이프
손전등

놀이의 효과 빛에 대한 이해, 색 감각 발달, 표현력, 소근육, 집중력

놀이 시 주의사항
ⓐ 그림을 그릴 때 크고 간단하게 그려주세요.
ⓐ 그림 안에 구멍을 뚫을 때 칼로 뚫어야 하니 꼭 엄마 아빠가 해주세요.
ⓐ 도화지를 반으로 접어 오리면, 구멍을 뚫는 것보다 쉽게 만들 수 있어요.
ⓐ 구멍을 뚫은 뒤 띠지를 붙이는 방법으로 칸을 나누면 더 간단해요.

아이가 직접 그림을 그린다면, 우산이나 나비, 꽃, 구름 같은 조금 단순한 대상을 큼직하게 그릴 수 있게 도와주세요. 칼을 사용하여 아이의 그림 안쪽에 구멍을 뚫어주세요. 구멍이 뚫린 부분에 셀로판 종이를 붙일 것이기에, 모두 오리지 말고 중간에 틀이 남도록 해주세요. 또는 기다랗게 종이를 잘라 구멍 뚫은 그림 위에 교차될 수 있게 붙여주세요. 틀이 여러 개 있어야 다양한 색으로 붙일 수 있답니다.

오린 종이에 셀로판 종이를 붙여주세요. 셀로판 종이를 붙일 때는 딱풀을 사용해도 좋고, 테이프를 활용해도 좋아요. 셀로판을 여러 장 겹쳐서 새로운 색을 만들어도 좋아요. 셀로판 종이를 모두 붙였다면, 햇빛이 들어오는 창가에서 빛을 통과시켜 보세요. 빛이 닿는 바닥이나 벽에 색깔 그림자가 생길 거예요. 무채색의 그림자가 아니라 색깔이 들어간 그림자를 보는 것만으로도 아이에게 즐거움이 될 거예요.

아이가 궁금해 한다면, 빛이 어떤 역할을 한 것인지 이야기해 주세요. 상상해서 표현하는 것도 좋고, 과학적 지식을 아이가 이해하기 쉽도록 이야기해줘도 좋아요. 요리조리 빛을 비춰가며 색깔 그림자의 크기를 크게 또 작게 만들며 관찰해 보세요. 손전등이나 핸드폰의 손전등 기능을 활용해서 활동해도 좋아요. 아이의 작품에 나무젓가락을 활용해 손잡이를 만든다면 그림자극 놀이도 가능하겠죠? 놀이가 끝나면 색깔 그림을 창문 유리나 햇빛이 들어오는 벽에 붙여놓는 것도 좋고, 끈으로 연결해 모빌처럼 창가에 걸어 놓는 것도 좋은 방법입니다.

① 전시회에서 만난 그림자.
② 도화지를 반으로 접어 오린 뒤, 띠지를 붙여 칸을 나눠요.
③ 햇빛을 받아 색깔 그림이 완성됩니다.

놀이 02

비밀 그림을 그려요!

난이도 ★★★★
권장 연령 7세 이상

준비물
A4용지 2장
사인펜
풀
빛

놀이의 효과 소근육 발달, 색 감각 발달, 상상력, 표현력, 논리적 사고력 향상

놀이 시 주의사항
ⓐ 도화지보다는 A4용지 정도의 두께의 종이를 사용해 주세요.
ⓐ 같은 장소의 시간 변화나 어떤 일의 전후 상황을 표현하면 좋아요.

빛을 활용해 비밀 그림을 그려보는 활동입니다. 자연스러운 그림 표현을 위해서는 같은 공간(또는 배경)에서 달라지는 상황을 그려보는 게 좋아요. 두 장의 종이에 각각 그림을 그려서 하나로 겹쳐야 하거든요. 낮과 밤처럼 시간이 달라지는 상황도 좋고, 무엇을 하기 전후의 상황도 좋아요. 일어나지 않은 상황의 그림을 위에, 일어난 이후의 상황을 그린 그림을 아래에 두고 두 장을 붙이면 됩니다. 그리고 종이 아래에서 빛을 비추면, 비밀 그림이 나타나요.

 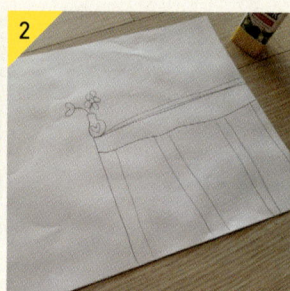 

1. 테이블에 꽃병이 놓여 있는 그림과 꽃병이 떨어져 깨진 그림을 그렸어요.
2. 풀로 두 장을 완전히 겹쳐 붙였어요.
3. 종이에 손전등을 비추면 뒷장에 가려진 비밀 그림이 나타나요.

함께 읽어도 좋아요

<딸깍! 불빛을 비추면> 리지 보이드

깜깜한 숲속에, 딸깍! 불빛이 생겼습니다. 꼬마 아이가 비추는 손전등을 통해 한밤중 숲속의 모습을 만납니다. 깜깜한 밤 시간 위에, 흰색과 푸른색으로 실루엣을 표현했습니다. 그리고 아이의 손전등 빛만큼씩 숲속의 모습을 보여줍니다. 무엇을 볼 수 있을까요? 깜깜한 숲속에서는 어떤 일들이 일어날까요? 글자가 없기에, 아이가 마음껏 상상하며 읽을 수 있는 그림책입니다. 혹시 아이가 글자 없는 그림책을 낯설어한다면, 엄마 아빠가 먼저 읽어주세요. 아이는 엄마 아빠가 읽어주는 글자 없는 그림책을 보며 자연스럽게 글자 없는 그림책 읽는 방법을 배울 것 입니다.

손도장으로 캐릭터를 만들어요

난 우리 집이 정말 좋아!
사라 마시니 글·그림, 사파리

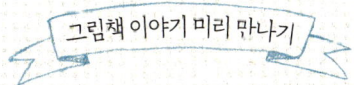

그림책 이야기 미리 만나기

    손가락 도장으로 만들어진 10명의 캐릭터가 등장하는 그림책입니다. 주인공은 열매! 열 명의 아이들 중 막내입니다. 열매는 언니 오빠들이 너무 시끄러워 아무도 없는 넓고 조용한 곳을 찾기 위해 살그머니 집을 빠져나옵니다. 집을 빠져나온 열매는 물고기를 만나고, 토끼도 만나면서 아무도 없는 넓고 조용한 곳을 찾아냅니다. 잠자리에 들기 전, 하늘이, 두리, 새롬이, 네모, 다래, 여름이, 이루, 연두, 아람이는 열매가 없어진 것을 알게 됩니다. 이들 열 남매에겐 어떤 일이 생길까요? 열 남매의 이름의 비밀도 찾아보고, 아이들이 왜 열 명인지도 함께 생각해 보아요.

주인공 '열매'에게는 언니 오빠가 아홉 명이나 있습니다. 이들은 모두 다르게 생겼습니다. 색깔도 다르고 헤어스타일도 다릅니다. 성격도 달랐지요. 열매는 언니 오빠들이 너무 시끄럽다고 생각했어요. 언니 오빠들은 늘 어떤 소리를 냈거든요. 특히 잠을 잘 때면 언니 오빠들이 내는 소리 때문에 열매는 잠을 잘 수 없을 지경이었어요. 아이를 여럿 키우는 집은 늘 있는 일입니다. 아이들은 사이좋게 지내기도 하지만, 같은 공간을 함께 사용하다보면 아웅다웅 여러 사건들이 생길 수밖에 없죠. 결국 열매는 조용한 곳을 찾아 떠납니다. 막상 그런 공간을 찾아 혼자 있게 되니 외롭고 또 집이 너무 그립습니다. 언니 오빠들 또한 사라진 열매가 걱정되어 찾아 나서지요. 다시 집으로 돌아온 열매는 집이 좋다는 것을 깨달았습니다. 여전히 시끄러운 언니 오빠들 사이에서 잘 잘 수 있는 현명한 방법도 찾았고요.

열매의 언니 오빠를 살펴보며 누가 언니이고 누가 오빠일지 찾아봐요. 정답은 없어요. 아이가 자유롭게 이야기할 수 있게 해주시고, 왜 그렇게 생각했는지를 물어봐 주세요. 혹시 "이건 남자색 같아서, 이건 여자색 같아서"의 표현을 한다면 남자색과 여자색이 없다는 것을 알려주세요. 또 머리카락의 길이로 남녀를 구분한다면 머리카락이 짧은 여자도, 머리카락이 긴 남자도 있다는 것을 이야기해 주고, "이건 남자이름 같고, 이건 여자이름 같다."고 이야기한다면 그 또한 꼭 그렇지 않음을 이야기해 주세요. 물론 너무 강력하게 이야기하면 "모르겠다."라고 이야기할지도 몰라요. 그러니 그냥 가볍게 이럴 수도 있다는 것 정도만 알려주세요. 또 왜 열 남매일지도 생각해 보고, 열 남매의 이름을 소리 내 말해보며, 이름에 담겨 있는 비밀도 찾아보세요.

아이와 손가락 도장을 찍는 활동도 해보세요. 아이들은 손가락으로 도장을 찍는 것만으로도 충분히 즐거워합니다. 크레파스나 색연필을 들고 그림을 그리는 것보다 훨씬 재미있어 하는 활동이지요. 어떤 손가락으로 찍느냐에 따라, 어느 방향으로 힘을 주느냐에 따라 크기도 모양도 다르게 찍힙니다. 여러 번 찍어 보면서 나의 지문이 잘 보이게 찍는 방법을 익히기도 합니다. 엄마 아빠의 지문까지 나란히 찍어놓고 보면서 서로 지문의 모양이 다르다는 것을 발견하기도 하지요. 여러 가지 색으로, 여러 가지 크기의 지문을 찍어 다양한 캐릭터를 만들어 보세요.

손도장으로 가족을 그려요!

난이도 ★★
권장 연령 6세 이상

준비물
도화지
잉크(또는 물감)
물감
볼펜

놀이의 효과 소근육 발달, 집중력, 표현력, 사고의 유창성 향상

놀이 시 주의사항
- 손가락에 잉크를 골고루 묻힐 수 있게 도와주세요.
- 손가락 도장이 충분히 마를 때까지 기다려주세요.
- 손톱이 길면 손톱 사이의 잉크가 잘 안 지워지니, 손톱을 정리하고 하면 더 좋아요.

손가락 도장을 활용해 그림을 그려보아요. 원하는 색깔의 잉크나 물감을 손가락에 골고루 묻혀주세요. 그리고 종이에 예쁘게 찍어주세요. 손도장이 충분히 마르면, 볼펜을 활용해 그림을 그려보세요. 다양한 헤어스타일, 표정들로 여러 가지 캐릭터를 만들어보세요. 어떤 손가락으로 찍느냐에 따라 조금씩 크기가 달라요. 또 어떤 방향으로 찍느냐에 따라 모양이 다르게도 찍히지요. 엄마 아빠의 손가락 지문을 더하면 더 다양한 모양의 캐릭터를 그릴 수 있어요.

색깔별로 손가락 도장을 찍어 가족을 만들어도 보고, 스탬프를 통째로 찍어서 자동차랑 집도 만들어보세요. 캐릭터를 그려보는 활동이 자연스럽게 스토리텔링으로 연결되는 것을 보며 뿌듯한 시간이 될 거예요.

1. 여러 가지 색으로, 다양한 크기의 도장을 찍었어요.
2. 손가락 도장을 활용해 그림을 그렸어요.
3. 반짝이 가족과 알록이 가족을 그리며 이야기를 만들었어요.

손도장으로 그림을 그렸어요!

난이도 ★★
권장 연령 3세 이상

준비물
도화지
잉크(또는 물감)
물감
볼펜

놀이의 효과 미적 감각, 표현력, 성취감, 감성 발달

놀이 시 주의사항
- 손가락에 잉크를 골고루 묻힐 수 있게 도와주세요.
- 여러 손가락을 활용해 다양한 크기의 손도장을 찍어볼 수 있게 해주세요.
- 손톱이 길면 손톱 사이의 잉크가 잘 안 지워지니, 손톱을 정리하고 하면 더 좋아요.

손도장을 활용해 그림을 꾸며요. 나뭇가지를 그린 뒤 손가락 도장을 찍어 나무를 꾸며 보세요. 공작새의 꼬리도 꾸며 보고, 손도장 4, 5개를 겹쳐 찍어서 꽃도 표현해 보아요. 여러 개의 손도장을 모아 멋진 작품을 만들어 보세요. 아이가 어리다면, 먼저 엄마 아빠가 커다란 그림을 그리고 아이가 손도장으로 색을 입히는 활동을 해봐도 좋아요. 꽁꽁꽁~ 찍힌 아이의 작은 손도장이 모인 모습이 마치 점묘화 기법을 활용해 그림을 그린 것처럼 느껴질 거예요.

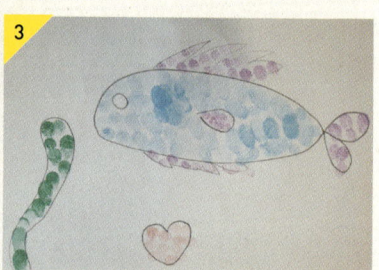

1. 알록달록 손도장 나무.
2, 3. 그림을 그리고, 점묘화 기법으로 색을 입힌 물고기.

함께 읽어도 좋아요

<손도장으로 그리는 세상> 에드 엠벌리

손도장을 활용해 그림을 그리는 방법을 담고 있는 그림책으로, '아동 미술 교육서'입니다. 손가락에 잉크를 묻혀 꾹~ 지문을 찍고, 펜으로 점을 찍고, 선을 그으면 사람이 되고, 물고기가 되고, 토끼가 됩니다. 단 하나의 손가락 도장으로 다양한 것들을 그릴 수 있습니다. 또, 선의 방향을 바꾸기만 해도 표정이 달라지고, 동그란 곡선 하나만 더해도 동작이 달라지는 마법! 그 다양한 방법들이 담겨 있습니다.

그림을 훔친 범인을 찾아라!
리처드 번 글·그림, 주니어RHK

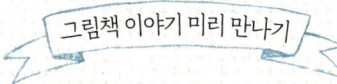

  귀여운 몽당이들이 칠판에서 즐겁게 뛰놀고 있었어요. 빨강 선생님의 목소리를 듣고, 점심 식사를 하고 돌아온 몽당이들은 깜짝 놀랐어요. 몽당이들이 뛰놀며 그린 꽃이 몽땅 사라졌거든요. 몽당이들은 새로 그림을 그렸어요. 이번에는 선생님이 커다랗고 빨간 울타리도 그려주셨어요. 몽당이들과 선생님은 울타리가 꽃을 안전하게 지켜줄 것이라 믿고, 교실로 들어가서 책을 읽었지요. 하지만 소용없었어요. 꽃이 또 사라졌거든요. "우리 그림을 훔치는 도둑이 있어!" 파랑 수사관이 도착해 증거를 모으고, 범인을 잡았습니다. 그런데 범인이 도망쳤어요. 이제 어떻게 해야 하죠? 과연 누가 범인이었을까요? 이후에 어떤 일이 일어났을까요?

칠판 위를 자유롭게 뛰어다니는 색깔 분필과 분필의 흔적을 지우는 지우개의 이야기입니다. 그림을 그릴 수 있는 도구와 그림을 지우는 도구는 언제나 짝입니다. 어른인 우리는 당연히 알고 있는 사실을 몽당이들은 몰랐나 봅니다.

잠깐 자리를 비운 사이에 꽃 그림들이 사라진 것을 보고 깜짝 놀라서 그 방안으로 울타리를 쳐놓으면 꽃을 지킬 수 있다고 생각한 걸 보면 말이죠. 증거를 모으며 수사하는 스토리 전개가 아이들의 호기심을 자극하기에 충분합니다. 게다가 한 번 잡힌 범인이 달아나는 사건까지! 다함께 도둑을 쫓아가지만 너무 빨라 쫓아갈 수가 없습니다. 현명한 수사관은 깜짝 놀랄 만한 계획으로 도둑을 다시 잡았습니다. 하지만 도둑은 너무 억울했어요. 왜냐하면 도둑은 자기의 일을 했을 뿐이니까요. 도둑에게 미안했던 몽당이들은 다함께 즐거울 수 있는 일을 생각해 냅니다. 칠판지우개와 분필이 함께 즐거울 수 있는 일은 과연 무엇일까요?

분필, 연필, 볼펜은 그림을 그리는 것. 칠판지우개, 지우개, 화이트는 그림을 지우는 것이라는 우리들의 관점을 바꿔봅시다. 분필로 가득 칠해져 있는 칠판 위에서 칠판지우개가 그림을 그리고, 연필로 가득 그려져 있는 종이 위에서 지우개가 그림을 그리는 일. 아이와 함께 연필이 될 수 있는 것들을 더 찾아보세요.

아이의 경험 속에서 만난 새로운 연필은 무엇이 있을까요? 바닷가 모래사장에서 손가락으로 그림을 그렸던 일, 하얗게 내린 눈 위에 나뭇가지로 그림을 그렸던 일, 크레파스로 채운 스크래치 페이퍼를 나무젓가락으로 긁으며 그림을 그렸던 일 등을 떠올려 볼 수 있게 해주세요. 내가 경험했던 일을 떠올리며 이야기를 나누다보면 그림책 속의 내용이 곧 나의 이야기가 된답니다.

아주 커다란 그림

■ 난이도 ★★
■ 권장 연령 3~7세

준비물
분필(또는 파스텔)
생수병

{ 놀이의 효과 } 대근육 및 소근육 발달, 색 감각 발달, 공간지각력 향상

{ 놀이 시 주의사항 }
ⓐ 차가 다니지 않고 평평한 곳에서 활동해 주세요.
ⓐ 분필이나 파스텔로 활동한 뒤 물을 뿌리면 깔끔하게 지울 수 있어요.
ⓐ 생수병의 뚜껑에 미리 구멍을 뚫고 물을 가득 담아주세요.

준비물을 챙겨 야외로 나가요. 아파트 단지의 차가 다니지 않는 공간이나 공원처럼 넓고 평평하고 안전한 곳이 좋아요. 분필, 파스텔, 또는 물을 활용해 그림을 그려보세요. 도화지나 스케치북 같은 작은 종이보다 몇 배나 넓은 공간에서 그리는 활동은 아이의 시각을 확장해 준답니다.

분필이나 파스텔을 활용한다면 바닥에 앉아서 그림을 그릴 수 있도록, 생수병을 활용한다면 바닥보다 높은 곳에 올라서서 그림을 그릴 수 있게 해주세요. 물놀이가 가능한 날씨라면 물놀이를 할 마음으로 물총을 들고 나가 그림을 그려보세요. 여름날 시원한 그림 그리기가 될 거예요.

1 분필을 활용해 그림을 그려요.
2 물을 활용해 그림을 그려요.

나의 새로운 연필

난이도 ★★
권장 연령 4~7세

준비물
두꺼운 A4용지
4B연필
지우개

놀이의 효과 표현력, 상상력, 사물을 보는 새로운 관점

놀이 시 주의사항
ⓐ 두꺼운 A4용지에 작업하면 지우개로 지울 때 얇은 종이보다 힘이 있어 좋아요.
ⓐ 4B연필을 사용하면 진하고 잘 지워지는 연필 종이를 만들 수 있어요.
ⓐ 짧은 연필보다 길이가 좀 긴 연필을 사용하면 더 편하게 그릴 수 있어요.
ⓐ 연필의 흑연가루가 손바닥에 가득 묻을 거예요. 괜찮다고 이야기해 주세요.

지우개 그림을 그려볼게요. 우선 종이 위에 연필로 가득 색칠해 주세요. 짧아진 연필보다 길이가 좀 긴 연필을 눕혀서 색칠하면 좀 더 편하게 작업할 수 있어요. 연필로 가득 칠해진 종이가 준비되었다면, 아이와 함께 종이 위에 지우개로 그림을 그려 보세요. 가느다랗고 잘 지워지는 지우개를 사용할수록 좀 더 편안하게 그림을 그릴 수 있어요. 아이들은 지우개로 지우는 힘이 약하고, 지우개는 탄력이 좋아 이리저리 움직이니 단단한 지우개를 잘라 쓰는 것도 좋답니다. 이 놀이를 통해 지우개는 연필을 지우는 역할만 한다는 고정관념을 깰 수 있습니다. 고정된 역할이 상황에 따라 달라질 수 있다는 사실을 통해 사물을 다양한 각도에서 생각해 볼 수 있는 기회를 가질 수 있게 될 거예요.

① 연필 종이예요. ② 오늘은 지우개가 연필!
③ 연필로 덧칠하면 그림이 지워져요.

더 신나게 놀수있는 TIP
❶ 파스텔로 종이 전체의 색을 입힌 뒤 지우개로 그려 보아요.
❷ 밀가루나 모래를 쟁반 위에 얇게 펼쳐놓고 손가락 연필을 활용해 그림을 그려 보아요.

함께 읽어도 좋아요

<완벽해> 맥스 아마토

까맣게 연필선이 가득 채워진 종이 앞에, 나란히 서 있는 연필과 지우개. 그림책의 스토리를 따라가다 보면 자연스럽게 지우개로 그림 그리는 방법을 알게 됩니다. 표지에 있는 연필과 지우개의 표정을 보세요. 어떤 이야기를 나누고 있을까요? 완벽하게 깨끗한 지우개와 그런 지우개 앞을 지나다니며 낙서인지 그림인지 모를 흔적으로 마음껏 표현하는 연필. 모두 완벽하게 지우고 싶은 지우개는 연필보다 빠르게 연필의 흔적을 지울 수 있을까요? 지우개와 연필 중 누가 더 완벽하게 자신의 임무를 수행할까요?

몽실몽실
부드러운 구름 놀이

아기 구름의 숨바꼭질
국설희 글·그림, 길벗어린이

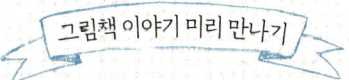

그림책 이야기 미리 만나기

너무 심심했던 아기 구름은 아이들에게 숨바꼭질을 하자고 합니다. 아이들이 "그래 좋아!"라고 대답하자 아기 구름은 하늘로 떠오르며 "나 먼저 숨는다!"라고 외치지요. 아이 구름은 새들 사이에 새처럼 변신하여 숨었어요. 또 토끼들 사이에 토끼처럼 변신하여 숨었고, 양들 사이에 양처럼 변신하여 숨었어요. 아기 구름이 너무 잘 숨어 아이들은 찾을 수 없었지요. 이번엔 풍선으로 변신을 한 아기 구름. 돌고래 풍선이 재채기를 하며 풍선들은 콕콕 찌르게 되는데…. 아이들은 아기 구름을 찾을 수 있을까요?

화창한 날 하늘을 본 적 있으신가요? 새파란 하늘에 하얀 구름이 그려놓은 작품을 보면 괜히 기분이 좋아집니다. 《아기 구름의 숨바꼭질》은 귀여운 아기 구름의 숨바꼭질 이야기가 담겨 있습니다. 아기자기한 일러스트로 여기저기 그림들을 숨겨놓은 덕분에 여러 번 읽을수록 더 많은 것을 발견할 수 있는 그림책이지요. 우리는 제일 먼저 '아기 구름' 찾기를 할 수 있어요. 심심한 아기 구름이 아이들과 함께 숨바꼭질을 하거든요. 아기 구름은 새, 토끼, 양, 풍선 등 다양한 모습으로 변신해요. 아기 구름의 모습을 찾는 것은 스토리를 따라가면 자연스럽게 할 수 있는 놀이지요. 또 숨어 있는 아기 구름 옆에 있는 다른 대상들을 발견할 수도 있어요. 엄마 아빠가 먼저 발견하고, '리본을 달고 있는 토끼는 어디 있을까?, 양처럼 변신한 다른 동물은 어디 있을까?' 같은 질문한다면 아이들은 또 다른 숨바꼭질을 할 수 있어요. 어쩌면 아이들이 더 먼저 발견할지도 몰라요.

엄마 구름을 보면 어떤 느낌이 들어?
뭘 닮은 거 같아?

아이 아~ 구름은 솜을 닮았지.
또 복슬복슬 양도 닮았어.

엄마 그러네~ 엄마는 밀가루도 닮은 거 같더라고.

아이 난 설탕!! 그리고 솜사탕을 정말 닮았어요!

엄마 그래 맞아~ 하얗고 부드러운 게 구름이랑 느낌이 비슷하네~

아이 그럼 구름을 만지면 부드러워?

엄마 글쎄~ 어떤 느낌일까?

아이 아, 구름은 수증기니까 물방울인데, 그럼 차가울 수도 있겠다.

엄마 그렇구나~ 구름은 어떻게 모양을 바꿀 수 있을까?

아이 몸이 가벼워서 그런가?

엄마 응, 공기가 움직이면서 바람이 불게 되니까 구름도 움직이게 되면서 모양이 변하고, 또 공기의 온도에 따라 그 생기는 모양이 달라지기도 한데~

아이 아~

엄마 그럼 우리도 아기 구름처럼 다양한 구름을 만들어 볼까?

난이도 ★★
권장 연령 3~7세

구름은 어떤 느낌일까?

준비물
솜
파스텔
도화지
목공풀
싸인펜

놀이의 효과 촉감 자극, 상상력, 표현력, 감성 발달

놀이 시 주의사항
- 탈지면이 아닌, 인형솜을 준비해 주세요.
- 놀이 매트 안에서만 놀 수 있게 미리 규칙을 알려주세요.
- 파스텔은 손에 잘 묻지만, 비누를 사용하면 깨끗하게 씻을 수 있습니다.

솜을 활용해 촉감놀이를 해요. 솜을 만져보니 느낌이 어떤가요? 부드럽고 폭신하고 매끄럽고 등등 솜을 만졌을 때 느껴지는 낱말들을 찾아봐요. 솜을 조금 만질 때의 느낌과 솜을 많이 만질 때의 느낌이 어떻게 다른지 느껴봐요. 솜을 동그랗게 뭉쳐 하늘로 슝~ 던져 보세요. 솜을 넓게 깔아 솜이불 위에서 뒹굴어도 보고, 눈덩이처럼 뭉쳐서 눈싸움 놀이도 해보세요. 솜 속에 장난감을 숨겨놓고, 보물 찾기도 해보고요. 솜을 충분히 만져보고 놀았다면, 구름의 모양은 어떤 모양인지 솜으로 표현해요.

그림책 속에서 만난 다양한 구름의 모습을 표현해 보세요. 또 어떤 색일지도 생각해 보고요. 솜에 색을 입힐 때는 파스텔을 활용하면 됩니다. 종이에 파스텔 가루를 낸 뒤 솜으로 닦아 묻히거나, 파스텔을 솜에 직접 문지르면, 예쁜 색의 솜이 완성됩니다. 아이가 봤던 구름의 색, 구름의 모양을 떠올려 보며 표현해 볼 수 있게 해주세요. 상상한 모습이어도 좋아요.

1. 파스텔을 활용해 다양한 색의 구름을 표현해요.
2. 숨바꼭질 중인 구름을 그려주세요. 그리고 숨어 있는 구름을 색깔 솜으로 표현해 주세요.

구름 전등 만들기

- 난이도 ★★★
- 권장 연령 5~7세

준비물
솜
목공풀(또는 양면테이프)
미니전구
한지 전등갓
(또는 머핀케이스)

놀이의 효과 소근육 발달, 표현력, 성취감, 집중력 향상

놀이 시 주의사항
- 솜을 뭉게뭉게 뭉쳐서 촘촘하게 붙여야 구름 느낌이 나요.
- 목공 풀 대신 양면테이프를 사용하면 작업이 조금 더 쉬워요.

솜과 한지 전등갓을 활용해 구름 전등을 만들어 볼게요. 솜을 구름처럼 듬성듬성하게 뜯어주세요. 그리고 그 솜을 한지 전등갓에 양면테이프나 목공풀을 이용해 붙이면 구름 전등이 완성돼요. 머핀케이스를 활용하면 미니사이즈의 구름 전등도 만들 수 있어요.

머핀케이스의 뚜껑에 구멍을 뚫어 낚싯줄을 걸어주세요. 머핀케이스의 뚜껑과 컵에 솜을 구름처럼 뭉게뭉게 붙여주세요. 케이스 안에 미니전구를 넣고 뚜껑을 덮으면 구름 전등이 완성됩니다. 집에 있는 조명을 한지로 감싸고, 한지 위에 솜을 붙여서 만들어도 좋아요. 집에 있는 재료들로 아이와 함께 우리만의 구름 전등을 만들어 보세요.

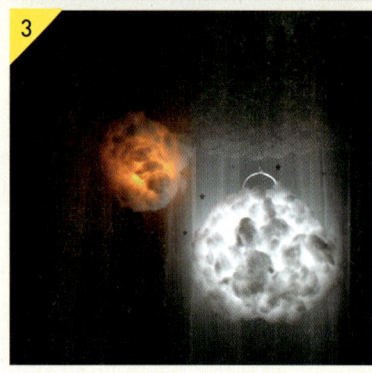

1. 한지 전등갓, 머핀케이스, 솜을 준비해요.
2. 솜을 뭉게뭉게 붙여요.
3. 전등에 불을 켜면 우주에 온 것 같아요.

놀이 PLUS+

1. **솜으로 표현한 그림** : 솜을 활용해 그림을 입체적으로 표현해 보세요. 그림을 그리고 그중에 솜으로 표현할 수 있는 부분에 솜을 붙이는 거예요. 구름이나 눈처럼 바로 떠오르는 대상들을 만들어 보거나, 색깔을 입혀 잔디나 바닷물 등을 표현해 보세요.
   - ★ 조금 두꺼운 종이에 작업을 해야 솜을 붙여도 종이가 쏠리지 않아요.
   - ★ 파스텔로 솜에 색을 칠해 다양한 부분을 표현해 보세요.

2. **구름 위의 세상** : 구름 위의 세상은 어떤 모습일까요? 우리가 《잭과 콩나무》의 잭처럼 커다란 콩나무를 타고 구름 위에 올라간다면 어떤 장면을 마주하게 될까요? 자유롭게 상상하고 그림으로 표현해 보세요.
   - ★ 실제 구름 사진을 인쇄하여 그 위에 그림을 그리면 더 몰입해서 그릴 수 있어요.
   - ★ 구름 사진 위에 OHP 필름을 놓고 OHP 필름에 그림을 그리는 활동을 해보세요.
   - ★ 존 버닝햄의 《구름 나라》처럼 그림을 그려 구름 사진 위에 붙여보는 활동도 좋아요.

함께 읽어도 좋아요

<구름 나라> 존 버닝햄

앨버트네 가족은 산꼭대기에서 한나절을 보냈습니다. 그리고 산에서 내려오던 중 앨버트가 발을 헛디뎌 절벽 아래로 떨어졌지요. 다행히 구름 위에 사는 아이들이 앨버트를 구해줬어요. 그렇게 앨버트는 구름 나라 친구들과 구름 나라에 가게 됩니다. 앨버트는 뛰어내리기 놀이, 수영하기, 그림 그리기, 구름 타고 달리기하기 등을 하며 매일 즐거운 시간을 보냈어요.

어느 날 앨버트는 엄마 아빠가 보고 싶어졌습니다. 집으로 돌아가고 싶어 하는 앨버트의 이야기를 구름 나라 여왕님이 듣게 되었지요. 앨버트는 집으로 돌아갈 수 있을까요?

숲속 열매로 만든 내 친구

도토리 마을의 모자 가게
나카야 미와 글·그림, 웅진주니어

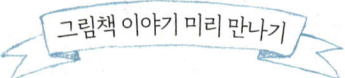

　　산속 도토리 마을에는 도토리 삼총사가 운영하는 모자 가게가 있습니다. 가게에 더 이상 손님이 찾아오지 않자 셋은 큰 도시로 나가지만 거기에서도 장사가 잘 되지 않았어요. 어느 날 엄마 쥐와 아기 쥐 손님이 찾아와 똑같은 모자 네 개를 사갑니다. 똑같은 모자를 사는 게 이상했던 도토리 삼총사는 몰래 쥐들을 따라갔고, 그림을 그려 모자를 예쁘게 만드는 모습을 보고 가슴이 두근거렸습니다. 우리 모자에 부족한 게 무엇인지 알게 된 삼총사는 새로운 재료를 모아 모자를 만듭니다. 그 뒤로 손님이 계속 찾아왔습니다. 어느새 모자를 전부 판 삼총사는 도토리 마을로 돌아갑니다. 도토리 친구들의 환대를 받으며 돌아온 삼총사는 새 모자를 만들어 다시 가게를 엽니다. 다시 돌아온 도토리 마을에서도 모자가 잘 팔릴까요?

그림책을 펼치면 도토리 마을 이웃들을 소개하는 면지가 나옵니다. '도토리 마을에는 이웃들이 많아요. 모두가 다양한 일을 하며 서로 돕고 살지요.'라는 설명과 함께 다양한 도토리들의 모습과 그들의 직업, 성격 등을 알려줘요. 작가는 '도토리 마을 시리즈'가 도토리 마을을 무대로 다양한 '일'을 소개하는 이야기라고 말합니다. 그래서인지 도토리들을 개인의 이름이 아닌, 직업 이름으로 소개하고 있답니다.

'일'이란 무엇일까요? 도토리 마을의 도토리들은 어떤 일들을 하고 있나요? 아이들도 일을 할까요? 자본주의에 살고 있는 우리들은 '돈'을 버는 것만 '일'이라고 생각하는 경향이 있습니다. 이는 일상 언어에서 자연스럽게 나타납니다. 회사에 출근해 돈을 버는 엄마 아빠는 '일' 하는 사람이지만, 집에서 살림을 하면서 돈을 벌지 않는 엄마 아빠는 '일'하는 사람이 아니라고 생각합니다. 하지만 집 밖에서 돈을 버는 것도 집 안에서 살림을 하는 것도 모두 '일'입니다. 사전에서 '일'의 의미를 검색해 보면 첫 번째 정의는 '무엇을 이루거나 적절한 대가를 받기 위하여 어떤 장소에서 일정한 시간 동안 몸을 움직이거나 머리를 쓰는 활동. 또는 그 활동의 대상' 입니다. 우리는 '적절한 대가'에만 초점을 두고는 '무엇을 이루는 행위'를 인식하지 못하고 있는 거죠. 다양한 모자를 만들기 위해 애썼던 도토리들의 행동을 보며, 어떤 태도로 일을 해야 하는지에 대해 이야기를 나누고, 덧붙여 일이란 무엇인지 생각해 보며 정의내릴 수 있으면 좋겠습니다.

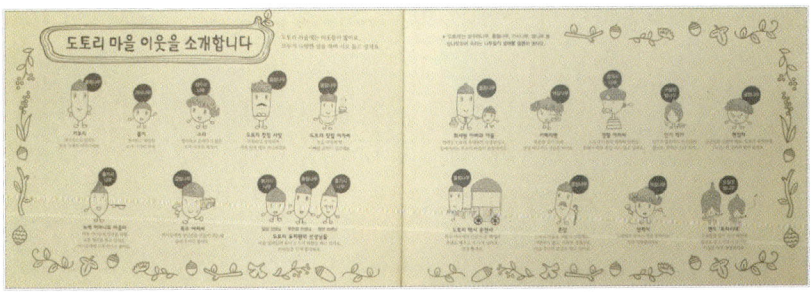

그림책을 다 읽고나면 다시 앞으로 돌아와 면지에 소개된 도토리들을 살펴보세요. 면지에서 그림책 안에 등장하는 도토리를 맞춰보는 일은 마치 숨은그림찾기를 하는 것처럼 재미있어요. '도토리 마을 시리즈'는 책마다 주인공이 달라져요. 그림책을 읽으며 도토리 캐릭터를 찾아본 아이는 '도토리 마을 시리즈'의 다른 그림책을 볼 때 이전에 봤던 그림책 스토리와 연결하여 생각하게 되겠죠? 그렇게 시리즈를 통해 이야기를 접하면서 나만의 도토리 마을을 머릿속으로 그려볼 수 있게 된답니다.

열매 캐릭터 만들기

- 난이도 ★★★
- 권장 연령 4~7세

준비물
열매(도토리, 은행)
나뭇가지
나뭇잎
네임펜
아크릴물감
목공풀
철사모루
폼폼방울

놀이의 효과 자연친화적 사고, 소근육 발달, 집중력 향상, 표현력, 상상력

놀이 시 주의사항
ⓐ 열매를 준비할 수 없다면 클레이를 활용해도 좋아요.
ⓐ 공원이나 숲에 놀러가서 열매를 찾았을 때 이 놀이를 떠올려 만들어 보세요.

　　도토리로 캐릭터를 만들어 볼까요? 도토리는 가을에 볼 수 있기 때문에 아무 때나 놀이를 하기는 어려워요. 그림책을 먼저 읽고 즐기다가 가을이 왔을 때 공원이나 숲에 놀러가 도토리를 발견했을 때 이 놀이를 해보세요. 네임펜, 아크릴물감, 클레이, 철사모루 등을 활용해서 도토리를 꾸며보세요. 주변에서 발견할 수 있는 나뭇가지나 나뭇잎도 함께 활용해 보면 좋아요. 도토리를 구하기 힘들다면 클레이를 활용해도 좋아요. 도토리의 모자만 있는 경우도 많을 거예요. 이럴 때는 모자를 활용해 클레이나 폼폼방울 등으로 얼굴을 만들어 모자를 씌워주세요. 나뭇가지로 뼈대를 세우고 도토리 얼굴을 붙이고 색종이로 옷까지 만든다면 아이들은 그 인형으로 인형놀이를 하며 즐거운 시간을 보낼 거예요.

① 도토리 모자, 도토리, 은행 열매 등을 모아요.
② 폼폼방울, 클레이, 철사모루 등을 활용해 캐릭터를 만들어요.
③ 솔방울, 철사모루를 활용해 몸을 만들어 인형을 완성했어요.

함께 읽어도 좋아요

<누에콩의 침대> 나카야 미와

'콩'이 주인공인 그림책이에요. 누에콩은 자신의 침대를 정말 좋아합니다. 다른 콩 친구들이 침대에서 자보고 싶다고 이야기하지만 보물이라 안 된다며 거절하죠. 어느 날 보물이 사라졌습니다. 콩 친구들이 침대를 잃어버린 누에콩을 위해 기꺼이 침대를 빌려주지만 누에콩의 몸에는 맞지 않습니다. 누에콩은 자신의 침대를 찾으러 다니고, 드디어 발견합니다! 그런데 어쩌죠. 메추라기가 누에콩의 침대에서 알을 품고 있어요. 과연 누에콩은 침대를 되찾을 수 있을까요?

종이 한 장의 마법, 색종이의 변신

퐁퐁퐁 날아라 풍선!
김원석 글, 김소현 그림, 머스트비

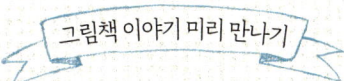

제나는 풍선바구니를 타고 하늘을 날고 있어요. 하늘을 날고 싶은 제나의 꿈이 이뤄진 거죠. 파란 하늘을 날고 있으니 높은 빌딩과 자동차들이 손바닥만 하게 작아졌어요. 하늘을 지나가는 비행기에게 손도 흔들고, 어디선가 날아온 빨간 모자와 이야기도 나눠요. 바람개비와 우산도 만났지요. 예쁜 가방이 날아와 엄마 아빠가 보낸 편지를 전해줬어요. 제나는 편지를 읽고 집으로 돌아가려 했지만, 이미 날이 어두워지고 있어요. 제나는 부모님에게 무사히 돌아갈 수 있을까요?

'이야기가 있는 종이접기 동화'라는 콘셉트로 제작된 그림책으로, 《야옹이와 멍멍이의 박치기》, 《퐁퐁퐁 날아라 풍선》, 《누가 누가 더 빨개?》 3권이 시리즈로 출판되었습니다. 이 그림책은 제나가 풍선 바구니를 타고 날아다니며 겪는 이야기를 담고 있어요. 페이지가 넘어갈 때마다 모자, 가방, 해 등을 만나는데, 그 새로운 대상들을 종이로 접을 수 있는 방법이 조그맣게 담겨 있습니다. 색종이를 4, 5번 정도만 접으면 완성할 수 있고, 조금 복잡한 형태는 한 장의 종이가 아니라 두 장의 종이로 만들 수 있게 구성한 덕분에 종이접기를 처음 만나는 아이들에게도 부담스럽지 않아요.

색종이의 변신

난이도 ★★
권장 연령 5세 이상

준비물
색종이

놀이의 효과 소근육 발달, 입체적 사고, 순차적 사고, 문제해결력, 공간지각력, 상상력, 집중력, 성취감

놀이 시 주의사항
- 종이접기의 기본 접기 방법들을 익히고 시작하면 더 쉬워요.
- 색종이를 접은 뒤 꾹~ 눌러주는 손다림질을 잘해야 해요.
- 도안을 보고 하는 것이 어려울 때는 영상을 활용하는 것도 좋아요.
- 패턴이 그려져 있어, 몇 번만 접어도 완성되는 시판 제품을 활용할 수도 있어요.

그림책 속 사물들을 색종이로 만들어 볼까요? 모든 것을 미션 수행하듯 만들지 않아도 괜찮아요. 아이가 만들고 싶어 하는 한두 가지를 선택해 만들면 돼요. 다른 종이접기 책에 있는 것을 만들어보고 싶어한다면 그렇게 해도 좋아요. 먼저, 종이 접는 방법을 살펴보며 아이가 혼자 접을 수 있게 해보세요. 어려워한다면 말로 먼저 설명해 주세요. 그래도 어려워한다면 엄마 아빠가 색종이로 시범을 보여주며 설명해주고, 따라할 수 있도록 도와주세요.

1. 하트를 여러 개 접어 하나로 연결했더니 근사한 왕관이 완성됐어요. 종이접기 카페에서 신나서 폴짝!
2. 토끼 주머니 대량 생산! 비슷하지만 각기 다른 모습으로 깜찍하게!

풍선 폭죽

난이도 ★★
권장 연령 3~6세

준비물
휴지심(또는 종이컵)
풍선
테이프
가위
색종이

놀이의 효과 대근육 및 소근육 발달, 공기의 이동 이해, 스트레스 해소, 감성 발달

놀이 시 주의사항
ⓐ 풍선을 테이프로 단단하게 고정해 주세요.
ⓐ 폭죽을 터뜨릴 때는 사람이 없는 방향으로 해야 한다고 알려주세요.

풍선 폭죽을 만들어 볼게요. 풍선의 둥근 부분을 잘라내고 남은 풍선을 휴지심의 한쪽에 모자처럼 씌운 다음 테이프로 붙여주세요. 풍선의 부는 부분을 꽁꽁 묶어주면 완성이에요. 휴지심 안쪽에 색종이 조각을 넣고 풍선을 잡아당겼다 놓으면 색종이 조각이 폭죽이 터지듯 날아갑니다. 색종이 조각 이외에도 가벼운 것들은 뭐든지 가능해요. 폼폼방울, 꽃잎, 솜 등을 활용해도 좋아요.

1 휴지심이 풍선 모자를 썼어요.
2 색종이 조각을 넣고 발사하면, 폭죽이 팡~
3 폼폼방울을 넣어도 좋아요.

나의 작고
낡은 옷이…

요셉의 작고 낡은 오버코트가…?
심스 태백 글·그림, 베틀북

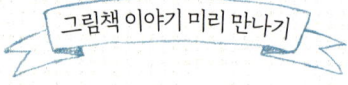

그림책 이야기 미리 만나기

    요셉에겐 오래 입어 작고, 누덕누덕 천으로 기운 오버코트가 한 벌 있어요. 그래서 오버코트를 재킷으로 만들었지요. 또 요셉에겐 오래 입어 작고, 너덜너덜 해어진 재킷이 한 벌 있어요.
    그래서 재킷으로 조끼를 만들었어요. 솜씨 좋은 요셉은 조끼를 목도리로, 목도리를 넥타이로…. 그것이 또 낡으면 자르고 꿰매서 새로운 것으로 탄생시킵니다. 요셉의 오버코트는 나중에 어떤 형태로 바뀌게 되었을까요?

솜씨 좋고 아이디어도 좋은 요셉의 오버코트가 어떻게 변신하는지, 새로 만든 옷을 입고 무엇을 했는지에 관한 그림책이에요. 뒤표지에는 '고쳐 쓰고 아껴 쓰는 알뜰한 지혜를 배울 수 있다'는 소개글이 담겨 있는데 이는 너무 교육적인 측면만 강조한 것 같아 아쉬운 마음이 들기도 합니다. 작가는 이 작품을 그리면서 '예술적인 표현을 찾아가는 개인적인 여행'이라는 특별한 체험을 했다고 이야기했는데 말이죠.

우리도 작가처럼 창의적 활동에 집중해 볼까요? 작가는 그림책 안에 구멍을 뚫어 다음 의상이 무엇일지 상상할 수 있도록 배치하고, 콜라주 기법을 활용해 다양한 사진들을 사용하는가 하면 장면의 부연설명 같은 편지나 명언들을 숨겨두어 그림 읽는 재미를 더해주고 있습니다. 마지막 장엔 '콜라주'가 무엇인지를 설명하고 있는 쪽지도 있답니다. 아이와 함께 찾아보세요.

엄마 ○○아~ 요셉 아저씨의 단추까지도 사라져서 이제 아무것도 없대.
      어떻게 하면 좋을까?

아이 음— 멜빵을 바지에 꿰매면 돼요~

엄마 아하~ 그런 방법이 있네~

아이 그리고 아까 아저씨 자는 방에 다른 낡은 옷이 또 있었어요.
      이제 그걸로 만들면 돼요.

엄마 아, 아저씨가 다른 옷이 있었어?

아이 응— 아파서 손수건 사용하는데 침대 옆에 옷이 있었어요.

엄마 우아~ ○○이는 그림을 자세히 봤구나.
　　　○○이가 말해주지 않았다면 엄마는 못 봤을 거야.
아이 이제 그 옷으로 새로운 옷을 만들 수 있어요.
엄마 그러네~ 그럼 요셉 아저씨는 뭘 했는지 볼까?
아이 아~ 아저씨는 그림책을 만들었구나.
엄마 우리도 만들어 볼까? 엄마 아빠의 낡은 옷이 무엇이 될지.
아이 네! 좋아요.

아이의 작고 낡은 옷들을 꺼내주세요. 엄마 아빠의 작고 낡은 옷도 좋아요. 무엇을 만들면 좋을까요? 인형의 옷을 만들어도 좋고, 엄마 아빠 옷을 잘라 아이의 옷으로 변신시켜도 좋아요. 가방이나 목도리 같은 소품도 좋고요. 사실 그냥 가위로 옷을 자르기만 해도 정말 재미있는 놀이예요. 천을 자르는 것은 종이를 자르는 것과는 느낌이 다릅니다. 종이는 쉽게 가위질 할 수 있지만, 옷감은 집중해서 가위를 움직여야 서걱서걱 소리를 내며 잘리지요. 아직 아이가 어려서 천 자르는 것을 어려워한다면, 엄마 아빠가 여러 가지 촉감과 색감을 가진 옷들을 네모, 세모 등의 조각으로 오려주고 그것을 사용해 그림을 꾸며보는 활동을 하는 것도 좋아요. 아이와 함께 콜라주 작품을 만들어 보는 거죠.

엄마, 아빠의 대화 코칭!

우리는 순서가 명확하고, 점차적으로 크기가 커지거나 작아지는 등 규칙성 있는 것들을 만나면 아이에게 확인하고 싶어집니다. 아이가 그 순서를 잘 기억하고 있는지, 기억하지 못한다면 추론할 수 있는지를 점검하고 싶은 마음이 들죠.

하지만 아이가 먼저 순서대로 말하고 싶어 하는 게 아니라면 물어보지 않는 게 좋아요. 우리는 지금 아이와 학습을 하는 게 아니라 소통을 하는 거니까요. 검사하고 확인하면 아이는 긴장하게 되어 놀이를 제대로 즐기지 못하게 됩니다. 아이가 엄마 아빠와 그림책 읽는 시간을 편안하게 느끼며 자신의 생각을 표현할 수 있도록 열린 질문을 해주세요.

콜라주 작품을 만들어요

- 난이도 ★★★
- 권장 연령 5~7세

준비물
작고 낡은 옷
가위
우드락 본드(또는 양면테이프)
도화지

놀이의 효과 소근육 발달, 창의력, 표현력, 사고의 유연성 및 융통성 향상

놀이 시 주의사항
- 천을 자르는 전용가위가 있으면 좋아요.
- 다양한 촉감과 색감을 가진 천 조각을 준비해 주세요.
- 우드락 본드를 사용할 때는 손에 묻지 않게 조심해 주세요.

콜라주는 '풀로 붙인다'는 뜻이에요. 그림으로만 표현하는 것이 아니라 그림 위에 다른 형태의 인쇄물, 사진뿐만 아니라 단추, 나뭇가지 등을 붙이는 활동을 모두 통틀어 말한답니다.

작고 낡은 옷들을 활용해 콜라주 작품을 만들어 볼까요? 아이가 천 자르는 것을 어려워한다면 엄마 아빠와 함께 가위를 잡고 자르거나 엄마 아빠가 아이가 원하는 대로 대신 잘라주세요. 다양한 색감의 옷들을 준비하면 어떤 그림을 그릴지 생각하는 범위가 더 넓어질 거예요. 옷감을 하나의 대상으로 보지 말고 '색'으로 볼 수 있도록 도와주세요.

1. 작고 낡은 옷들을 찾아 조금씩 잘라 준비해 주세요.
2. 그림을 그린 뒤 천 조각을 활용해 옷을 만들어주세요.
3. 사람뿐 아니라 다양한 그림을 그려, 천 조각으로 색을 입힌다고 생각하고 만들어보세요.

낡은 옷으로 만든 소품

난이도 ★★★★
권장 연령 6~7세

준비물
작고 낡은 옷
가위
찍찍이 (또는 양면테이프)

놀이의 효과 표현력, 창의력, 성취감, 주의집중력

놀이 시 주의사항
- 천을 자르는 전용가위가 있으면 좋아요.
- 다양한 촉감과 색감을 가진 천 조각을 준비해 주세요.

엄마 아빠의 옷을 잘라 아이의 옷으로 변신시켜 보세요. 작고 낡은 옷으로 소품도 만들어 보세요. 아이가 좋아하는 인형의 옷을 만들거나 가방, 방석과 같은 소품을 만들어도 좋아요. 엄마 아빠의 도움이 없으면 결과물의 완성도가 떨어질 가능성이 커요. 하지만 아이는 옷을 자르고 변신시키는 과정만으로도 충분히 즐거워 할 거예요. 그 즐거움의 시간을 누릴 수 있도록 해주세요.

1. 옷을 자르고 찍찍이를 붙여 가방을 만들어요.
2. 엄마 옷이 내 원피스가 되었어요!
3. 미미의 옷이 완성되었어요!

함께 읽어도 좋아요

<숲 속 재봉사의 꽃잎 드레스> 최향랑

꽃잎, 나뭇잎, 씨앗, 그리고 바느질 작품 등을 사용해 만든 콜라주 그림책입니다. 빨강, 노랑, 초록, 보라 등 자연 속 재료들을 색깔별로 나누고, 꽃잎의 느낌을 잘 살릴 수 있는 드레스를 디자인하고, 옷의 색에 따라 달라지는 아이들의 모습을 표현한 덕분에 우리의 눈도 마음도 편안해집니다. 천천히 걷는 이에게만 보여주는 자연의 섬세하고 따뜻한 아름다움을 책에 담고 싶었다는 작가의 바람처럼, 자연 속에 존재하는 따뜻하고 아름다운 에너지를 감상할 수 있습니다. 그림을 자세히 살펴보며 어떤 게 진짜 자연물인지 찾아보기도 하고, 숨바꼭질하고 있는 색깔 동물들도 찾아보세요. 또 아이와 어떤 색깔의 옷을 입고 싶은지도 이야기 나눠 보고요.

비 오는 날 만난 장면

참방참방 비오는 날
후시카 에츠코 글, 모로 카오리 그림, 우시로 요시아키 구성, 키다리

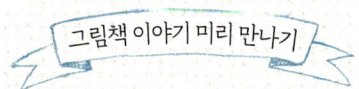

그림책 이야기 미리 만나기

보슬보슬 포슬포슬 보슬비가 내리는 날, 빨강이가 빗속을 담방담방 걸어갑니다. 노랑이도 빗속을 찰방찰방 걸어오지요. 다른 친구들도 만나요. 모두들 신이 나서 첨벙첨벙 풍덩풍덩 거리를 걸어갑니다. 까망이도 만났어요. 여러 가지 색깔의 친구들이 모여 빗속에서 비 오는 날을 즐겨요. 같은 색깔, 같은 모습처럼 보이지만 우리는 모두 다르지요. 신나게 놀다 보니 모두 까아만 개구쟁이가 되었어요. 금세 후드득 후드득 장대비가 쏟아지는데…. 아이들은 이제 어떻게 할까요?

비 오는 날을 좋아하시나요? 저는 아이가 비 오는 날의 풍경을 좋아하면 좋겠다고 생각해 아이가 어렸을 때 비가 오는 날이면 비 놀이를 하러 나갔어요. 우산을 쓰고, 장화를 신고 물을 첨벙거리며 산책을 다녔어요. 아이가 살아가면서 매일 다른 날씨를 만날 것이기에 모든 날씨를 즐겁고 행복하게 받아들이면 좋겠다고 생각했거든요. 해가 쨍쨍하면 햇빛을 충분히 느낄 수 있어서 행복하고, 비가 내리면 빗소리를 들을 수 있어서 즐겁다면 매일이 기대되지 않을까 생각했어요.

《참방참방 비 오는 날》은 저와 같은 그 마음이 아주 잘 담긴 책입니다. 보슬보슬 포슬포슬 보슬비가 내리는 날, 빨강이, 노랑이, 주황이, 파랑이들이 나와 우산을 들고 빗길을 걸어 다닙니다. 물웅덩이를 발견하고는 첨벙! 걸어가기도 하고, 빗속을 통통통 뛰어다니며 신나게 놉니다. 비 오는 날 동네 모든 아이들이 비옷을 입고, 우산을 쓰고, 장화를 신고 알록달록 노는 모습을 떠올리니 기분이 좋아집니다. 그림책을 보며 아이와 비 오는 날에 대한 이야기를 나눠보세요.

엄마 ○○아~ 비 오는 날 했던 일들이 생각나~?

아이 텃밭에 가서 투명 우산 쓰고 논 거랑, 숲에서 비 내릴 때 산책한 거랑,
캠핑 갔을 때 비 온 거랑, 오리 모자 쓰고 자전거 탄 것도 생각나요~
아, 수영장 갔을 때 비 맞으면서 논 것도~~

엄마 우아~ 그렇구나~ 비가 올 때 밖에서 놀 때 어떤 기분이었어?

아이 시원하고, 빗소리가 들려서 재미있어요~

엄마 맞아~ 엄마는 비 올 때 살짝 젖으면 축축해서 싫었는데,
왕창 젖으니까 재미있더라고~

아이 그리고 또 다 젖었는데 집에 오자마자 씻으니까 기분이 상쾌했어요.

엄마 엄마랑 똑같네~ 엄마도 비 오는 날 집에 오자마자 씻으면 상쾌하고 정말 좋더라~
빗소리는 어떤 소리였는지도 기억나?

아이 그때그때 달랐어요~ 톡톡 올 때도 있고, 후두둑 올 때도 있고,
퐁퐁퐁~하고 올 때도 있었는데~

엄마 퐁퐁퐁~~하고 올 때는 어떤 때야?

아이 그건 비가 내려서 물웅덩이가 생겼을 때,
빗방울이 거기 떨어지면서 퐁퐁퐁 소리를 내요~

엄마 오호~ 정말 그러네~ 엄마도 들어본 적이 있는 거 같아.

알록달록한 무지개 빛깔 옷을 입은 아이들이 등장하고 다양한 의성어, 의태어가 담겨 있는 책이라서 아이에게 더 생생하게 읽어줄 수 있는 그림책입니다. 색연필로 비가 내리는 정도에 따라 날아가는 빗방울의 모습, 아이들이 물웅덩이를 밟을 때의 물방울 모양 등을 잘 표현하고 있고, 빨강, 노랑, 주황 등의 다양한 색으로 아이들을 표현하고 있어 그림 읽기의 재미도 충분히 느낄 수 있는 그림책이에요.

난이도 ★★★
권장 연령 4~7세

알록달록 비가 내려요

준비물
스케치북
여러 가지 색의 습자지
도화지
분무기

놀이의 효과 대근육 및 소근육 발달, 오감자극, 표현력, 주의집중력, 스트레스 완화

놀이 시 주의사항
- 활동을 하다보면, 손에도 습자지의 색깔이 물들 수 있으니 주의해 주세요.
- 어린이용 라텍스 장갑을 끼고 하면 손에 물들이지 않고 활동할 수 있어요.
- 물을 빨리 말리고 싶다면, 드라이기로 말리면 됩니다.
- 미리 습자지를 동그라미나 꽃 등의 모양으로 잘라 활용해도 좋아요.

스케치북에 연필(또는 볼펜)로 비 오는 장면을 그리고 습자지를 붙여 우산과 빗방울을 표현해 보세요. 습자지에 살짝 물을 바르고 그림 위에 붙여주면 돼요. 그림 위에 물을 살짝 뿌리고 습자지를 붙여도 좋아요. 습자지를 모두 붙였다면 이제 분무기로 물을 뿌려주세요. 비가 내리는 것처럼 말이죠! 습자지가 젖을 정도로 뿌려주면 된답니다. 습자지의 색이 스케치북에 묻어나는 것을 보면 아이가 신기해할 거예요.

1 우산 그림에 습자지 붙이기.
2 물 뿌리기.
3 알록달록 그림 완성!

더 신나게 놀수있는TIP

아이와 습자지를 찢는 활동도 함께 해보세요. 종이를 찢는 활동은 눈과 손의 협응 능력을 키우고, 주의집중력을 키울 수 있는 활동입니다. 게다가 종이가 찢어질 때 나는 소리는 아이들에게 재미있는 소리 자극을 줍니다. 또 아이와 찢은 습자지를 비가 내리는 것처럼 위에서 뿌리면서 놀고, 후~ 불어 날려 보세요. 이러한 활동은 정서적으로 이완되고, 스트레스 완화에도 도움을 준답니다.

놀이 02

비 오는 날 만난 꽃밭

난이도 ★★
권장 연령 3~7세

준비물
키친 타올(휴지)
수성 사인펜
두꺼운 도화지
양면테이프(우드락 본드)
분무기
약병(스포이드)
물

놀이의 효과 : 오감 자극, 대소근육 발달, 심미성 향상, 성취감

놀이 시 주의사항
- 물을 사용하기 때문에 두꺼운 도화지(또는 박스)에 작업하면 더 좋아요.
- 아이가 어리다면, 휴지를 미리 꽃으로 만들어두어도 좋아요.
- 사인펜을 묻힌 뒤 물을 뿌리는 방법도 좋고, 물감 물을 분무기에 넣어 뿌리는 방법도 좋아요.
- 비 오는 날 본 장면을 떠올리며 활동해요.

비가 내리면, 꽃과 나무들은 어떤 기분일까요? 비 오는 날 꽃밭을 꾸며 볼까요? 키친 타올 또는 휴지를 접어 동그랗게 말아준 뒤 양면테이프(우드락 본드)를 활용해 두꺼운 도화지 위에 붙여주세요. 미리 밑그림을 그려놓고, 꽃 부분만 휴지를 말아 붙여도 좋아요.

휴지꽃 위에는 다양한 색의 사인펜을 칠해주세요. 분무기를 이용하여 휴지꽃 위로 비를 내려주세요. 수성 사인펜이 물과 닿으면서 색이 번지고 휴지를 물들이는 모습을 관찰해 보세요. 아이가 어리다면 엄마가 미리 약병에 물감과 물을 섞어 담아둔 뒤 아이에게 뿌려보도록 하는 놀이도 좋아요.

1. 휴지를 널어놓고, 물을 뿌리는 것만으로도 정말 신나요.
2. 휴지꽃마다 다른 색의 사인펜을 묻히고, 비가 내리는 것처럼 위에서 물을 뿌렸더니 휴지꽃이 예쁜 색으로 물들었어요.
3. 사랑의 메시지를 담은 장미 하트 무지개꽃 완성!

얼음으로 그린 그림

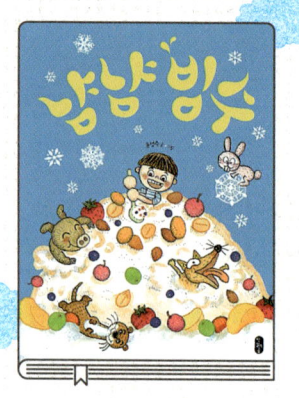

냠냠 빙수

윤정주 글·그림, 책읽는곰

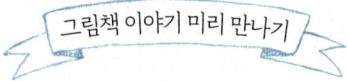

그림책 이야기 미리 만나기

아주아주 더운 날, 호야네 가족은 더위를 피해 '쉬어 가는 집'에 왔습니다. 쉬어 가는 집에 들어 오자마자 더위를 식히고 요구르트로 빙수를 만들어 먹습니다. 다음 날엔 동물 친구들이 쉬어 가는 집으로 옵니다. 어제 지켜본 것을 떠올리며 호야네 가족처럼 더위를 식히고 빙수도 만들어 먹지요. 그때 너무 더워 동물원을 탈출한 흰곰이 쉬어 가는 집으로 뛰어 들어옵니다. 동물 친구들이 흰곰 에게 선풍기도 틀어 주고 빙수도 나눠줬지만 흰곰은 여전히 더웠습니다. 친구들의 도움으로 냉장 고 안에 들어간 뒤에야 좀 살 것 같은 느낌이 들었죠. 밤이 되고 동물 친구들은 각자의 집으로 돌 아갔습니다. 밤이 깊어지고 비가 오고 천둥번개가 치더니 쉬어 가는 집의 전기가 나갔습니다. 흰곰 은 냉장고 안에서 자고 있는데, 괜찮을까요? 흰곰은 고향인 북극으로 돌아갈 수 있을까요?

어렸을 때부터 들어온 지구 온난화로 빙하가 녹고 해수면이 올라가면, 그로 인해 생태계가 파괴되고 인간도 살기 어려운 환경이 될 것이라는 이야기는 아주 먼 일이라고 생각했습니다. 그런데 요즘 우리의 여름날들을 떠올려보니, 더 이상 먼 미래의 이야기가 아니라는 생각이 듭니다. 《냠냠빙수》는 이러한 고민이 잘 담겨 있는 그림책입니다.

엄마 앗, 이 날은 어떤 날 같아?

아이 햇님도 땀을 흘리는 아주 더운 날.

엄마 아, 그러네. 햇님도 너무 더워서 땀을 뻘뻘 흘리고, 강아지처럼 혓바닥도 나왔네.

아이 그리고 여기 사람들도 땀을 흘리고 있어.

엄마 응. 호야네는 너무 더워서 쉬어가는 집으로 갔대.
동물들은 어떻게 더위를 식히고 있을까?

아이 수달이랑 사슴 같은 동물은 물놀이를 하고, 돼지는 바위에 누워 있어.
그리고 여우는 나무 아래서 쉬고 있지.

엄마 아~ 그러네. 여기 하늘은 왜 이렇게 물결 같은 무늬를 그린걸까?

아이 이건 너무 더워서 햇빛이 멀리 멀리 가고 있는 거거든~ 그걸 그린거야~

엄마 그렇구나. 그러고 보니 너무 더워서 그늘도 하나도 없고,
동물들 얼굴도 빨갛게 됐구나.

그림책은 페이지마다 그림 언어가 가득 담겨있습니다. 작가가 표현한 익살스러운 그림을 꼼꼼히 살펴보면 더 재미있는 그림책입니다. 엄마 아빠는 가벼이 지나갈만한 부분도 아이는 다 짚어가며 읽어내더라고요. 호야랑 엄마랑 아빠의 신발이 모두 똑같은 커플 신발이라든가, 벌들이 놀라서 따라오고 있다는 등 페이지마다 이야깃거리를 많이 찾아낸 덕분에 더 풍요로운 이야기를 나눌 수 있었습니다.

엄마, 아빠의 대화 코칭!

그림책을 읽고 어떤 놀이를 하면 좋은지, 어떤 이야기를 나누면 좋은지 아주 명확하게 담겨있는 그림책입니다. 이런 그림책은 아이도 엄마 아빠도 만족스럽습니다. 아이는 하고 싶은 놀이가 담겨 있어서 좋고 엄마 아빠는 교훈적인 이야기를 할 수 있어서 좋지요. 이왕이면 아이가 원하는 놀이를 적극적으로 하고, 교훈적인 이야기가 잔소리로 연결되지 않게 해주세요. 교훈적인 이야기는 엄마 아빠가 실천하며 행동으로 보여줄 때 아이에게 제일 잘 전해집니다.

얼음과자 만들기

난이도 ★★
권장 연령 4~7세

준비물
과일
간식
요구르트
우유
주스
지퍼백
아이스크림 틀

놀이의 효과 소근육 발달, 액체의 형태 변화 이해, 과학적 사고력, 추론 능력

놀이 시 주의사항
ⓐ 아이가 좋아하는 과일, 간식 등을 선택할 수 있게 해주세요.
ⓐ 얼음으로 바뀌려면 시간이 걸린다는 것을 이야기해 주세요.

좋아하는 과일이나 젤리 등을 넣어 얼음과자를 만들어 볼게요. 지퍼백이나 아이스크림 틀에 과일을 적당히 잘라 넣고 요구르트, 우유, 쥬스와 함께 얼리면 아주 간단하게 얼음과자를 만들 수 있어요. 다양한 틀에 아이가 좋아하는 재료들을 넣어서 얼리면 아주 맛있는 아이표 아이스크림이 될 거예요.

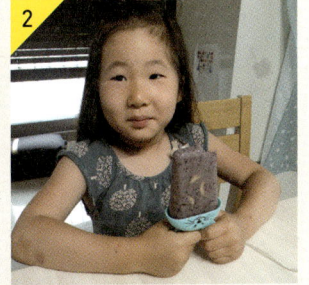

1, 2 블루베리와 바나나로 만든 아이스크림.
3 주스, 키위, 견과류, 사탕으로 만든 얼음과자.

얼음 물감으로 그린 그림

난이도 ★★
권장 연령 3~7세

준비물
물
종이컵
나무젓가락
쿠킹 포일
물감
두꺼운 종이

놀이의 효과 촉감 자극, 물의 형태 변화에 대한 이해, 표현력, 신체조절력 향상, 스트레스 해소

놀이 시 주의사항
- 얼음 물감을 전날 미리 준비해 주세요.
- 얼음 물감에는 물감을 넉넉하게 넣어야 발색이 잘 돼요.
- 수채화 전용 도화지처럼 두꺼운 종이를 준비해 주세요.
- 얼음이 녹아 물이 많이 흐를 수 있으므로 놀이매트 위에서 하면 좋아요.
- 물이 들어도 괜찮은 옷이나 미술 가운을 입혀주세요.

작은 종이컵에 물과 물감을 담아 잘 섞은 뒤 쿠킹 포일을 이용해 종이컵의 윗부분을 뚜껑처럼 덮어주세요. 나무젓가락으로 쿠킹 포일을 뚫은 후 냉동실에 얼리면 손잡이가 있는 얼음 물감을 만들 수 있어요. 손잡이를 잡고 종이 위에 그림을 그려보세요.

1. 얼음 물감 준비. 종이컵에 물감을 섞은 물을 담고, 나무젓가락을 잘라 꽂은 뒤 얼렸어요.
2. 그림을 그리고 얼음 물감을 활용해 색을 칠했어요.

함께 읽어도 좋아요

<달 샤베트> 백희나

너무 더운 여름날, 사람들은 문을 꽉 닫고 에어컨을 틀고 선풍기 바람을 쐬며 잠을 자고 있었습니다. 이때 똑똑똑- 날씨가 너무 더워서 지구가 점점 더 뜨거워지는 바람에 달이 녹고 있어요! 반장 할머니는 얼른 나가 녹아내린 달물을 받아, 샤베트 틀에 담고 냉동실에 넣습니다. 결국 한여름 밤 전기가 모두 나가고 맙니다. 달도 전기도 없는 밤. 덥고 깜깜해지니 사람들은 밖으로 나왔습니다. 그리고 새어나오는 달빛을 따라 반장 할머니의 집으로 갑니다. 할머니는 달 샤베트를 이웃 사람들에게 나눠주는데…. 달 샤베트를 먹은 이웃 사람들은 어떻게 되었을까요? 또 녹아버린 달은 어떻게 되었을까요?

내가 좋아하는 생일 케이크

케이크 파티
이진경 글·그림, 상상박스

그림책 이야기 미리 만나기

　요리를 좋아하는 지니와 개구쟁이 동생 비니의 이야기입니다. 어느 날 지니가 어떤 요리를 할까 고민하고 있을 때 오븐 안에서 크고 둥근 빵이 튀어나와요. "내 꿈은 케이크가 되는 거야! 제발 나를 케이크로 만들어줘~ 응?" "좋아! 오늘의 요리는 케이크다!!"라며 지니는 빵의 꿈을 돕기로 해요. 냉장고 속 재료들도 케이크가 되고 싶다고 튀어나오고, 지니는 모두의 꿈을 모아 케이크를 만들어요. 꿈을 이룬 케이크 속 친구들이 지니와 비니를 부르고 지니와 비니가 대답을 하자 점점 작아지는데…. 지니와 비니에게 어떤 일이 생겼을까요?

오븐에서 막 나온 커다란 빵의 꿈은 케이크가 되는 것입니다. 그리고 냉장고 속에 같은 꿈을 꾸고 있는 재료들이 있었죠. 요리를 좋아하는 지니는 음식 친구들이 꿈을 이룰 수 있게 도와줍니다. 냉장고 안에서 어떤 재료들이 나왔을까요? 지니는 "날 따르라~" 외치고 재료들은 모두 통통거리며 신나게 따라갑니다.

재료들이 껍질 속에서, 봉지 안에서 하나씩 나오며, 모두 하나씩 떨어지며 감고 있던 눈을 뜨고, 숨겨져 있던 손도 펼칩니다. 재료들에게 얼굴과 손발을 그려준 덕분에 아이들은 그 깜찍함에 푹 빠집니다. 등장하는 캐릭터를 하나씩 살펴보며, 눈은 몇 개인지, 어떤 표정을 짓고 있는지, 어떤 이야기를 하고 있을지 상상하며 그림 읽기를 해보세요.

케이크 장식이 완성되자 더욱 마법 같은 일이 생깁니다. 지니와 비니가 멋지게 변신을 하고 케이크 위로 올라가게 된 거죠. 어떤 모습으로 변신했을까요? 그리고 촛불을 켜고 파티를 엽니다. 다 같이 손뼉 치고 노래 부르며 흥겹게 춤도 춥니다. 지니와 비니가 어디에 있는지 찾아보세요. 과일 친구들이 어떤 악기를 연주하고 있을지도 상상해 보고요. 어떤 아이는 함께 노래도 부르고 촛불 끄는 시늉도 할 거예요. 그만큼 그림책에 푹 빠졌다는 의미죠.

놀이 01

내가 좋아하는 생일 케이크

난이도 ★★★
권장 연령 3~7세

준비물
좋아하는 음식 사진
상자
종이
풀
가위
클레이

놀이의 효과 자기이해, 표현력, 창의력, 감수성, 성취감

놀이 시 주의사항
ⓐ 케이크와 어울리는 재료가 아니라 내가 좋아하는 음식을 선택해야 합니다.
ⓐ 예쁘게 만드는 것보다, 나만의 케이크를 표현하는 게 더 중요해요.
ⓐ 자유롭게 다양한 재료를 사용해 꾸밀 수 있게 해주세요.

내가 좋아하는 토핑을 올려 생일 케이크를 만들어볼까요? 케이크 모양으로 사용할 크기가 다른 상자를 준비하고 여러 개 붙여주세요. 상자의 겉면은 색종이나 물감을 활용해 꾸며준 뒤 아이가 좋아하는 음식 재료들을 그리거나 인쇄해 케이크 위에 꾸며주세요. 클레이로 좋아하는 음식을 만들어 붙이면 좀 더 입체적으로 표현할 수 있어요.

1. 상자를 하얀색 생크림을 바른 것처럼 포장했어요.
2. 아이가 좋아하는 음식 사진을 프린트해서 케이크 상자에 토핑처럼 붙여 꾸몄어요.
3. 클레이로 생크림과 촛불 모양을 만들어 붙였어요.

놀이 02

케이크를 만들어요

- 난이도 ★★
- 권장 연령 3~7세

준비물
케이크 시트
생크림
토핑
(과일, 초콜릿, 고구마무스 등)

놀이의 효과 순차적 사고, 표현력, 성취감, 추론 능력 향상

놀이 시 주의사항
- 컵케이크, 카스텔라, 핫케이크를 활용하면 준비가 간단해 서로 부담이 없어요.
- 생크림을 짜고, 토핑을 올리는 과정을 아이가 즐길 수 있게 해주세요.
- 손을 잘 씻고 만들 수 있게 해주세요.
- 달콤한 것을 먹으면서 만들어도 괜찮아요.
- 문화센터나 요리 수업에 참여하는 것도 좋아요.

시중에 판매하는 구워진 빵에 생크림을 바르고 장식을 하면 그럴싸하고 맛있는 케이크가 완성돼요. 무엇보다 케이크를 잘 먹지 않는 아이들도, 만드는 과정만큼은 너무 즐거워합니다. 방법은 간단해요. 생크림을 지퍼팩에 넣어 끝 부분을 조금 자르고 빵 시트 위에 꾹꾹 짜서 발라주세요. 과일, 쿠키 등을 활용해 케이크를 장식하면 완성이에요. 집에서 하기 번거롭다면 문화센터나 체험기관 수업에 참여하는 것도 좋은 방법이에요. 반드시 집에서 해줘야 한다는 부담감은 갖지 마세요.

1 고구마무스와 과일을 활용한 케이크.
2 카스텔라에 생크림을 바르고 과일을 얹은 케이크.
3 케이크 시트에 과일과 생크림, 쿠키를 활용하여 만든 케이크.

더 신나게 놀수있는 TIP

❶ 촛불을 켜고 파티 분위기를 내보세요.
❷ 생일 사진을 활용해, 성장앨범을 꾸며보세요.

함께 읽어도 좋아요

<꽁꽁꽁> 윤정주

늦은 밤, 아빠가 귀가하면서 사온 아이스크림. 냉동실에 넣었어야 했는데 실수로 냉장실에 넣고 말았죠. 게다가 문도 제대로 안 닫혀서 아이스크림이 점점 녹고 있어요. 냉장실 속 친구들이 발을 동동 구르며, 녹은 아이스크림을 보고 실망할 호야를 생각해 아이스크림을 구하려고 합니다. 서로 힘을 잘 모은 덕분에 아이스크림을 새롭게 탄생시키는데, 과연 무엇으로 변신했을까요?

《꽁꽁꽁》에 이은 《꽁꽁꽁 피자》도 있답니다. 야근을 한 엄마를 위해 피자 한 조각을 냉장고에 넣어뒀는데, 피자가 사라지고 말았어요. 이 사실을 알면 속상해 할 송이를 위해 달걀 친구들이 피자를 만드는데, 과연 성공할 수 있을까요?

내가 만든 떡

무궁화꽃이 피었습니다
천미진 글, 강은옥 그림, 키즈엠

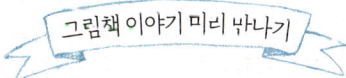

그림책 이야기 미리 나누기

　떡들이 모여, '무궁화꽃이 피었습니다' 놀이를 합니다. 가위바위보를 진 무지개떡이 술래입니다. 술래가 된 무지개떡은 "쪼끔만 움직여도 다 걸리는 거야. 안 움직였다고 우기기 없어!"라며 친구들의 대답을 듣고, 놀이를 시작합니다. 가래떡, 시루떡, 망개떡, 꿀떡, 쑥떡, 개피떡, 화전, 콩설기, 인절미는 아주 재빠르고 조용히 움직였습니다. 아, 그런데 출발선을 넘자마자 술래에게 시루떡이 걸렸습니다. 시루떡의 팥고물이 후두두둑 떨어졌거든요. 다음에는 가래떡이 너무 서두르다가 그만 휘청거려서 걸렸지요. 이번엔 또 누가 걸릴까요? 다음 술래는 누가 되었을까요?

그림책 안에서 무려 10가지의 떡이 등장합니다. 무지개떡, 시루떡, 꿀떡, 가래떡 등…. 떡 친구들이 모여 '무궁화꽃이 피었습니다' 놀이를 하는데, 떡의 특징을 담아 누가 어떻게 술래에게 걸리는지 흥미롭게 담고 있어요. 술래가 돌아볼 때마다 어떤 떡이 왜 걸렸는지 살펴보는 재미가 있고, 움직이지 않고 버티는 떡의 모습을 관찰하는 재미도 있어요. 아이들이 '무궁화꽃이 피었습니다' 놀이를 해 봤다면 더 흥미진진하게 보게 되는 그림책입니다.

엄마   누가 다음 놀이 때 술래가 될 거 같아?

아이   화전~

엄마   왜?

아이   얘가 제일 가까우니까~

엄마   아, 그러네. 근데 꿀떡이 넘어지지 않을까? 표정이 울 것 같은데?

아이   아~ 그럴 수도 있네. 어쩌면 콩설기가 넘어질 수도 있겠어요.
       으아악! 이라고 이야기했어요.

엄마   그렇구나~ 누가 술래가 될지 궁금하네~

술래의 손을 끊은 뒤 떡 친구들이 달려가는 모습을 살펴보세요. 다음 순서에 어떤 떡이 술래가 될 것 같은지 아이와 이야기를 나눠 보세요. 정답을 찾는 것보다 그림을 관찰히며 근거를 들어 생각을 이야기해 보는 게 더 중요하답니다. 또 '떡'에 대한 이야기가 담긴 그림책이 있다면 함께 읽어보는 것도 좋아요. 《떡이 최고야》, 《에헤야데야 떡 타령》, 《찰떡 콩떡 수수께끼떡》처럼 단권으로 구입할 수 있는 떡 이야기 그림책을 읽으며 어떤 떡을 먹어봤고, 어떤 떡을 좋아하는지 이야기 나눠보세요.

떡 만들기

난이도 ★★
권장 연령 5세 이상

준비물
찹쌀
콩가루
참기름
지퍼백(또는 위생봉지)
밀대
식용꽃
찹쌀가루
식용유
꿀
프라이팬
뒤집개

{ 놀이의 효과 } 소근육 발달, 순차적 사고, 성취감, 집중력 향상

{ 놀이 시 주의사항 }
- 밀대를 사용할 때 손을 찧지 않도록 지켜봐 주세요.
- 프라이팬이 뜨거우니 아이는 조금 떨어져서 볼 수 있게 해주세요.

인절미 만들기 찹쌀과 콩가루만 있으면 아주 쉽고 간단하게 만들 수 있는 떡이에요. 반죽을 만져보며 말랑말랑한 촉감을 느끼고, 가루를 묻히는 과정을 통해 아이는 떡에 관심을 갖게 될거예요.

❶ 찹쌀로 밥을 지어요. ❷ 지퍼백이나 위생봉지에 찹쌀밥을 넣어주세요. ❸ 밀대로 두드리거나 밀면서 밥알을 으깨주세요. ❹ 부드럽게 으깨져 반죽이 된 찹쌀밥을 손에 참기름을 살짝 바르고 동그랗게 만들어주세요. ❺ 찹쌀밥을 콩가루에 굴려 주세요. 카스텔라 가루나 다른 견과류를 사용해도 좋아요.

화전 만들기 식용꽃과 찹쌀가루만 있으면 쉽게 만들 수 있는 떡입니다. 찌거나 삶는 과정 없이 반죽해서 프라이팬에 살짝 부치면 완성되고, 꽃을 활용한 요리라는 점에서 아이들의 흥미도도 높아요.

❶ 찹쌀가루에 물을 넣어 반죽을 해주세요. ❷ 찹쌀 반죽을 떼어내 동그랗고 납작하게 펴주세요. ❸ 프라이팬에 기름을 두르고, 납작한 찹쌀 반죽을 올려주세요. ❹ 찹쌀 반죽에 식용꽃을 올려 예쁘게 펴준 뒤, 뒷면이 익었을 때쯤 뒤집어주세요. ❺ 다시 한 번 뒤집어 노릇노릇해지면 접시에 담아주세요. ❻ 꿀과 함께 먹으면 쫀득하고 달콤한 맛을 모두 맛볼 수 있어요.

1 찹쌀밥을 으깨 만든 인절미.
2 포도로 보랏빛 떡을 만들었어요!
3 식용꽃을 올려 예쁜 화전을 만드는 중이에요.

"관찰력을 키우는 그림책 놀이"

　　아이를 키우는 엄마들을 대상으로 강의를 진행할 때 벚꽃나무 사진을 보여드린 적이 있어요. 강의실 안의 모든 분들이 어떤 나무인지 알아 맞혔는데, 다른 한 번은 대부분의 분들이 맞히지 못했습니다. 왜 그랬을까요? 모든 분들이 맞혔던 나무에는 벚꽃이 한가득 피어있었고, 대부분의 분들이 맞히지 못한 나무에는 초록색 나뭇잎과 열매만 달려있었거든요. 모두들 벚꽃이 활짝 폈을 때의 모습은 잘 알고 있지만 꽃이 진 후의 모습은 잘 몰랐던 것이죠. 또, 벚꽃놀이를 다녀온 이후 벚꽃의 생김새를 물어도 정확히 알고 있는 사람들은 드뭅니다. 우리는 벚꽃놀이에 가서 벚꽃을 관찰하지 않았기 때문이에요. 벚꽃을 보러갔지만 벚꽃을 자세히 관찰하지는 않았거든요.

　　관찰력은 '사물이나 현상을 주의하여 자세히 살펴보는 능력'을 말합니다. 인간의 뇌는 효율성을 높이는 방법으로 최적화되어 있기에 편안한 것을 추구합니다. 그러하기에 익숙해지면 그것을 패턴화하고 뇌를 최소한으로 사용합니다. 즉, 늘 사고하던 대로 생각하도록 작동되어 인식의 틀이 생기고, 이것이 사고의 한계를 만들게 되는 거죠. 관찰을 잘 한다는 것은 익숙한 상황에서 새로운 것을 발견한다는 것입니다. 관찰은 눈으로만 할 수 있는 것은 아닙니다. 나의 모든 감각을 사용할 때 더 다양한 정보를 수집할 수 있습니다.

관찰을 잘하는 사람들은 삶의 깊이가 다릅니다. 일상 속에서 더 많은 것을 발견합니다. 이해의 폭이 넓고, 상대의 마음을 잘 읽을 수 있습니다. 아이들은 누구나 관찰을 잘 합니다. 호기심 가득한 눈으로 세상을 바라봅니다. 그리고 관찰한 것을 바탕으로 새로운 것을 생각해 내고, 경험한 것을 바탕으로 새로운 것을 만들어 냅니다. 자신의 삶을 풍요롭게 누립니다.

이 장에는 그림책을 통해 관찰력을 키울 수 있는 방법을 소개합니다. 자세히 볼 수 있는 방법에 대해 다루고 있습니다. 작은 책장 안에서 큰 세상을 만날 수 있는 내용을 담고 있습니다. 아이들이 태어날 때부터 알고 있었던 그 방법을 잊지 않기를 바랍니다.

자세히 보아야 예쁘다

오래 보아야 사랑스럽다

너도 그렇다

〈풀꽃〉 나태주

도형으로
동물을 만들어요

알록달록 동물원
로이스 엘럿 글·그림, 시공주니어

~ 그림책 이야기 미리 만나기 ~

동그라미, 세모, 네모 등의 도형을 활용하여 동물들을 표현한 그림책입니다. 도형이 더해지고, 도형이 사라지면서 우리가 알고 있는 동물의 모습이 나타납니다.

《알록달록 동물원》은 동그라미, 세모, 네모 등의 모양으로 동물을 표현한 그림책입니다. 도형을 빼고, 더하면서 달라지는 동물의 모습이 아이들 눈에는 마술을 보는 것만큼이나 신기하게 보입니다. 게다가 한 페이지에 한 가지 색과 도형의 이름까지 적어둔 덕분에 다양한 색깔 자극과 모양에 대한 이야기까지 나눌 수 있어, 아이들뿐만 아니라 엄마 아빠들에게도 꽤 인기를 얻고 있는 책입니다.

그림책 안에 도형으로 표현된 동물의 모습은 추상화 과정을 거친 모습입니다. 추상적 사고가 가능한 엄마 아빠는 어떤 동물인지 이름을 보지 않고 바로 알 수 있지만, 아직 인지적 발달이 이루어지지 않은 아이는 이 도형들이 어떤 동물을 형상화한 것인지 알지 못할 수 있습니다. 아이의 상황에 맞게 어떤 동물인지 맞춰보며 읽어도 좋고, 동물의 이름을 알려준 뒤 어떤 특징을 담고 있는지 찾아보며 읽는 것도 좋습니다. 동물의 울음소리를 흉내 내보는 것도 좋고, 동물의 모습을 흉내 내보며 읽는 것도 온몸으로 그림책을 읽는 좋은 방법입니다.

놀이 01

모양을 찾아요!

- **난이도** ★★
- **권장 연령** 3-6세

준비물
사물 속에서 도형을 발견할 수 있는 눈

놀이의 효과 관찰력, 대근육, 모양에 대한 감각, 순발력 발달

놀이 시 주의사항
- 공간의 범위를 지정해주면 집중력을 높일 수 있어요.
- 공간을 둘러보며 발견할 수 있게 유도해도 좋아요.
- 현재 있는 공간이 아닌, 다른 공간을 떠올리며 찾는 활동도 해보세요.

우리 주변의 물건들 중에서 동그라미, 세모, 네모 등을 닮은 물건들을 찾아보는 놀이입니다. 그림책 왼쪽에 있는 도형이 무엇인지 말하고, 집 안에서 그것과 닮은 것을 찾아오면 됩니다. 직접 찾아오는 활동을 해도 좋고, 무엇이 있는지 언급만 해도 좋습니다. 아이가 원하는 방법으로, 아이의 성향에 맞게 놀이를 진행하면 됩니다. '거실에서만 찾기'나 '안방에서만 찾기'처럼 공간의 범위를 정해주면 더 집중력 있게 찾을 수 있을 거예요. 아이가 잘 해낸다면 집 밖으로 공간을 확장해 찾아보는 활동을 해보세요. 사고의 유연성을 키우는데 도움을 줄 거예요.

놀이 02

도형으로 동물을 표현해요!

- 난이도 ★★★
- 권장 연령 5~7세

준비물
색종이
A4용지
풀
가위
모양자
연필

{놀이의 효과} 소근육 발달, 모양에 대한 이해, 관찰력, 표현력, 추상적 사고

{놀이 시 주의사항}
ⓐ 그림책 안에 있는 동물을 참고해도 좋아요.
ⓐ 도형으로 표현하기 어려운 부분은 그려도 괜찮아요.
ⓐ 동그라미, 세모, 네모를 여러 가지 크기로 미리 오려놓으면 좋아요.

기본 도형을 활용하여 동물 만들기 활동을 해볼까요? 엄마 아빠가 미리 동그라미, 네모, 세모를 다양한 크기로 오려 준비해 주세요. 만들고 싶은 동물을 정하고, 모양 색종이를 활용하여 만들어 보세요. 새로운 동물을 떠올리는 게 어렵다면 그림책 안에 있는 동물들을 따라 만드는 것부터 해보세요. 천천히 따라 하다 보면 새로운 아이디어가 떠오를 거예요. 기본 도형 외에 오각형이나 육각형 모양도 함께 준비해 동물, 곤충 등을 표현하고 눈코입을 그려 동물을 완성해 보세요.

 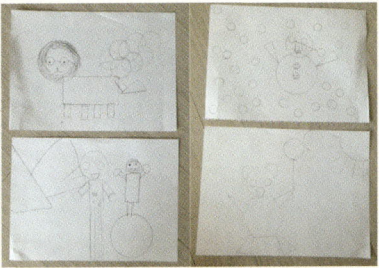

1 색종이를 활용해 만들었어요.
2 모양자를 활용해 그렸어요.

------ 함께 읽어도 좋아요 ------

<아마도 세상은> 히도 반 헤네흐텐

　세상의 시작은 무엇이었을까요? 무엇이 제일 먼저 있었을까요? 《아마도 세상은》에서는 이렇게 이야기합니다. 처음에는 빨강, 노랑, 파랑 색깔만 있었을 거라고요. 그리고 동그라미, 세모, 네모의 모양이 생겼을 것이라고도 합니다. 이 모양들은 사실 더 작은 동그라미, 세모, 네모로 이루어진 것이고 이 다양한 크기의 모양 조각들이 모여 세상의 물건, 식물, 동물, 사람들을 이루고 있는 것이라고 해요. 3가지의 색과 3가지의 모양으로 세상의 모든 것을 표현하고 있는 그림책입니다. 단순히 사물들의 모습만 만들어 나열한 게 아니라, 그것들이 생겼다가 다시 사라지는 과정까지 담고 있습니다. 3가지의 색과 3가지의 모양으로 이루어진 세상. 그 모든 것이 사라지면 어떤 일이 일어날까요?

엄마, 아빠의 대화 코칭!

　세상에 존재하는 것들 중 온전히 좋은 점만 있거나, 나쁜 점만 있는 일은 별로 없다는 생각이 듭니다. 동물원의 경우도 그러하지요. 인간의 시선에서 동물원은 동물을 보호하고, 인간과 교감할 수 있는 장소이지만, 동물들의 입장에서 그곳은 어떤 느낌일까요? 아이와 동물원의 순기능과 역기능을 세세히 이야기 나눌 수는 없지만, 어떠한 태도로 동물들을 만나야 하는지에 대한 이야기도 함께 나눠 보세요.

숨바꼭질 그림을 그려요

우리 집에 코끼리가 숨어 있어요!
데이비드 바로우 글·그림, 마루벌

그림책 이야기 미리 만나기

　코끼리가 꼬마 아이에게 "우리 숨바꼭질 할래?"라며 같이 놀자고 합니다. 아이는 "좋아! 네가 먼저 숨어."라며 기꺼이 술래 역할을 맡습니다. 코끼리는 자기가 진짜 잘 숨기에 찾기 어려울 거라 이야기하지만, 꼬마 아이 또한 나도 잘 찾을 수 있다며 신나게 놀이를 시작합니다. 꼬마 아이는 열까지 숫자를 센 뒤 코끼리를 찾으러 다닙니다. 이곳저곳을 살펴보지만 코끼리가 보이지 않습니다. 꼬마 아이와 함께 다니는 강아지는 코끼리를 찾은 것 같기도 한데…. 커다란 코끼리는 도대체 어디에 숨은 걸까요? 결국 꼬마 아이는 도저히 못 찾겠다고 외치고 그 목소리를 들은 코끼리는 짜잔! 모습을 드러냅니다. 이 둘이 즐거워하고 있을 때 거북이가 나타나 새로운 놀이를 하자고 이야기합니다. 거북이는 어떤 놀이를 제안했을까요?

숨바꼭질의 전 단계인 까꿍놀이는 모든 아이들이 좋아하는 놀이입니다. 아직 대상영속성이 생기지 않은 아이들에게 까꿍놀이는 사라진 엄마 아빠가 다시 나타나 활짝 웃어주는 아주 신기하고 즐거운 놀이거든요. 까꿍놀이를 즐기던 아기들이 자라 어린이가 되어 숨바꼭질을 즐기게 됩니다. 어린 아이들은 내가 상대방을 보지 않으면, 상대방도 나를 보지 못한다고 생각하기 때문에 언제나 기가 막히게 잘 숨을 수 있는 능력을 발휘하거든요. 《우리 집에 코끼리가 숨어 있어요!》에 등장하는 코끼리가 딱 그러합니다. 코끼리는 아주 커다란 몸집을 가지고 있지만, 집안에서도 꼭꼭 잘 숨습니다. 부엌을 살펴봐도 침실을 살펴봐도 코끼리가 보이지 않습니다. 거실에서 TV를 보고 있는 아빠에게 코끼리를 보셨냐고 여쭤 보지만, 역시나 코끼리를 찾을 수 없습니다. 마당에 숨었나 싶어 마당도 살펴보지만, 결국 꼬마 아이는 코끼리를 찾을 수 없습니다. 꼬마 아이를 따라다니는 강아지는 코끼리를 발견한 것 같기도 한데, 아직 꼬마 아이 눈에는 보이지 않습니다.

그림책을 보는 아이들은 코끼리를 찾을 수 있습니다. 부엌에 숨은 코끼리도, 침대에 숨은 코끼리도, 거실에 숨은 코끼리도 우리 눈에는 보입니다. 엄마 아빠는 그림책 이야기를 듣는 아이가 당연히 그림을 보았을 거라고 생각하지 말고, "코끼리가 어디 숨었을까? 우리 ○○이가 찾아볼까~?" 질문하며 찾을 수 있게 기회를 주세요. 그리고 강아지가 코끼리의 어떤 흔적을 발견했는지도 찾을 수 있게 질문해 주세요. 덧붙여 그림책 속 꼬마 아이가 코끼리를 찾으러 마당을 나간 이후부터 새로운 동물이 보이기 시작합니다. 그 동물이 무엇인지도 찾을 수 있게 질문해 주세요.

엄마　이번엔 코끼리가 어디에 숨어 있을까~?

아이　여기~ 창고처럼 보이는 작은 집에 숨어 있어요.

엄마　우아~ ○○이 정말 잘 찾는다~ 창고 아래로 발도 보이고, 문 사이로 코도 보이네~
　　　꼬마 아이는 아직도 발견을 못 한 것 같은데, 강아지는 뭔가 발견한 것 같아. 뭘까?

아이　강아지는 코끼리 발자국을 발견했어요.
　　　뭔가 코끼리 냄새가 나는 거 같으니까 흙을 파면서 냄새를 맡고 있는 거예요.

엄마　아하~ 웅덩이가 아니라, 코끼리 발자국이었구나.
　　　그래서 이렇게 땅을 파고 있는 거였구나. 엄마 생각에는 마당에 숨어 있는 동물이
　　　한 마리 더 있는 거 같은데…. ○○이도 보여?

아이　음~ 고양이? 고양이는 그냥 앉아 있는 거 같기도 하고…. 거북이인가?

엄마　다음 장을 살펴볼까? 아직도 코끼리를 못 찾고 있네~ 강아지는 찾은 거 같은데~

아이　나무 뒤에 있는데 아이가 못 봤나 봐요.
　　　강아지는 냄새를 따라와서 코끼리 근처까지 왔어요.
　　　그리고 거북이도 보여요~ 아까 숨어 있던 동물은 거북이였네~~

결국 꼬마 아이는 '못 찾겠다, 꾀꼬리'를 외치고 코끼리를 다시 만난 순간 "와~ 너 여기 있었구나!"라고 말하며 활짝 웃습니다. 꼬마 아이는 코끼리의 숨기 능력을 인정하고, 숨바꼭질의 즐거움을 표현하지요. 그때 이 둘 사이로 거북이가 다가옵니다. 그리고 코끼리와 꼬마 아이에게 새로운 놀이를 제안하죠. 코끼리가 잘 숨는 것만큼이나 반전 있는 놀이를 제안한 거북이. 과연 거북이가 하고 싶어 하는 놀이는 무엇일까요?

놀이 01

숨바꼭질 그림을 그려요!

난이도 ★★★
권장 연령 6세 이상

준비물
종이
사인펜
색연필

놀이의 효과 관찰력, 창의력, 표현력, 사고의 유연성

놀이 시 주의사항
- 곡선과 직선을 적절하게 활용해 엉켜있는 선을 그려주세요.
- 선이 교차하는 부분이 많아야 더 다양하게 찾을 수 있어요.
- 정확한 형태가 아니어도 그 이미지를 떠올릴 수 있으면 된다고 이야기해 주세요.
- 종이를 다양한 방향으로 돌려가며 찾을 수 있게 도와주세요.

엉켜있는 선을 활용해, 숨바꼭질 그림을 그려볼까요? A4용지나 도화지에 검정색 볼펜으로 엉켜있는 선을 그려주세요. 곡선과 직선이 적절하게 섞여 있으면 더 좋아요. 엉켜있는 선들을 살펴보며 그 선을 활용하여 어떤 그림을 그릴 수 있는지 찾아보세요.

선과 선이 만나 생긴 모양을 연결하여, 선들 사이사이에 숨겨져 있는 물고기, 구름, 꽃 등을 찾아보고 발견한 그 이미지의 테두리를 두꺼운 색연필이나 사인펜으로 따라 그리면 완성이에요. 종이를 다양한 방향으로 돌려가며 찾으면 훨씬 더 많은 이미지를 발견할 수 있을 거예요. 아이가 숨어 있는 이미지를 잘 찾기 어려워한다면, 엄마 아빠가 발견한 이미지의 테두리를 그려놓고, 어떤 이미지인지 이야기해 보는 활동을 해도 좋아요.

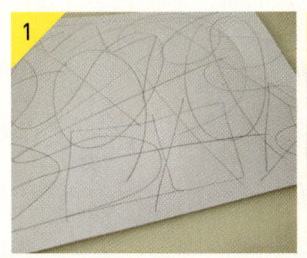  

1 엉켜있는 선.
2 다양한 색으로 찾기.
3 숨바꼭질 그림 완성!

함께 읽어도 좋아요

〈A Dragon on the Doorstep〉 스텔라 블랙스톤(Stella Blackstone)

번역된 책 제목은 《용이 문밖에 나타났어요》으로, 숨어 있는 동물들을 찾는 재미를 느낄 수 있는 그림책입니다. 슬~쩍 보이는 동물의 발이나 꼬리를 보고, 다음 장에 나올 동물이 무엇일지 추측하며 볼 수 있어요. 문 앞에 나타난 용이 너무 커서 같이 놀 수 없을 거 같아 옷장에 용을 가두는데, 옷장에는 악어가 있지 뭐예요. 이번엔 악어를 다락방에 끌어다놓고 숨으려고 했는데, 다락방에는 거미가 있지 뭐예요. 그렇게 동물을 숨기고 도망가려 하는데 계속해서 호랑이, 곰 등을 만나게 돼요. 등장한 동물들의 공통된 특징은 무엇일까요?

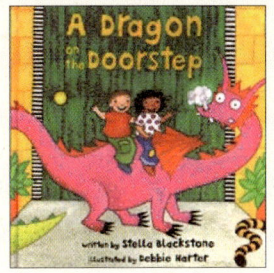

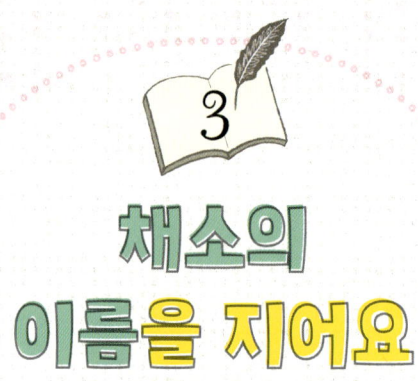

3
채소의 이름을 지어요

난 토마토 절대 안 먹어

로렌 차일드 글·그림, 국민서관

― 그림책 이야기 미리 만나기 ―

　찰리의 동생 롤라는 음식에 관해 말도 못하게 까다로워요. 롤라는 당근을 안 먹어요. 콩도 안 먹지요. 그리고 토마토도 아주 싫어해요. 뿐만 아니라 감자, 버섯, 달걀, 소시지 등 싫어하는 음식이 정말 많아요. 찰리는 식탁의 당근을 본 롤라에게, 그건 당근이 아니라 목성에서 나는 오렌지뽕가지뽕이라고 말합니다. 롤라는 목성에서 따 온 거니까 딱 한 입만 먹어보겠다며 당근 맛을 보더니, 맛이 괜찮다며 한 입 더 베어 먹었습니다. 또, 콩은 하늘에서 내리는 초록방울이라고 이야기하죠. 게다가 아주 귀하다고. 롤라는 한두 방울 맛보기로 합니다. 찰리 덕분에 롤라는 새로운 이름을 가진 채소들을 맛보게 됩니다. 토마토는 절대 안 먹는 롤라는 과연 토마토도 먹었을까요? 토마토의 새로운 이름은 무엇일까요?

엄마 아빠는 아이가 어렸을 때부터 다양한 식재료를 골고루 섭취하며 건강하게 자라길 기대합니다. 골고루 먹어야 튼튼하게 자랄 수 있다며 아이들의 식습관을 잘 잡아주기 위해 교육을 하지요. 하지만 엄마 아빠의 마음처럼 아이들이 골고루 먹어주지는 않죠.

어떻게 하면 아이가 골고루 먹을 수 있을까요? 그림책을 활용해 볼까요? 잔소리를 잔소리 아닌 것처럼 하는 그림책으로 말이죠. 《난 토마토 절대 안 먹어》는 엄마 아빠는 물론이고 아이들에게도 꽤 만족스러운 그림책입니다. 그림책 안에서 직접적으로 채소를 왜 먹어야 하는지 이야기하지 않지만 아이들은 이 그림책을 읽은 뒤에 채소에 대해 관심을 갖게 되거든요. 우선 이 그림책에는 어른이 등장하지 않습니다. 당연히 옳은 이야기를 전하는 이도 없습니다. 골고루 먹어야 한다는 메시지를 전하는 이도 없죠.

엄마 아빠는 가끔 찰리에게 동생 롤라의 밥을 차려주라고 합니다. 오늘이 바로 그 날이에요. 롤라는 밥을 차리기도 전에 오빠에게 콩, 당근, 감자, 달걀, 양배추, 사과, 밥, 생선튀김, 토마토 등은 안 먹는다고 이야기합니다. 엄마 아빠가 이 이야기를 들었다면, 롤라에게 어떤 말을 했을까요? 온화한 미소를 지으며 이런 음식들이 몸에 얼마나 좋은지 왜 먹어야 하는지를 아주 다정하고 친절하게 이야기하지 않았을까요? 어쩌면 단호한 목소리로 반드시 먹어야 한다고 이야기 했을 수도 있고요. 허나 찰리는 이렇게 말합니다. "그것 참 잘 됐네. 마침 우리 집에는 그런 거 하나도 없거든." 정말 없는 걸까요? 정말 롤라가 먹기 싫어하는 재료를 빼고 밥을 차려주려는 걸까요?

찰리는 좋은 꾀를 내어 롤라가 자발적으로 즐겁게 골고루 먹을 수 있도록 합니다. 엄마 아빠는 이 그림책을 통해 아이가 골고루 먹을 수 있기를 기대합니다. 물론 이 그림책을 읽고 나면 어떤 아이들은 이런 채소들을 먹어보고 싶어 합니다. 그런데 어떤 아이들은 여전히 채소를 안 먹으려 하죠. 그래도 괜찮습니다. 그림책을 어떤 목적에 맞게 읽고 꼭 그 결과물을 얻어야만 하는 건 아니니까요. 엄마 아빠도 편안하게 그림책을 즐기면 좋겠습니다. 그림책을 읽은 뒤 아이와 다양한 채소를 살펴보며 이 채소는 어떻게 생겼는지, 어떤 특징을 갖고 있는지 이야기 나누며 채소 이름 만들기를 해보세요. 그냥 그렇게 재미있게 놀다보면 아이에게 '나도 한 번 먹어볼까?'하는 마음이 생기지 않을까요?

엄마, 아빠의 대화 코칭!

같은 행동도 옆집 아이나 내 친구의 아이가 하면 사랑스럽고 예쁜데, 내 아이가 그런 모습을 보일 때는 고쳐야 하는 문제점으로 생각하는 경우가 종종 있습니다.

그림책 구름빵 애니메이션 시리즈 중 《키 크는 빵 주세요》라는 이야기를 아시나요? 키가 크고 싶은 홍시에게 엄마는 골고루 먹어야 쑥쑥 큰다고 이야기 해주지만 홍시는 채소는 맛없다며 먹고 싶어 하지 않죠. 오랜만에 놀러온 쿠크 삼촌은 홍시에게 '키 크는 빵'의 비밀을 알려주고 함께 재료를 사러 갑니다. 그 재료는 채소가 아니라 피망을 닮은 초록주머니 나물, 당근을 닮은 길쭉이 오렌지 등이랍니다. 삼촌의 재치 덕분에 홍시는 채소도 잘 먹고, 키가 큰다는 이야기인데요. 이 이야기 속에서도 엄마 아빠보다 삼촌이 훨씬 해결을 잘 합니다. 너그러운 사람도 '내 자식'에게는 그렇지 못한 경우가 많더라고요. 사실 잘 키우고 싶은 마음이 크기 때문이죠. 가끔은 내 아이를 한 발 떨어져서 바라보세요. 이모나 삼촌의 마음으로 본다면 아이의 어떤 모습을 보더라도 우선 이해하게 되고, 잔소리보다 세련된 언어를 사용하게 될 거예요.

채소의 이름을 지어요!

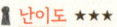

난이도 ★★★
권장 연령 6~7세

준비물
여러 종류의 채소
(또는 사진)

놀이의 효과 관찰력, 채소의 특징 파악, 창의력, 어휘력, 표현력 향상

놀이 시 주의사항
- 다양한 채소를 준비해 주세요.
- 채소를 준비하기 어려운 상황이라면, 채소 모양 장난감이나 사진도 좋아요.
- 채소 사진은 겉모습뿐만 아니라 잘라진 모습, 자라는 모습 등도 함께 준비하면 더 좋아요.

채소의 특징을 살펴보는 시간을 가져볼까요? 다양한 모양의 채소를 준비해 주세요. 먼저 채소의 모양을 살펴보고 특징을 이야기해 보세요. 그리고 채소마다 모양, 색깔, 단단함 등이 다르다는 것을 알려주세요. 줄기채소, 뿌리채소 등 우리가 먹는 부분이 어디인지도 이야기를 나눠보세요. 채소 모양 장난감이나 채소 사진들을 활용해 놀이를 해도 좋아요. 구체적 조작기(6~12세)의 아이들은 머릿속으로만 떠올리는 것보다 직접 만져보며 살펴볼 때 더 효과적으로 활동할 수 있습니다.

   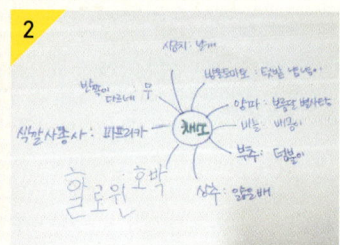

① 채소의 특징 살펴보고, 다양한 기준으로 분류해 보기. ② 채소 이름 지어보기.

놀이 02

채소 도장을 찍어요!

난이도 ★★
권장 연령 3~7세

준비물
전지
다양한 채소
물감
크레파스

{놀이의 효과} 소근육 발달, 채소의 생김새를 입체적으로 파악, 창의력, 표현력, 스트레스 해소

{놀이 시 주의사항}
- 연근, 피망, 청경채 등 단면의 모양이 독특한 채소로 준비해 주세요.
- 칼을 사용할 때 다치지 않게 조심해요.
- 요리하고 남은 자투리 채소를 활용하면 더 좋아요.

채소의 자른 단면을 이용해 도장찍기 놀이를 해볼게요. 먼저 다양한 모양의 채소를 준비해요. 온전한 형태의 채소를 준비하고 아이와 상의하며 다양한 방향으로 잘라 채소에 물감을 묻힌 후 종이에 찍어보세요. 하나의 채소가 자른 방향에 따라 모양이 다르다는 것을 살펴보세요. 이러한 놀이를 통해 대상을 다양한 각도에서 살펴볼 수 있는 경험을 하게 될 것입니다. 종이에 찍힌 채소 도장이 마르면, 그것을 이용해 그림을 그려보는 활동도 해보세요.

1. 다양한 채소 준비.
2. 채소 도장 찍기.
3. 채소 도장을 활용한 그림 완성!

함께 읽어도 좋아요

<과자가 되고 싶은 피망> 이와카미 아이

주인공 유주는 피망을 싫어해요. 도시락 반찬에 들어있는 피망을 보고 얼굴이 파랗게 질릴 정도예요. 유주는 엄마에게 "피망은 싫어요! 과자가 좋아요."라고 외칩니다. 그 모습 본 피망은 과자가 되겠다고 결심합니다. 피망은 이렇게 저렇게 달콤한 간식들로 변신하지만, 아이들에게 자꾸만 들키고 말아요. 달콤한 간식들도 피망에게는 과자가 될 수 없다고 이야기합니다. 갈 곳이 없어 시무룩하게 앉아 있는 피망을 유주가 발견합니다. 앞으로 피망은 어떻게 될까요? 아이와 그림 안에 숨어 있는 피망을 찾아보세요. 또 피망이 들어가는 음식에는 무엇이 있는지도 생각해 보고요. 아이에게 '골고루 먹어야 해'라고 말하는 것보다 의미 있는 활동이 될 거예요.

4 식물 화석을 만들어요

나뭇잎 손님과 애벌레 미용사
이수애 글·그림, 한울림어린이

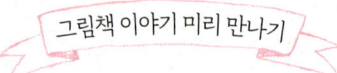

그림책 이야기 미리 만나기

　머리가 무거운 나뭇잎 손님이 숲속의 미용실에 찾아왔습니다. 나뭇잎 손님은 머리가 너무 둥글고 무겁다며 멋있고 화려한 양버즘나무 머리로 해달라 요청합니다. 애벌레 미용사는 야금야금 나뭇잎을 갉아 머리 모양을 만들었죠. 완성된 머리 모습을 본, 나뭇잎 손님은 너무 뾰족해서 친구를 긁을 거 같다 이야기 합니다. 그래서 애벌레 미용사는 다시 야금야금 갉아서 조금 덜 뾰족한 단풍나무 머리로 만들어줬습니다. 빨간 물도 들였고요. 하지만 나뭇잎 손님은 이 머리도 마음에 들지 않았습니다. 애벌레 미용사는 계속해서 머리를 갉고, 염색을 하며 새로운 머리를 해줬지만, 나뭇잎 손님은 어떤 머리 모양도 마음에 들지 않았습니다.

　결국 나뭇잎 손님에겐 나뭇잎 머리가 하나도 남지 않게 되었죠. 다행히 애벌레 미용사가 새로운 아이디어를 떠올렸고, 나뭇잎 손님에게 만족스러운 머리 모양을 갖게 해주었습니다. 즐거운 마음으로 미용실을 나온 나뭇잎 손님은 갑자기 비를 맞게 되고, 나뭇잎 손님의 아름다운 머리는 모두 망가져 버리게 됩니다. 슬픔에 빠진 나뭇잎 손님은 어떻게 되었을까요?

애벌레가 나뭇잎을 갉아 먹는 일을, 나뭇잎의 머리 모양을 바꾸는 것으로 상상한 그림책 이야기 덕분에 우리는 미용실에 가서 머리를 했던 경험을 떠올리며 그림책을 읽게 됩니다. 미용실에서 한 머리가 마음에 들지 않아 속상했던 경험이 있다면 그림책 속 나뭇잎 손님에게 더욱 감정을 이입하면서 읽었을 겁니다. 이처럼 우리의 경험은 배경지식이 되어 독서를 할 때, 더욱 풍요롭고 깊이 있는 읽기를 가능하게 합니다.

우여곡절 끝에 마음에 드는 머리를 하게 된 나뭇잎 손님은 즐거운 마음으로 미용실을 나서지만, 빗방울이 떨어지기 시작하면서 아름다운 머리가 모두 망가져 버리게 됩니다. 몸도 마음도 지친 나뭇잎 손님은 아주 깊은 잠에 빠져들었습니다. 잠을 자고 있는 나뭇잎 손님의 표정이 안쓰럽습니다. 나뭇잎 손님의 마음은 어떨까요?

이야기 속에서는 미용실에서의 하루와 오랜 시간 잠들었다가 다시 깨어난 날만 나와 있지만, 사실 미용실에서의 시간은 여름부터 가을까지의 시간이 담겨 있는 거라는 생각이 듭니다. 우리가 여름에 만났던 초록빛 가득한 나뭇잎이, 가을이 오면서 빨간색, 노란색, 갈색으로 물들고, 결국 낙엽이 되어 떨어지는 모습을 머리 모양을 바꾸는 과정을 통해 보여주고 있는 건 아니었을까요?

엄마, 아빠의 대화 코칭!

그림책의 언어는 문자언어와 그림언어로 나뉩니다. 두 언어는 그림책 안에서 사용되는 방법도 다르고 효과도 다를 뿐 아니라 언어를 읽어내는 방법도 다릅니다. 보통 문자언어는 순차적이고, 그림언어는 비순차적이라 하지만 그림언어도 주로 왼쪽 상단에서 오른쪽 하단으로 시선이 흐를 수 있게 배치되어 있습니다.

그림책의 한 장면에서 동일한 캐릭터가 여러 명 나올 때, 시간의 흐름에 따라 캐릭터가 다른 행동을 하거나 마음의 변화를 표현한 것임을 파악할 수 있으면 이해가 쉬워집니다.

미용사가 되어요!!

- 난이도 ★★
- 권장 연령 3~7세

준비물
도화지
다양한 나뭇잎
종이컵
가위
풀
테이프

놀이의 효과 소근육 발달, 손과 눈의 협응력, 창의력, 집중력, 표현력 발달

놀이 시 주의사항
ⓐ 다양한 나뭇잎을 준비해 주세요.
ⓐ 나뭇잎이 클수록 여러 번 가위질을 할 수 있어 좋아요.
ⓐ 가위를 조심히 사용할 수 있게 지켜봐 주세요.

애벌레 미용사가 되어, 나뭇잎 손님의 머리 모양을 꾸며주는 활동을 해볼까요? 산책을 나가 뾰족한 나뭇잎, 넓적한 나뭇잎 등 다양한 모양의 나뭇잎을 주워와요. 종이 위에 나뭇잎 손님의 얼굴을 그려주세요. 그리고 나뭇잎을 활용해 머리카락을 예쁘게 꾸며 주면 완성입니다. 나뭇잎을 잘라서 사용해도 좋고, 스티커를 활용해 붙여도 좋아요. 여러 가지 나뭇잎을 섞어서 꾸며도 좋아요. 입체적으로 만들어볼 수도 있어요. 종이컵에 얼굴을 그리고, 나뭇잎을 붙여주세요. 그리고 원하는 형태로 나뭇잎을 잘라 보는 거예요. 아이들은 가위로 무엇인가 자르는 행위만으로도 즐거워한답니다. 개성 있는 머리 스타일을 다양하게 표현해 보세요.

① 종이 위에 나뭇잎으로 꾸며본 손님.
   예쁜 나뭇잎 옷도 입고, 꽃핀도 했어요.
② 종이컵을 활용해 만든 나뭇잎 손님.
   머리카락도 잘라줬어요.

놀이 02

나뭇잎 프로타주 작업을 해요!

🔖 난이도 ★★
🔖 권장 연령 4~7세

준비물
A4용지
색연필
나뭇잎

{놀이의 효과} 소근육 발달, 채소의 생김새를 입체적으로 파악, 창의력, 표현력, 스트레스 해소

{놀이 시 주의사항}
ⓐ 잎맥이 두꺼운 나뭇잎을 사용하면 표현이 좀 더 잘 돼요.
ⓐ 색연필을 비스듬히 세워 부드럽게 색칠해야 무늬가 잘 나와요.

프로타주는 요철이 있는 물체에 종이를 대고 색연필로 문질러 무늬를 베끼는 것을 의미합니다. 나뭇잎 프로타주 작업을 통해 잎맥을 더 선명하게 관찰할 수 있어요. 아이와 다양한 나뭇잎을 주워와 A4용지 아래 나뭇잎을 두고 색연필로 색칠해 보세요. 잎맥이 두꺼운 나뭇잎일수록 그 무늬가 더 선명하게 나와요. 나뭇잎의 더 거친 뒷면을 놓고 하는 것도 좋아요. 나뭇잎의 종류별로 프로타주 작업을 한 뒤 비교해보면, 그냥 나뭇잎을 봤을 때보다 특징을 더 잘 발견할 수 있을 거예요.

① 나뭇잎 프로타주 완성.
② 나뭇잎 화석 완성.

더 신나게 놀 수 있는 TIP

❶ 식물 화석을 찍어보세요. 나뭇잎 위에 지점토나 찰흙을 올려 놓고 누르면 화석처럼 나뭇잎 흔적이 남아요.
❷ 나뭇잎을 활용해 동물, 곤충 등을 표현해 보세요.

{함께 읽어도 좋아요}

<이파리로 그릴까> 이보너 라세트

봄부터 가을까지 우리 곁에 찾아오는 꽃잎과 나뭇잎으로 동물들을 그렸습니다. 알록달록한 꽃잎들을 한 장씩 떼어내고, 나뭇잎들을 가지런히 놓아 사자도 만들고, 병아리도 만들고, 거북이도 만들었어요. 그림 도구로 그리는 게 아니므로 자연스러운 선을 그리기 어려울 것 같지만 작가는 꽃잎과 나뭇잎의 모양과 색깔을 자세히 관찰하여 섬세하게 표현했습니다. 글자가 없는 그림책이기에 자연에서만 만날 수 있는 다양한 색감을 느끼며 그림에 집중할 수 있습니다. 그림에 어떤 이야기가 담겨져 있을지 상상해 보세요.

5

동물마다 꼬리가 달라요

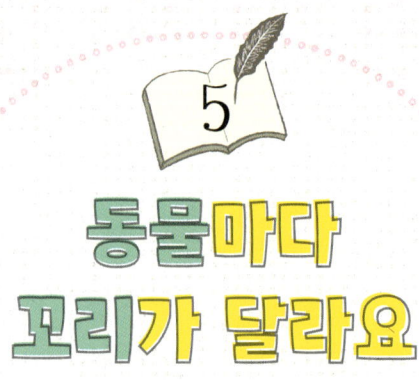

내 사과파이, 누가 먹었지?
이재민 글, 김현 그림, 노란돼지

그림책 이야기 미리 만나기

생쥐와 고슴도치에게 커다란 사과가 생겼습니다. 이 사과로 무엇을 할 수 있을까요? 달콤한 냄새를 맡으며, 커다란 사과를 집으로 가져온 생쥐와 고슴도치는 제일 먼저 사과파이를 만들기로 합니다. 사과의 반쪽을 잘라 사과파이를 만들었습니다. 화창한 날이니까 야외에 있는 테이블에 사과파이를 올려놓고, 함께 마실 사과주스를 만들러 집 안에 들어갔다 오니 사과파이가 사라졌습니다. 그때 급하게 사과파이를 들고 풀숲으로 숨은 누군가를 발견했고 재빨리 꼬리를 잡아당겼는데, 글쎄 꼬리를 잘라내고 사과파이를 들고 가버렸지 뭐예요! 생쥐와 고슴도치는 그 꼬리를 들고 다니며 누가 사과파이를 가져갔는지 찾아다닙니다. 과연 생쥐와 고슴도치는 범인을 찾을 수 있을까요? 생쥐와 고슴도치는 사과파이를 먹을 수 있을까요?

《내 사과파이, 누가 먹었지?》는 생쥐가 사과를 잃어버렸던 《내 사과, 누가 먹었지?》에 이은 두 번째 사건입니다. 이번엔 생쥐가 사과를 잃어버리지 않고, 고슴도치와 함께 사과파이를 만들지만, 그만 사과파이를 잃어버리게 됩니다. 주스를 가지러간 사이 사과파이를 가져간 동물을 찾아내기 위해, 꼬리를 단서로 들고 다니며 다른 동물들의 꼬리 모양을 살펴보는 이야기입니다.

생쥐와 고슴도치는 도마뱀의 꼬리를 들고 오리너구리, 캥거루, 공작 등을 만납니다. 동물들을 만날 때마다 생쥐와 고슴도치는 꼬리의 주인인지 물어봅니다. 동물들은 자신의 꼬리가 아니라 이야기하며, 나의 꼬리가 얼마나 자랑스러운지를 이야기합니다. 동물마다 각기 다른 꼬리의 생김새와 쓰임을 이야기해 주기에, 자연스럽게 동물들의 특징을 파악할 수 있습니다. 동물들의 특징들을 설명하는 내용이 담겨 있어 그림책의 수준에 비해 글이 조금 많다고 느껴질 수 있습니다.

아이의 집중력이 아직 그만큼 높지 않다면, 글을 다 읽기보다는 그림 속에 숨겨져 있는 대상들을 찾아내는 것에만 집중해도 좋습니다. 그림책을 읽으면서 동물들의 꼬리가 어떻게 다른지, 비슷한 꼬리를 가진 동물은 누가 있는지, 왜 꼬리가 다른지 등 동물의 특징과 꼬리의 역할을 찾는 활동을 한다면 더 즐거운 시간이 될 거라 생각합니다.

엄마, 아빠의 대화 코칭!

그림책을 읽으며 나눌 수 있는 이야기는 다양해요. 이 외 관심사에 따라 그림책 속 대상 하나만 가지고 이야기를 나눌 수도 있고, 그림책 속에서 만난 어떤 장면을 통해 아이의 경험을 떠올리고 이야기 나눌 수도 있습니다. 또, 그림책 전체에서 전하고 싶은 내용과 관련된 이야기를 나눌 수도 있습니다. 등장하는 캐릭터와 연결된 이야기를 나눌 수도 있고, 캐릭터의 감정을 읽어내는 이야기를 할 수도 있지요. 계절과 관련된 이야기를 할 수도 있고, 어떤 장소와 관련된 이야기를 할 수도 있죠. 그러하니 엄마 아빠가 한 박자 기다려주세요.

아이가 하고 싶은 이야기를 충분히 들어주시고, 그것을 확장할 수 있는 방향으로 질문을 던져주세요. 그렇게 주도권을 아이가 갖고 있을 때 아이는 엄마 아빠와 그림책 읽는 시간을 더 즐거워 할 거에요.

동물마다 꼬리가 달라요.

🔒 난이도 ★★
🔒 권장 연령 3~6세

준비물
동물 사진
가위
풀
사인펜
도화지

놀이의 효과: 동물의 특징 파악, 분별력, 관찰력, 표현력, 과학적 사고력

놀이 시 주의사항
ⓧ 꼬리 그리기를 어려워하면 동물 사진을 반으로 잘라 연결하는 활동을 해보세요.
ⓧ 등장했던 동물들을 자연 관찰책에서 찾아보며 연계 활동을 해보세요.

그림책의 장면처럼 동물의 얼굴과 몸통 사진만 준비해 주세요. 동물의 꼬리는 아이가 직접 표현해 볼 수 있게 말이죠. 동물들의 꼬리를 직접 그려보며 왜 꼬리의 형태가 이렇게 다른지, 또는 꼬리가 어떤 도움을 주는지 이야기 나눠 보세요. 동물들의 사는 곳, 습성에 따라 꼬리가 필요한 이유가 다릅니다. 아이가 직접 찾아낼 수 없다면 추론해 볼 수 있도록 도와주세요. 과학적 지식을 쌓는 게 중요한 것이 아니라, 각기 다른 꼬리의 모양을 관찰하고 그 이유를 찾아보는 활동 그 자체가 중요해요. 다른 모습을 살펴볼 수 있는 기회를 주는 것만으로 충분해요. 아이가 아직 어려 그림으로 표현하는 게 서툴다면, 동물 사진들을 반으로 잘라 몸통과 꼬리를 연결할 수 있는 활동을 하는 것도 좋아요.

▲ 그림책의 동물 그림을 활용해, 꼬리 부분을 직접 그려봤어요.

사과 파이 만들기

🔒 난이도 ★★
🔒 권장 연령 3~7세

준비물
사과조림
식빵
포크
프라이팬
(또는 오븐이나 에어프라이어)

놀이의 효과: 소근육 발달, 순차적 사고, 물질의 형태 변화에 대한 이해, 성취감

놀이 시 주의사항
ⓧ 빵 칼을 사용할 때 손이 다치지 않게 살펴주세요.
ⓧ 사과 조림 대신 사과잼을 활용해도 좋아요.
ⓧ 사과를 자르는 활동, 사과조림을 빵에 넣는 활동 등은 아이가 직접 할 수 있도록 해주세요.

사과파이가 등장하는 그림책을 만났으니, 아이와 함께 사과파이를 만들어 보는 것은 어떨까요? 식빵의 테두리를 자르고, 가운데에 사과조림을 넣어주세요. 테두리를 물(또는 달걀)을 활용해 붙이고 포크로 살살 눌러주세요. 이렇게 만들어진 빵을 프라이팬이나 오븐에 노릇하게 구워주면 완성입니다. 요리는 아이들의 수학적 사고력을 높여주는 아주 즐거운 활동입니다. 특히 요리의 경우 반드시 어른과 함께 해야 하기에, 엄마 아빠와 활동을 하며 상호 작용을 높이는 것은 물론 아이의 정서 발달에도 좋지요. 재료를 자르고 불에 올려 끓이는 등의 활동을 통해 사물의 형태가 어떻게 달라지는지를 볼 수 있고, 필요한 만큼 계량을 하며 수에 대한 감각도 키울 수 있답니다.

① 사과조림 만들기.
② 빵에 칼집을 내고, 사과조림 넣기.
③ 팬에 노릇하게 구워 완성.

더 신나게 놀 수 있는 TIP

사과조림 만드는 방법 사과 1개를 잘게 잘라 냄비에 넣고 사과 양의 반 정도 분량의 설탕을 넣어주세요. 설탕이 녹아 설탕물과 과즙이 생길 때까지 기다렸다가 물 1숟가락을 넣고 약한 불에서 졸여주세요. 이때 계피가루나 시나몬가루가 있다면 조금 넣어주세요. 졸이는 시간은 설탕이 다 녹은 후 원하는 식감이 나올 때까지 하면 돼요.

함께 읽어도 좋아요

<누가 내 머리에 똥 쌌어?> 베르너 홀츠바르트

두더지가 땅 위로 머리를 내밀었다가 그만 똥 세례를 받습니다. 화가 난 두더지는 누가 내 머리 위에 똥을 쌌는지 찾으러 다닙니다. 여러 동물들을 만나고, 만난 동물들은 직접 똥을 싸 보여주며 자신이 아니라는 것을 증명하죠. 그 과정 속에서 두더지는 정육점의 개 한스가 범인이라는 것을 밝혀냅니다. 범인을 알아낸 두더지는 복수를 하고 땅 속으로 들어갑니다. 과연 두더지는 어떤 복수를 했을까요? 범인을 추적해 나가는 과정은, 《내 사과파이를 누가 먹었지?》에서 보여주는 과정과 비슷합니다. 그 과정을 따라가며 아이들은 동물들마다 다른 특징을 갖고 있음을 자연스럽게 인식하게 된답니다.

크기를 비교해요

퉁명스러운 무당벌레
에릭 칼 글·그림, 더큰

─── 그림책 이야기 미리 만나기 ───

상냥한 무당벌레와 퉁명스러운 무당벌레가 진딧물을 먹기 위해 나뭇잎 위에 앉았습니다. 퉁명스러운 무당벌레는 상냥한 무당벌레에게, "모두 다 내 거야! 너, 나하고 한번 싸워 볼래?"라고 소리칩니다. "정 그렇게 원한다면." 상냥한 무당벌레가 대답했죠. 퉁명스러운 무당벌레는 상냥한 무당벌레가 자기와 싸울 만큼 덩치가 크지 않다고 이야기 하죠. 그리고는 상냥한 무당벌레에게 보여주기 위해 덩치 큰 애들과 싸움을 하러 갑니다. 말벌을 만나고, 사슴벌레를 만나고, 사마귀를 만나고…. 만날 때마다 "넌 나하고 싸울 만큼 덩치가 크지 않아."라고 외칩니다. 과연 **퉁명스러운 무당벌레**는 어떻게 되었을까요?

에릭 칼의 작품 안에 담겨 있는 많은 가치들 중 엄마 아빠들이 가장 만족스러워 하는 부분은 숫자 놀이를 할 수 있다는 점과 동물과 곤충의 특징을 살펴볼 수 있다는 점입니다. 《퉁명스러운 무당벌레》도 시계 읽기 연습용 자료나 동물의 특징을 확인하는 자연관찰책 정도로만 읽고 독후활동을 하는 엄마 아빠들이 많습니다. 아이의 상황에 따라 즐거운 경험의 시간을 가질 수 있다면 그것도 훌륭하지만, 혹시 다른 부분을 발견하지 못해 그렇게만 읽기에는 너무 아쉬운 그림책입니다.

'치밀하게 계산된 페이지와 글자 크기의 변화, 빠르게 전개되는 이야기는 어린이들이 시간, 크기, 모양의 개념과 예의범절에 대해 스스로 탐구하도록 이끌어 줍니다.'라는 책 표지에 담겨 있는 문장의 의미를 그림책을 여러 번 읽은 덕분에 이해할 수 있었습니다. 그림책의 가장 좁은 페이지는 퉁명스러운 무당벌레가 말벌을 만난 장면입니다. 그 다음에는 사슴벌레를 만나고, 그 다음에는 사마귀를 만납니다. 그렇게 새로운 동물들을 만나는 과정 속에서 시간이 한 시간씩 지나가고, 태양의 위치 또한 달라집니다. 태양이 높이 떠올랐다가 지는 과정은 그림을 한 페이지씩 따로 본다면 발견하기 어려운 장면이지요. 만나는 동물의 크기가 커질수록 오른쪽 페이지의 종이도, 그 배경의 범위도 커집니다. 왼쪽 페이지의 글자 또한 점점 더 커집니다. 그리고 무당벌레의 크기는 조금씩 작아지지요. 그렇다면 태양의 크기는 왜 동일하게 표현했을까요? 아이에게 질문해 보세요.

퉁명스러운 무당벌레는 우리가 알고 있다시피 매우 작은 대상입니다. 그런데 왜 자기보다 훨씬 큰 동물들을 만나면서 "넌 나하고 싸울 만큼 덩치가 크지 않아."라고 말했던 걸까요? 퉁명스러운 무당벌레는 어떤 마음이었을까요? 엄마 아빠에게도 이런 경험이 있는지 떠올려 보세요. 퉁명스러운 무당벌레와 같은 마음을 느꼈던 적이 있었는지 아이와 이야기 나눠 보세요.

엄마, 아빠의 대화 코칭!

세상에는 다양한 크기의 동식물들이 존재합니다. 어떤 것은 작고, 또 어떤 것은 큽니다. 작은 것 중에 알고 있는 것이 무엇인가요? 예를 들면 나뭇잎, 돌맹이 등은 작습니다. 그리고 먼지, 초파리, 민들레 씨는 아주 작습니다. 하지만 우리에게 작게 보이는 것이 개미에게는, 병아리에게는 작지 않게 보이기도 합니다. 또 어떤 건 크게 느껴지기도 하죠. 그림책을 읽고 이야기를 나누며, 상대적인 비교 개념을 이해할 수 있기를 바랍니다.

크기를 비교해요!

🔖 난이도 ★★★★
🔖 권장 연령 5~7세

준비물
다양한 크기의 물건 사진
도화지
사인펜
가위
풀

놀이의 효과 크기에 대한 이해, 상대적 비교, 관찰력, 분석적 사고

놀이 시 주의사항
- 같은 대상의 크기 변화를 파악해 보세요.
- 다른 대상의 크기 변화를 파악해 보세요.
- 구체적인 사물이나 사진을 보며 활동할 수 있게 해주세요.

그림책 속 동물들처럼 내 주변에 있는 물건들을 크기순으로 나열해 봐요. 다양한 크기의 책을 떠올리며, 미니북에서 커다란 지도책까지 점점 더 커지는 책을 찾아보는 거죠. 인형도 작은 인형부터 큰 인형까지 점점 더 커지는 순서대로 배열해 보세요. 또, 동일한 대상이 아닌 것들의 크기 비교도 해보세요.

그림책 속에서 무당벌레가 다양한 동물들을 만난 것처럼 작은 물건에서 큰 물건으로 커질 수 있게 배치해 보는 활동을 해보세요. 크기를 비교하고 배치하는 것이 쉬운 일처럼 보이지만 머릿속으로 생각해 내려면 어려울 수 있어요. 아이에게 범위를 정해주세요. 집 안에서 발견할 수 있는 것들, 놀이터에서 볼 수 있는 것들, 그림을 그릴 때 사용하는 것들처럼 장소나 목적, 범위를 명확히 정하면 그 안의 대상들을 떠올리며 생각하기가 보다 쉬워집니다. 다음으로 찾아본 것들을 그림으로 표현해 봐요. 점점 커지는 것들과 점점 작아지는 것들이 담긴 세상을 그려봐요. 비교할 수 있게 나란히 그려보거나 탑처럼 쌓으며 그려보세요. 상상력을 더해 어떤 공간을 각각 표현해 보는 활동을 한다면 크게 그릴 때와 작게 그릴 때 어떻게 표현이 달라지는지도 경험할 수 있을 거예요.

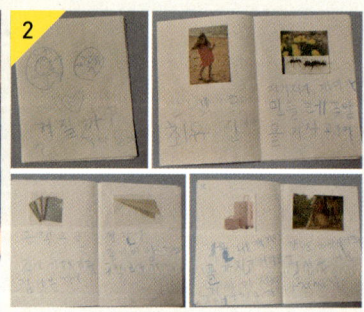

1 커지는 순서대로 배열하고 이유를 말해요.
2 사진을 활용해 '크기'와 관련된 이야기를 만들어요.

놀이 PLUS+

크기의 차이를 인지해요

동일한 대상의 크기 비교 말고, 다른 대상의 속성 크기를 비교해 보는 활동입니다. 개미는 아무리 커도 벌만큼 클 수 없고, 장미는 아무리 커도 소나무만큼 클 수 없습니다. 우리들이 살고 있는 집은 당연히 우리보다 커야 합니다. 대상의 기본적인 크기를 비교하는 활동을 통해, 비교의 기준을 세울 수 있는 능력을 키울 수 있습니다.

덧붙여 대상의 속성에 따른 절대적인 크기 말고, 대상들을 섞어두고 다양한 비교의 기준을 세워 줄 세우는 활동을 해보세요. 모든 대상들은 기준에 따라 다르게 인지될 수 있음을 체험하면서, 다양한 기준을 세울 수 있는 능력을 획득한다면 세상 모든 것이 1등이 될 수 있음을 깨달을 수 있을 거예요.

함께 읽어도 좋아요

<이 작은 책을 펼쳐봐> 제시 클라우스마이어

책장을 여니, '이 작은 책을 펼쳐봐'라고 쓰인 보라색 표지의 책이 등장합니다. 책을 펼치니 빨간 바탕에 검정 동그라미가 그려진 '조그만 빨간 그림책'이 있습니다. 이 조그만 빨간 그림책을 펼치니 책을 읽으려는 무당벌레가 등장합니다. 무당벌레가 보는 책은 '조그만 초록 그림책'입니다. 무당벌레는 개구리 이야기를 읽고 있네요. 개구리도 책을 보고 있습니다. 그의 책은 '조그만 주황 그림책'입니다. 책 안의 책이 점점 작아지면서, 어떤 이야기가 펼쳐질까요? 책을 보는 동물들이 커질수록 책의 크기가 작아지는 이유는 무엇일까요? 표시의 그림을 보고 상상해 보아요.

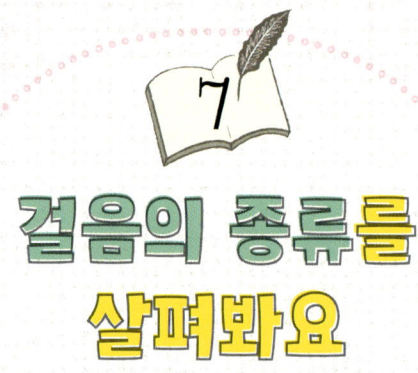

걸음의 종류를 살펴봐요

아이스크림 걸음!
박종진 글, 송선옥 그림, 소원나무

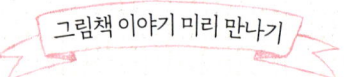

    선동이가 동생 율동이를 데리러 어린이집에 갑니다. 선동이는 빨리 집으로 돌아가 만화를 보고 싶은데 호기심 많은 율동이는 보고 싶은 게 많습니다. 어린이집 앞마당에 있는 달팽이도 보고 싶고, 나뭇가지 끝에 거미줄을 타고 노는 거미도 보고 싶고, 나무 아래 무리지어 가는 개미들도 보고 싶습니다. 빨리 집에 가고 싶은 선동이는 동생을 잡아끌고 갈까 어쩔까 고민하다 좋은 생각이 떠올랐습니다. 동생과 걸음 놀이를 하는 거죠. 좁은 골목길을 갈 때는 게처럼 쓰윽쓰윽- 탁! 게걸음을, 물웅덩이를 만났을 때는 황새처럼 성큼성큼 황새걸음으로 걸어갑니다. 여러 가지 걸음 놀이를 하며 집까지 무사히 돌아온 선동이와 율동이. 집에 들어가기 전에 율동이가 이이스크림 걸음을 외칩니다! 과연 아이스크림 걸음은 무엇일까요?

사람들마다 생김새가 다르고, 목소리가 다르고, 성격이 다릅니다. 그리고 걷는 모습도 다르죠. 비슷한 것처럼 보이지만 손을 흔드는 모습도, 발을 딛는 순서도, 속도도 다르지요. 나는 어떻게 걷나요? 나의 걸음에 대해 생각해 보지 않았으면 언어로 설명하기 어려울 수 있습니다. 《아이스크림 걸음!》은 걸음 놀이가 담겨 있는 그림책입니다. 선동이가 동생 율동이가 빨리 걸었으면 좋겠다는 마음에 떠올린 아이디어가 담겨있는 그림책입니다. 동생 율동이는 궁금한 게 많습니다. 달팽이도 만나고, 거미도 만나며 느긋하게 걷습니다. 이런 율동이의 달팽이걸음은 선동이를 답답하게만 할 뿐이었죠. 선동이는 빨리 집에 가서 만화를 보고 싶었거든요. 선동이는 율동이를 억지로 끌고 가지 않습니다. 걸음 놀이를 하며 재미있게 속도를 낼 수 있게 안내하죠. 빨리 오라고 백 번 말하는 것보다 훨씬 현명한 방법입니다.

　　아이에게 그림책 속 이야기를 읽어주기 전에, 표지와 면지부터 살펴보세요. 표지와 면지를 살펴보고 생각을 해 본 뒤 이야기를 만나면, 더 집중해서 보게 되거든요.

엄마 아이스크림 걸음이라니? 어떤 뜻일까?

아이 아이스크림 위를 걸어다닌다는 뜻인가~?

엄마 표지를 보니, 그렇게 보이네^^

아이 아이스크림처럼 부드럽고 시원하게 걷는다는 뜻인가~?

엄마 글쎄~ 달콤하게 걷는다는 뜻일까? 엄마도 잘 모르겠네.
　　　어떤 이야기인지 읽어보자~
　　　앗! 면지를 보니 아이스크림이 엄청 많이 그려져 있어~
　　　○○이가 알고 있는 아이스크림이 있어?

아이 엄마, 내가 먹어본 아이스크림이 있어요~ 이건 엄마가 좋아하는 거다~

엄마 정말 그러네~ 이건 ○○이가 좋아하는 아이스크림이네~

아이 이건 할아버지가 좋아하시는 거고~ 이건 내 친구가 좋아하는 아이스크림이에요~

엄마 아이스크림 걸음은 어떤 이야기인지 점점 더 궁금해지는 걸~

<u>면지에는 다양한 아이스크림들이 그려져 있습니다.</u> 아이와 함께 아이스크림에 대한 이야기를 나눠보세요. 어떤 아이스크림을 알고 있는지, 어떤 아이스크림을 좋아하는지 등 다양한 이야기를 나눈다면 더 흥미를 갖게 되겠죠? 면지는 앞으로 펼쳐질 이야기를 더 흥미롭게 만날 수 있도록 작가가 의도적으로 배치한 페이지이므로 이 안에서도 우리는 다양한 이야기를 나눌 수 있답니다.

<u>선동이와 율동이는 어린이집에서 집까지 오면서</u> 12가지의 걸음을 걷고, 마지막에는 아이스크림 걸음을 걷죠. 그림책 안에 담겨 있는 12가지 걸음걸이는 실제로 우리말에 존재하는 걸음의 이름입니다. 아이와 함께 그림책 속 걸음을 따라 걸어 보아요. 아이들은 그림책을 보며, 엄마가 흉내내 보자고 이야기하지 않아도 먼저 일어나 걸음들을 흉내 낼지도 몰라요. 그럴 때는 가만히 앉아서 그림책에 집중하기를 바라기보다 아이의 행동에 동참해 주세요. 긍정적인 피드백을 주며 적극적으로 걸음을 흉내 낼 수 있게 해주세요.

<u>아이는 걸음을 따라하는 재미에 다음 페이지의 내용을 더 궁금해 하며</u> 그림책을 볼 거예요. 그렇다면 이야기에 더욱 집중하겠지요? 그림책을 다 읽고나면, 아이와 걸음에 대해 이야기를 나눠 보세요. 어떤 걸음이 가장 마음에 드나요? 나는 평소에 어떤 걸음을 주로 걷나요? 나라면 이 상황에서 어떤 걸음으로 걸었을까요? 그리고 아이스크림 걸음이란 도대체 무엇일까요? 내가 걷는 걸음 중에 아이스크림 걸음과 같은 게 있나요?

> **엄마, 아빠의 대화 코칭!**
>
> 그림책은 학습해야 하는 대상이 아니기에 한 자리에 앉아 정독하지 않아도 되는 책입니다. 상황에 따라 일어서서 볼 수도 있고, 노래를 부르며 볼 수도 있고, 장면을 따라하며 볼 수도 있습니다. 그림책의 내용에 따라 신체를 움직이며 그림책을 본다면 아이들은 그림책을 더욱 입체적으로 만날 수 있습니다. 게다가 그 활동이 아이 스스로 하는 것이라면 이 경험이 아이의 몸과 마음에 더 깊게 긍정적으로 남을 것입니다.

난이도 ★★
권장 연령 5~7세

걸음의 종류를 살펴봐요!!

준비물
동물의 걷는 모습이 담긴 영상 자료

놀이의 효과 대근육 발달, 신체 활동, 관찰력, 집중력, 자기조절력

놀이 시 주의사항
- 엄마 아빠 눈에 걸음 흉내가 모두 비슷해 보이더라도, 언급하지 말아주세요.
- 동물의 특징을 떠올리며 흉내 낼 수 있게 도와주세요.
- 동물의 걷는 모습이 잘 생각나지 않는다면 영상 자료를 활용해 보세요.

그림책 속에 나왔던 다양한 걸음을 흉내 내봐요. 그림을 살펴보며 어떻게 걸어야 딱 맞는 걸음일지 걸어 보세요. 황새걸음과 두루미걸음은 어떻게 다를까요? 종종걸음과 잰걸음은 어떻게 다른 걸까요? 달팽이걸음과 비슷한 걸음에는 무엇이 있을까요? 정답은 없답니다. 아이가 생각해 보고 스스로 몸을 움직여 보고, 어떤 차이가 있는지 이야기할 수 있는 기회를 만들어주세요. 그리고 아이스크림 걸음은 무엇인지 알아냈나요? 선동이와 율동이는 아이스크림 걸음을 어떻게 걸었나요? 아이스크림 걸음도 잊지 말고 흉내 내어 보세요.

추상적 사고를 할 수 있다면 나만의 걸음을 만들어 볼 수도 있습니다. 선동이와 율동이에게 아이스크림 걸음이 있었던 것처럼, 나에게는 무엇이 아이스크림 걸음과 같은가요?

❶ 식구들의 성격을 떠올리며 아빠걸음, 엄마걸음, 동생걸음, 언니걸음, 할머니걸음 등을 만들어보세요.
❷ 나의 아이스크림 걸음은 무엇인지 찾아보세요.

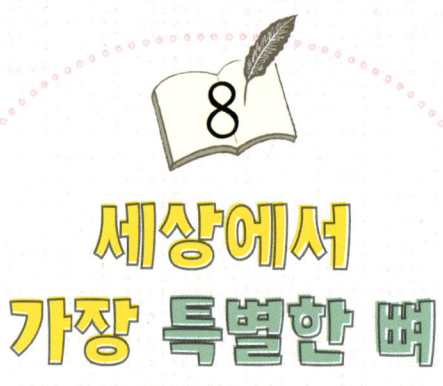

세상에서 가장 특별한 뼈

최고의 뼈를 만져 봐
가브리엘 발칸 글, 샘 브루스터 그림, 키다리

그림책 이야기 미리 만나기

뼈에 대해 가장 잘 아는 사람은 누구일까요? 누구 뼈가 가장 클까요? 누구 뼈가 가장 작을까요? 누구 뼈가 가장 많을까요? 누구 뼈가 가장 빨리 자랄까요? 뼈에 대해 궁금한 것들을 수수께끼처럼 보여주는 그림책입니다. 놀라운 뼈를 가진 10마리 동물들도 만날 수 있습니다. 동물들은 어떤 놀라운 점을 갖고 있을까요? 또 가장 특별한 뼈는 누구의 뼈일까요?

《최고의 뼈를 만져 봐》는 뼈에 대해 수수께끼 형식으로 구성되어 있습니다. '이 뼈는 누구의 뼈입니다.' 또는 '이 동물의 뼈는 이러 합니다.'의 형식이 아니므로 곰곰이 생각하며 그림책을 봐야 합니다. 우리는 질문을 들으면 고민하게 됩니다. 자세한 설명이 힌트가 될 지도 모른다는 생각에 꼼꼼하게 보게 됩니다. 이 책에서는 설명할 때 수치로만 보여주는 것이 아니라, 우리가 알만한 대상으로 바꿔 설명해 줍니다. 예를 들면, 흰긴수염고래의 아래턱 뼈의 길이는 무려 6미터인데, 이는 오토바이 세 대를 줄지어 세워 놓을 수 있는 길이라고 표현합니다. 또, 하루에 크릴을 4천만 마리나 먹어야 하는데, 이건 강낭콩만한 물고기를 욕조에 가득 채워 2만 4천 번 먹는 것과 같다라고 표현해요. 너무 막연한 숫자가 나오면 엄마 아빠도 이해하기 어려운데, 특정 사물로 치환해서 이야기해 주는 덕분에 엄마 아빠 또한 훨씬 쉽게 이해할 수 있습니다.

이 그림책의 가장 특별한 점은 뼈의 구조를 만져볼 수 있게 제작했다는 것입니다. 초정밀 특수 코팅 기법을 사용하여, 뼈의 구조를 느낄 수 있게 만들어 눈과 귀로 볼 뿐만 아니라, 손으로도 읽을 수 있는 그림책입니다. 뼈만 있는 페이지는 무채색을 사용하여 눈으로 볼 수 있도록 하고, 동물의 모습이 그려진 페이지는 특수 코팅 기법을 사용하여 손으로 만져볼 수 있게 배치하였습니다. 덕분에 우리는 어떤 동물이 나올지 상상하며 보게 됩니다. 마지막 페이지에 담겨 있는 가장 특별한 뼈를 설명할 때에는 앞에 나온 다른 동물들의 특징과 닮은 점을 함께 언급한 덕분에 다시 돌아가 확인할 수도 있어요.

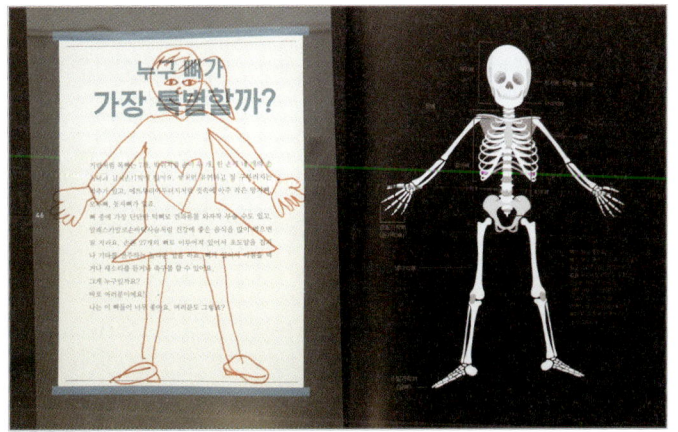

엄마   뼈는 살아있대~ 맞아?

아이   아~ 뼈는 자라니까 살아있나봐~

엄마	음 그런 거야? 그럼 머리카락도 자라는데, 머리카락도 살아 있어?
아이	응. 말을 못하는 거 같지만, 머리카락들은 자기들끼리 이야기 해~ 살아 있거든.
엄마	그렇구나~ 엄마는 몰랐지~ 뼈는 밖은 단단한데, 속은 스펀지처럼 생겼대~
아이	아~ 그래서 스펀지 같은 게 자라면서 겉도 같이 자라나보다~
엄마	그런가보네~ 뼈가 자라면 어떻게 될까?
아이	그럼 키도 크고 손도 커지고, 발도 커지지~ 얼굴도~
엄마	응~ 우리가 자라는 건 뼈가 자라서 그런거구나~~~
아이	그래서 나 잘 때 다리 아프면 아빠가 뼈가 자라는 거라고 했어~
엄마	맞아~ 기억하고 있었네. 여기 위에 OHP 필름 두고, ○○이 모습 그려볼래?
아이	응. 할래. 유치원에서도 해 봤어~

표면적으로 알고 있던 '뼈대가 중요하다, 골격을 잘 세워야 한다.'의 메시지를 '뼈는 살아있어.' 라는 문장 덕분에 다시 생각해 보게 됩니다. 또한 뼈대 위에 나를 그려보는 활동을 통해 뼈의 모양에 따라 그 모습이 달라진다는 이론을 제대로 이해할 수 있게 됩니다.

엄마, 아빠의 대화 코칭!

어른답게 살다보니 아이답게 생각하는 방법을 잊었습니다. 그림책을 통해 아이였던 나의 모습을 발견하기도 하고, 아이처럼 유연하고 자유롭게 사고하기도 합니다. 여전히 표면적이고 교훈적인 독서가 익숙한 우리들에게 새로운 관점을 제시하는 그림책이 있어 다행입니다. 엄마 아빠도 그림책을 읽을 때만큼은 아이처럼, 아이답게 생각하고 말해보세요. 어린이가 된 엄마 아빠와의 대화가 아이에게 더 즐거운 시간으로 느껴지게 될 거예요.

놀이 01

뼈 그림을 그려요.

난이도 ★★★
권장 연령 4~7세

준비물
뼈 그림
푸실리 파스타 또는 면봉
OHP필름
매직
종이관절인형 키트

놀이의 효과 인체에 대한 이해, 관찰력, 상상력, 표현력 향상

놀이 시 주의사항
ⓐ 아이의 상황에 맞는 활동을 선택해 주세요.
ⓐ 과학적 사실을 익히는 것보다, 보이지 않는 형태를 표현해보는 활동이 더 중요해요.
ⓐ 인체의 모양을 인쇄해서 그 위에 활동을 하면 더 좋아요.

나의 몸을 이루고 있는 뼈를 다양한 방법으로 표현해 볼까요? 사람의 뼈 사진이나 그림을 준비하고 그 위에 푸실리 파스타나 면봉 등을 활용해 골격을 붙여요. 파스타나 면봉으로 얼굴을 표현하기 어렵다면 클레이로 해골 모양을 만들어도 좋아요. 또, 뼈 사진 위에 OHP필름을 두고 사람의 형태를 먼저 그린 뒤, 파스타나 면봉으로 뼈를 표현하는 방법도 좋아요.

사람의 모습 위에 OHP 필름을 두고 뼈 모양을 그리는 활동도 좋아요. 정확하게 뼈의 모습을 그리는 게 중요한 게 아니라, 팔, 다리, 손가락 등 구부릴 수 있는 부분의 뼈가 어떻게 달라지는지 살펴보는 게 더 중요해요. 직접 신체를 만져가며 뼈의 모양을 느껴가며 활동하면 더 재미있어요.

또, 구부러지는 부분마다 똑딱단추를 활용해 연결하여 만들 수 있는 시판 키트 제품도 있으니 구입해서 놀이를 해도 좋아요. 키트 없이 직접 만드는 것도 가능합니다. 쇠단추(똑딱단추)를 꽂아야 하는 부분을 생각해서 그곳이 겹쳐지게 양쪽을 더 길게 그리면 돼요. 이렇게 움직이는 인형을 만들면 뼈에 대해 더 입체적으로 살펴볼 수 있어요.

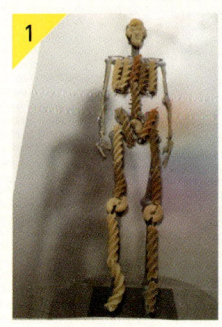

1. 파스타를 활용해 뼈를 표현했어요.
2. OHP필름에 나의 모습을 그렸어요.
3. 발레 동작하는 사람 사진 위에 OHP필름을 올리고 뼈 모양을 그렸어요.
4. 종이관절인형을 만들었어요.

더 신나게 놀수있는TIP
❶ 화석 발굴 키트를 활용해, 공룡 뼈를 찾아내 완성해 봐요.
❷ 종이관절인형을 조금씩 움직이며 사진을 여러장 찍은 뒤 빠르게 넘기면 움직이는 것처럼 보이는 모습을 만들 수 있어요.

서로 다른 피부의 색깔

살색은 다 달라요
캐런 카츠 글·그림, 웅진주니어

― 그림책 이야기 미리 만나기 ―

레나는 일곱 살입니다. 피부의 색은 계피 색깔이죠. 레나의 엄마는 화가입니다. 엄마는 레나에게 빨강, 노랑, 검정, 하양 물감을 섞어 적갈색을 만들 수 있다고 이야기했죠. 엄마는 갈색은 그냥 갈색이라고 생각하는 레나와 함께 산책을 나가, 다양한 갈색을 보여줍니다. 레나는 땅콩버터, 초콜릿, 갓 구운 피자 빵처럼 자신이 알고 있는 갈색 빛깔을 떠올리며 색깔의 이름을 붙여봅니다. 레나는 친구들을 만나며 저마다 아름다운 빛깔을 띠고 있다는 걸 알게 되죠. 레나가 만난 색깔들은 또 무엇이 있을까요?

지금은 인식이 많이 달라졌지만, 몇 년 전까지만 해도 아이들의 색연필, 크레파스 등에 '살색'이라는 색깔이 존재했습니다. '살색'이란 무슨 색일까요? 사실 우리 모두 그러한 교육을 받았기에 '살색'이라는 말을 들었을 때 떠오르는 색이 있습니다. 주황색과 흰색을 섞은 그 사이의 색깔 말이죠. 하지만 잘 생각해 보면 '살색'이라는 색깔은 한 가지일 수 없습니다. 우리들의 '살'은 모두 다른 색이잖아요. 지구 전체의 인종 중에는 흰색에 가까운 피부를 가진 사람들도 있고, 검정에 가까운 피부색을 가진 사람들도 있습니다. 그렇기에 '살색'은 그렇게 쉽게 명명할 수 있는 색이 아닌 거지요. 그래서 요즘엔 '살색'이 아닌, '살구색'이라는 이름으로 부른답니다.

다양한 인종이 함께 사는 외국에서는 피부의 색이 다른 것이 눈동자나 머리카락의 색이 다른 것과 같이 너무나 당연한 일입니다. 하지만 아직도 우리나라는 피부의 색이나 눈동자의 색이 다른 사람들을 보면 낯설어 하거나 신기하게 생각합니다.

《살색은 모두 달라요》그림책에서는 피부색이 다른 인물들을 만날 수 있습니다. 각자 조금씩 다른 피부색을 하나의 색 이름이 아니라, 각자의 색에 맞게 표현합니다. 빨강이 모두 같은 빨강이 아니고, 파랑이 모두 같은 파랑이 아닌 것처럼, 피부색도 그러합니다. 내 주변의 사람들 또한 그러하잖아요. 누구는 좀 밝은 피부색이고 누구는 좀 어두운 피부색이고요. 모두 비슷한 것처럼 보이지만 사실은 모두 다른 피부색을 갖고 있습니다.

아이와 그림책 속 다양한 피부의 색을 살펴보고, 그것을 표현하는 언어를 접하며, 내 느낌이 담긴 나만의 피부색 이름을 만들어보세요. 더불어 《서로 달라 재미있어》와 같은 지구상의 다양한 인종과 문화에 대해 이야기하는 그림책을 함께 보며 지구에 존재하는 다양한 인종들을 살펴본다면, 자연스럽게 아이의 지식과 경험의 공간이 넓어질 거예요.

엄마, 아빠의 대화 코칭!

과거보다 인권의식도 많이 향상되었고, 신분제도가 사라진 나라도 많지만, 세계 여러 곳에서 여전히 피부색 때문에 차별 당하고 고통 받는 이들이 존재합니다. 우리나라 안에서도 그런 일들이 종종 벌어지고 있습니다. 과거 우리는 단일민족이라 교육을 받으며 자랐지만 이제는 더 이상 그렇게 주장하기 어렵습니다. 이미 우리나라에는 다양한 나라의 사람들이 함께 살아가고 있습니다.

국적이 다르고 피부색이 다르고 사용하는 언어가 다른 사람들이 어울려 사는 것은 자연스러운 일이라는 것을 아이에게 이야기해 주세요. 피부색이 다르다는 것이 차별의 이유가 되지 않도록, 사람들이 다른 피부색을 가진 것은 당연하다고 인식할 수 있게 해주세요.

다양한 피부색을 가진 사람들을 표현해요.

■ 난이도 ★★
■ 권장 연령 3~7세

준비물
물감
도화지
가위
풀
사인펜

놀이의 효과 관찰력, 표현력, 다양한 인종에 대한 이해, 대인관계, 이해심, 사회성

놀이 시 주의사항
ⓧ 물감으로 색깔을 만들면 미묘하게 다른 색들을 많이 표현할 수 있어요.
ⓧ 엄마 아빠가 미리 여러 가지 색으로 얼굴 모양을 오려 놓아도 좋아요.

다양한 색으로 피부를 표현해 봐요. 자유롭게 그린 뒤 피부색을 칠하는 방법도 좋고, 미리 다양한 색깔의 종이를 얼굴 모양으로 오려놓은 뒤 완성하는 방법으로 진행해도 좋아요. 피부색이 다른 사람들을 그린 그림을 한 장의 종이에 붙이고, 우리 지구에 얼마나 다양한 피부색을 가진 사람들이 살고 있는지 이야기를 나눠보세요.

1 풀색 얼굴도 있을 수 있지!
2 자신만의 피부색을 가진 사람들을 그려 보아요.
3 커플운동회라는 이야기를 표현해 보았어요.

놀이 PLUS+

1 **살색을 만들어요** : 물감은 다양한 색을 만드는 활동을 할 수 있는 아주 좋은 도구입니다. 물감을 활용해 다양한 살색을 표현해 봐요.
  ★ 하얀색, 살구색, 황토색, 갈색, 검정색 등을 조금씩 더 넣어 가며 색의 변화를 살펴보세요.
  ★ 도화지에 조금씩 달라지는 피부의 색을 나란히 칠해보세요. 색의 변화가 더 잘 보일 거예요.

2 **우리 가족을 그려요** : 내가 만든 색으로 우리 가족을 그려봐요. 각자 다른 피부의 색을 표현해 보세요. 피부색을 꼭 살구색 계열로 하지 않아도 된다는 거 아시죠?

함께 읽어도 좋아요

\<Green\>, \<Blue\> Laura Vaccaro Seeger

《세상의 많고 많은 초록들》과 《세상의 많고 많은 파랑》으로 번역된 그림책의 원서입니다. 우리 주변의 '초록'은 '초록'이라는 단어 하나로 표현하기에는 너무나 다양한 색감이 있습니다. 흐린 초록도 있고, 깊고 진한 초록도 있고, 반짝이는 초록도 있으며, 싱그러운 초록도 있습니다. 우리가 만나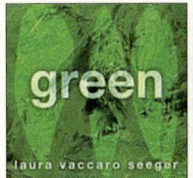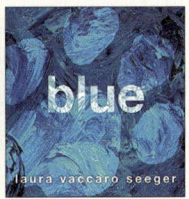
는 색깔들이 결코 하나의 이름으로 불릴 수 없다는 것을 보여주는 그림책입니다. 《Green》이 자연 속에서 만날 수 있는 초록에 집중했다면, 《Blue》는 소년과 반려견 사이의 감정을 부각시켜주는 다양한 파랑을 담고 있습니다.

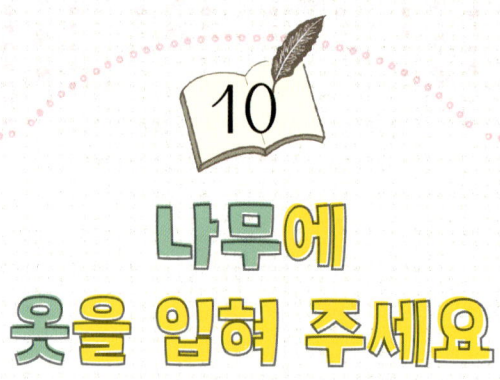

나무에 옷을 입혀 주세요

송아지의 봄

고미 타로 글·그림, 비룡소

― 그림책 이야기 미리 만나기 ―

작은 송아지가 등장하여 사계절을 보여줍니다. '봄이 왔어요. 눈이 녹아요. 흙이 얼굴을 내밀어요….' 시간이 흐르며 달라지는 계절의 변화를 감각 언어로 표현하고 있는 그림책입니다. 1년이라는 시간이 흐른 뒤, 다시 만난 송아지. 송아지에게는 어떤 변화가 있을까요?

어린 아이를 키우는 엄마 아빠는 아이를 통해 시간의 흐름을 느낍니다. 꼬물꼬물 아주 작았던 아이가 하룻밤 자고 일어날 때마다 달라집니다. 어제는 말하지 못했던 단어를 말하고, 어제는 하지 못했던 행동을 합니다. 그 덕분에 우리는 시간이 흘러가고 있음을 느낍니다. 《송아지의 봄》은 계절이 바뀌면서 우리가 느끼고 볼 수 있는 것들을 표현하고 있습니다. 단 한 문장으로 그 계절을 상상할 수 있도록 표현한 덕분에 우리는 그림책 안에 직접적으로 표현되어 있지 않는 것들을 떠올릴 수 있습니다. 1년이라는 시간이 흐른 뒤 성장한 송아지의 모습을 통해 시간이 흐르며 변화하는 것들, 성장하는 것들에 대한 메시지를 느낄 수 있습니다.

엄마 ○○아~ 봄이 오면 어떤 일들이 생길까?
아이 따뜻해져요. 옷을 얇게 입어요.
엄마 맞아~ 겨울이었을 땐 정말 추웠는데…. 봄이 오면 따뜻하고 포근한 느낌이 들어~
아이 또 봄이 오면 꽃도 피고, 나비도 와요. 소풍도 가고~
엄마 그렇구나! 송아지는 봄이 되어 무엇을 했을까?
아이 새롭게 난 부드러운 새싹도 먹고, 엄마랑 소풍도 갔을 거예요~

아이와 계절마다 어떤 경험을 했는지 이야기 나눠 보세요. 봄이 되면 우리는 무엇을 하나요? 날씨는 어떻게 달라지나요? 자연에는 어떤 변화가 있나요? 봄을 색으로 표현한다면, 무슨 색일까요? 여름은요? 가을도, 겨울도 떠올려보세요. 아이와 그 계절에 어떤 변화들을 느꼈는지, 무엇을 경험했는지 이야기 나눠요. 그리고 어떤 계절을 가장 좋아하는지도 이야기해 보고요.

엄마, 아빠의 대화 코칭!

그림책을 펼치고 단 한 문장만 읽어도 아이와 수많은 대화의 물꼬를 틀 수 있습니다. 아이가 그것과 관련하여 가지고 있는 이야기를 표현할 수 있도록 질문해 주세요. 아이가 아직 어려 표현하기 어렵다면, 엄마 아빠가 질문에 답해도 괜찮아요. 추억을 떠올리며 아이에게 이야기를 들려주세요. 엄마 아빠에게 들은 질문과 대답은 아이의 몸에 조금씩 쌓이고 있답니다.

나무에 옷을 입혀주세요!

🔖 난이도 ★★★
🔖 권장 연령 3~7세

준비물
종이 4장
색연필
크레파스

놀이의 효과 계절에 대한 이해, 관찰력, 표현력, 순환적 사고력 향상

놀이 시 주의사항
ⓐ 종이를 반으로 접어 나무 모양을 그려주세요.
ⓐ 종이를 대칭이 되도록 잘라 총 4장의 나무 그림을 준비해 주세요.
ⓐ 나무의 모습뿐만 아니라 계절을 나타낼 수 있는 것이라면 무엇이든 표현해도 좋아요.

4계절이 담긴 나무를 만들어볼게요. 엄마 아빠가 미리 4장의 나무 그림을 준비해 주세요. 나무 그림이 대칭이 되도록 준비해야 4장을 서로 꼭 맞게 붙일 수가 있습니다. 4장의 그림에 각각 봄, 여름, 가을, 겨울의 모습을 꾸며보세요. 그 계절에 보았던 나무의 모습을 그려도 좋고, 그 계절 하면 떠오르는 것들이 담긴 나무의 모습을 그려도 좋습니다. 나무에 꼭 나뭇잎과 꽃, 열매가 존재해야 한다는 편견을 내려놓아요.

① 대칭으로 된 나무 그림을 4장 준비해 주세요.
② 사계절을 표현해요.
③ 완성한 나무를 반으로 접어 계절의 순서에 맞게 동그랗게 붙이면 완성이에요.

함께 읽어도 좋아요

\<Spring is Here\> Taro Gomi

유아그림책의 대가라는 수식어가 잘 어울리는 일본인 작가, 고미 타로의 《송아지의 봄》을 영어로 번역한 그림책으로, 볼로냐 국제 아동 도서전 그래픽 대상 수상을 한 작품입니다. 문장의 표현이 간결하기에 영어로 읽어봐도 좋겠다는 생각이 듭니다. 또한 영어 그림책을 보면 그림을 더 열심히 볼 수 있습니다. 아이들이 글자를 모르면 자연스럽게 그림을 더 집중해서 보게 되는 것처럼, 우리 또한 영어가 익숙하지 않기에 그림을 더 자세히 보는 장점도 있습니다. 그림을 자세히 살펴보면, 그림에 표현된 땅이 사실은 땅이 아니라는 것을 눈치 챌 수 있을 거예요.

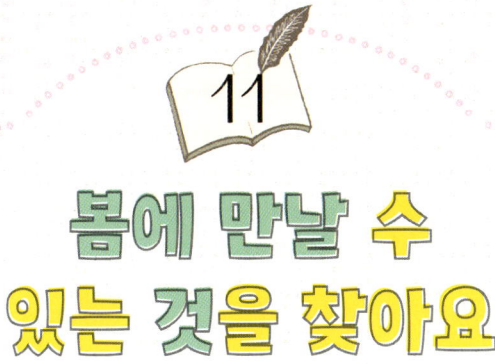

봄에 만날 수 있는 것을 찾아요

모두 행복한 날
루스 크라우스 글, 마르크 시몽 그림, 시공주니어

그림책 이야기 미리 만나기

겨울입니다. 하얀 눈이 소복소복 내리지요. 들쥐, 곰, 작은 달팽이, 다람쥐, 마르모트들은 각자의 보금자리에서 잠을 자고 있어요. 동물들이 잠에서 깨어나, 코를 킁킁거리며 하얀 눈 위를 달려갑니다. 모두들 어디를 가는 걸까요? 그 순간 눈 위를 달려가다, 모두 멈췄어요. 동물들은 왜 멈춘 것일까요? 무엇을 발견했을까요? 어떤 일이 일어날까요?

3장 : 관찰력을 키우는 그림책 놀이 137

《모두 행복한 날》은 겨울날의 모습과 그곳에서 일어나는 일을 흑백으로 표현하고, 마지막 장면에서 단 하나의 대상에만 색깔을 입혔습니다. 아이들은 흑백의 분위기에 빠져 차분하게 그림책을 보다, 색깔이 등장하는 바로 그 장면에서 동물들과 함께 "와!"하고 환호성을 지르게 됩니다.

아이들과 함께 표지부터 읽어보세요. "어떤 동물들이 보여? 동물들은 무엇을 하고 있는 걸까? 어떤 기분일까? 어떤 이야기를 나누고 있을까?" 그림을 보면서 떠올릴 수 있는 것들을 이야기 나눠보세요. 아이가 이야기에 몰입한다면, 조금 더 다양한 질문으로 이야기를 나눠봅시다. "시간은 어느 때일까? 계절은 언제일까? 보이지 않은 장면에는 무엇이 숨어 있을까? 어떤 소리가 들릴까?" 등 다양한 질문을 던지고 이야기를 나누다보면 아이의 관찰력과 상상력도 자연스럽게 커질 거예요. 엄마 아빠와의 즐겁고 풍부한 대화 시간 덕분에 언어적 표현력이 향상되는 것과 더불어 정서적 안정감을 얻는 건 물론이고요!

엄마 잠자고 있던 동물들이 눈을 떴대. 왜 눈을 떴을까?

아이 아침이 되었거든요~!

엄마 그렇구나~ 모든 동물들이 킁킁 거리며 냄새를 맡고 있네~ 어떤 냄새가 났을까?

아이 눈이 왔으니까 눈 냄새랑 겨울바람 냄새가 났을 거 같아요.
또 다른 동물 친구들 냄새도.
엄마가 아침밥을 차려서 음식 냄새도 났어요~

엄마 아~ 그렇구나~ 동물들은 킁킁 거리면서 어디를 가는 거지?
어떤 일이 일어날지 계속 읽어볼까?

'동물의 엄마가 아침밥을 차려서 음식 냄새가 났다'는 아이의 표현은 자신의 경험에 바탕을 둔 이야기일 뿐입니다. 동물들이 다른 작은 동물을 사냥하거나 돋아난 식물의 잎과 열매를 따먹는다는 사실을 생각해 본다면 이러한 표현은 잘못된 표현이지요. 하지만 아이들의 세상 속에서는 전혀 어색하지 않은 표현입니다.

아이의 상상력을 그대로 인정해주세요. 모든 동물들이 달려간 그곳에서 동물들은 웃으며 신나게 춤을 춥니다. 동물들은 하얀 눈밭 위에 활짝 핀 꽃 한 송이를 발견하고 "와!"하고 탄성을 지릅니다. 마지막 장면을 마주하면 엄마 아빠는 눈치를 챕니다. 겨울잠에서 깬 동물들이 코를 킁킁 거리며 꽃향기를 맡고 있는 중이었다는 것을요. 봄이 오는 냄새를 맡는 중이었다는 것을요. 하지만 아직 계절의 순환을 모르는 어린 아이라면 이해하지 못할 수 있습니다. 그렇다면 과학적 사실보다 꽃향기가 어땠을지 이야기 나눠보세요. 봄의 냄새는 어떨까요? 동물들이 코를 킁킁거리며 맡았던 그 냄새는 어떤 향기였을까요?

엄마, 아빠의 대화 코칭!

아직 읽어보지 않은 이야기이기에 엄마 아빠의 질문에 아이는 '정답'을 말할 수 없습니다. 당연히 '정답'도 없고요. "어떤 일이 일어났을까?", "왜 그랬을까?"라고 물어보는 것은 뒷장의 내용을 맞추기 위함이 아니라, 생각하는 힘을 키우고 주도적으로 책을 읽는 방법을 연습하기 위함입니다.

물론 가장 큰 목적은 책 읽는 즐거움을 느끼기 위함이고요. 그러니 아이가 엉뚱해 보이는 이야기를 해도, 엄마 아빠의 논리와는 다른 이야기를 해도 모두 인정해 주세요. 이야기의 주도권을 아이에게 준다면 더욱 좋고요.

놀이 01

봄에 만날 수 있는 것을 찾아요.

■ 난이도 ★★★
■ 권장 연령 5~7세

준비물
스케치북
색연필
사인펜
봄과 관련된 사진

놀이의 효과 계절의 변화에 대한 이해, 관찰력, 표현력, 주체적 사고

놀이 시 주의사항
ⓐ 오감으로 만날 수 있는 것들을 모두 떠올려 볼 수 있도록 질문해 주세요.
ⓐ 그림을 그리기 어려워한다면 관련 그림을 찾아보는 것으로 대체해도 좋아요.

봄이 되면 만날 수 있는 것들을 찾아볼까요? 그림책 속 동물 친구들이 봄 향기를 맡고, 노란 꽃을 발견한 것처럼 추운 겨울이 끝나고 따뜻한 봄이 오면 볼 수 있는 것들, 느낄 수 있는 것들을 찾아봐요. 아이와 '봄' 하면 떠오르는 것들을 이야기해 보세요. 잘 찾아내지 못한다면 봄에 아이와 경험했던 것들, 봄에 찍었던 사진들을 보면서 이야기 나누면 조금 더 찾아내기 쉬울 거예요. 아이가 찾아낸 봄을 스케치북 안에 가득 그려봐요. 봄꽃, 나비, 벌, 새싹, 아지랑이, 봄 햇살, 따뜻한 바람, 꽃샘추위, 봄소풍, 입학 등 자유롭게 표현해 볼 수 있게 도와주세요. 그림 그리는 것을 원하지 않거나 너무 어린 아이라면 엄마 아빠가 미리 다양한 이미지를 준비해 두고 그 안에서 봄과 관련되어 있는 그림을 찾아보는 활동도 좋아요.

① 봄이 담긴 그림을 색칠하는 6살 유진이.
② 봄을 그려 만든 발을 창문에 걸어둔 7살 유진이.
③ 봄놀이 책을 만든 8살 유진이.

더 신나게 놀수있는 TIP
❶ 봄에 했었던 일들을 떠올리며 찾아보아요.
❷ 논리적이지 않더라도 아이가 자신만의 이유를 말한다면 인정해 주세요.

꽃을 피워요.

🔒 난이도 ★★
🔒 권장 연령 4~7세

준비물
A4용지
연필
가위
그릇
물

놀이의 효과 소근육 발달, 삼투압 현상 이해, 관찰력, 표현력

놀이 시 주의사항
ⓧ 꽃잎을 크게 그릴수록 더 효과적으로 꽃을 피울 수 있어요.
ⓧ 얇은 종이는 꽃이 빨리 피는 대신, 종이가 금방 젖는다는 단점이 있어요.
ⓧ 꽃잎을 접을 때 한 방향으로 순서대로 접어주세요.

종이와 물만 있으면 꽃을 피울 수 있어요. 종이를 꽃 모양으로 자르고 그 안에 전하고 싶은 메시지를 적어주세요. 아이는 엄마 아빠에게, 엄마 아빠는 아이에게 하고 싶은 말을 그림이나 글로 표현하면 됩니다. 아이는 엄마 아빠가 쓴 메시지가 궁금해 더 집중하여 바라보게 된답니다. 메시지를 다 적었다면 종이꽃의 꽃잎을 한 방향으로 순서대로 안쪽을 향해 접어주세요.

이제 작은 바가지나 통에 물을 담고, 접은 종이를 물에 띄우면 됩니다. 물에 닿은 종이꽃의 꽃잎이 하나씩 펼쳐지는 것을 관찰해 보세요. 접어놓은 종이 꽃잎 안으로 물기가 스며들고, 그로 인해 꽃잎이 퍼져서, 꽃이 피는 모습처럼 보여요. 사용하는 종이가 얇을수록 꽃이 빨리 핍니다. 다양한 두께의 종이를 사용하며 어떤 다른 점이 있는지 아이가 발견할 수 있게 도와주시면 관찰력도 함께 자랄 거에요.

1. 종이꽃을 오려서 그 안에 메시지 쓰기.
2. 종이꽃 물에 띄우기.
3. 엄마의 편지가 궁금한 아이.
4. 물기가 스며들어 활짝 펴진 종이꽃.

더 신나게 놀 수 있는 TIP

접힌 꽃잎이 펼쳐지는 것은 모세관 현상 때문입니다. 모세관 현상은 액체가 좁은 관을 오르는 현상을 말하는 것인데, 식물의 줄기를 따라 물이 따라 올라가거나 종이나 헝겊, 스펀지 등에 물이 스며드는 등의 현상이 있습니다.

함께 읽어도 좋아요

<The Happy Day> Ruth Krauss

짧게 반복되는 문장으로 이루어진 영어 그림책이라 영어를 배우기 시작하는 아이들이 부담 없이 볼 수 있는 영어 원서입니다. 《The Happy Day》가 처음 우리나라에 번역되었을 때는 《코를 킁킁》이라는 제목으로 비룡소에서 출판되었는데, 현재는 《모두 행복한 날》이라는 제목으로 시공주니어에서 출판되어 판매 중입니다. 영어로 된 그림책을 보면 그림에 더 집중할 수 있다는 장점이 있더라고요. 아이와 함께 영어에 대한 부담감을 내려놓고 영어 그림책을 읽어보세요.

물의 다양한 이름

물방울의 모험
마리아 테를리코프스카 글, 보흐단 부텐코 그림, 담푸스

~ 그림책 이야기 미리 만나기 ~

마을 아주머니의 양동이에서 '툭'하고 튀어나온 물방울. 물방울은 혼자서 긴 모험을 떠납니다. 앞마당을 지나간 물방울은 먼지를 덮어쓰게 되어 세탁소를 찾아가지만 물방울을 세탁하면 부서질지도 모른다며 안 된다고 하네요. 물방울은 다음으로 의사 선생님을 찾아갑니다. 의사 선생님은 병원균이 있으니 끓는 물에 들어가야 한다고 하지만 이번엔 물방울이 거절합니다. 그렇게 도망치다 웅덩이에 빠졌죠. 꼼짝없이 갇혔다고 생각했는데 햇볕 덕분에 몸이 가벼워지고 수증기로 바뀐 물방울은 구름 위로 올라갑니다. 구름으로 올라간 물방울은 어떻게 되었을까요? 모험을 계속 할 수 있을까요?

물은 너무 흔하고 익숙해서 아무것도 아닌 것 같지만, 인간뿐 아니라 지구 상 모든 생명체에게 반드시 있어야 하는 존재입니다. 《물방울의 모험》은 양동이에서 떨어져 나온 물방울이 다양한 형태로 바뀌면서 여행을 하는 물의 순환에 관한 그림책입니다. 물방울은 액체인 형태로 존재하고, 햇볕 덕분에 기체로 바뀌었다가 구름이 되었고, 빗방울이 되어 떨어집니다. 새벽에 온도가 내려갈 때 고체 형태인 서리가 되었다가, 다시 액체의 형태로 변화합니다. 같은 존재가 맞나 싶을 정도로 다양한 형태로 변화합니다. 이러한 물의 변화를 '물방울'이라는 캐릭터로 그려준 덕분에, 아이들은 그 변화의 과정을 쉽게 받아들이며 그림책을 볼 수 있습니다. 또한 그림책 안에서 물방울이 기체일 때, 액체일 때, 고체일 때 모습을 각각 다르게 표현하고 있기에, 아이와 이 부분을 짚어가며 물의 상태 변화를 설명해 줄 수도 있을 거예요.

아이와 물의 다양한 이름을 찾아보세요. 처음에는 아이가 물의 다양한 이름이라는 개념을 이해하지 못할 수도 있어요. 그럴 때는 물과 닮은 것 또는 물로 이루어진 것이 무엇이 있는지 물어봐 주세요. '수증기, 얼음, 구름, 고드름, 바다, 계곡, 호수' 등을 찾아낼 거예요. 물은 생각보다 다양한 형태로 존재하기에 찾으면 찾을수록 많이 나올 거예요. 엄마 아빠가 "눈물은?"이라고 물어보는 것만으로도 아이에게는 힌트가 되고, '피, 콧물, 오줌' 등을 찾아내게 되죠. 아이가 기체, 액체, 고체의 개념을 알고 있다면, 마인드맵을 그려 그것들에 맞게 분류해 보는 활동도 해보세요.

엄마, 아빠의 대화 코칭!

물의 순환 개념은 어린 아이들이 이해하기에는 아직 어려운 이야기입니다. 아이에게 "물은 변신을 잘해~ 그래서 갈 수 있는 곳도 정말 많아~ 이런 걸 어려운 말로 순환이라고 하는데 아직은 몰라도 돼." 정도로만 이야기해 주세요. 엄마 아빠와 이야기를 나누는 시간이 엄마 아빠의 사랑을 느끼고 즐거움을 경험하는 시간이 될 수 있게 하려면 아이가 원하는 방향으로 아이가 원하는 만큼만 이야기를 나누면 된답니다.

물의 다양한 이름!

🔖 난이도 ★★★★
🔖 권장 연령 5~7세

준비물
도화지
메모지
사인펜

{ 놀이의 효과 } 물의 다양한 형태에 대한 이해, 관찰력, 분류의 방법 이해, 개념적 사고

{ 놀이 시 주의사항 }
ⓐ 물의 다양한 이름을 발견하는 것만으로도 충분해요.
ⓐ 질문을 통해 아이가 스스로 발견할 수 있는 기회를 주세요.
ⓐ 메모지를 활용해 카드놀이 하는 것처럼 분류해 보세요.

물이 가지고 있는 다양한 이름을 찾아보세요. 물은 그 위치나 형태에 따라 이름이 바뀐답니다. "산속에 있는 물에는 뭐가 있을까?"라는 질문을 통해 아이는 더 많은 것들을 찾을 수 있습니다. "몸속에는 어떤 물이 있을까?"라는 질문도 해주세요. '바다'를 찾았다면 "바다는 어디서부터 온 것일까?"라는 질문을 통해 또 다른 물을 찾을 수 있을 거예요. 날씨에 따라 달라지는 물의 형태를 찾는 것도 좋죠.

이번엔 다양한 이름을 갖고 있는 물을 기준에 따라 분류해 보세요. 기준은 아이랑 상의해서 자유롭게 정하면 돼요. '자연, 집, 몸, 날씨' 이런 식으로 나눠도 좋고, '기체, 액체, 고체'로 나눠도 좋고, '내가 만나본 물, 만나보지 못한 물' 또는 '먹을 수 있는 물, 먹을 수 없는 물'도 좋아요. 아이가 원하는 대로 나눌 수 있게 해주시고, 그것에 맞춰 분류할 수 있게 도와주세요. 아이들은 장소와 관련된 것, 먹을 수 있는 것, 만질 수 있는 것 등 물에 대한 명확한 기준이 없기 때문에 자유롭게 기준을 제시하면 신나서 이야기할 거예요.

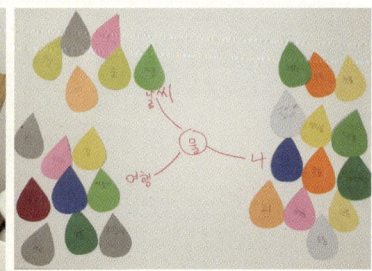

1 물의 이름을 적은 메모지.
2 아이는 오래 고민하더니 '나, 여행, 날씨'라는 기준으로 물을 나눴어요.

놀이 02

내가 떠난 물방울의 여행

- 난이도 ★★★
- 권장 연령 5~7세

준비물
도화지
연필
사인펜

놀이의 효과: 관찰력, 창의력, 표현력, 물질의 형태 변화, 물의 순환에 대한 이해

놀이 시 주의사항
- 물의 순환이 담긴 그림책이나 영상 자료를 참고하세요.
- 내가 물방울이 되었다고 상상하며 모험을 떠날 수 있게 해주세요.
- 물이 있는 곳은 어디든 갈 수 있다고 이야기해 주세요.

지표면의 물이 증발되어 수증기가 되고, 그것이 구름이 된 뒤 기온에 따라 눈이나 비의 형태로 다시 지표면에 떨어지는 과정을 '물의 순환'이라고 해요. 그리고 그 과정 안에서 물은 여러 가지 이름을 지니게 됩니다. 인터넷에 검색하면 물의 순환을 설명하는 그림을 보실 수 있을 거예요. 그 과정을 인쇄하셔도 좋고, 직접 그려봐도 좋답니다. 물은 순환하면서 형태도 달라지고, 그 특징도 달라집니다. 그 특징을 아이와 이야기해 보세요. 또 물이 흘러가면서 달라지는 자연현상을 함께 이야기해 봐도 좋아요.

태양열에 의한 물의 순환 과정은 과학 교과서에 나오는 일반적인 이야기입니다. 여기에 아이들의 상상력을 더해볼까요? 내가 물방울이 되어 모험을 떠난다면, 어떤 여행을 하게 될지를 이야기해보는 거예요. 강에서 바다로 가는 게 아니라, 상수도 시설을 통해 누구네 집으로 가게 되었고, 거기서 정수기를 통해 나와 얼음이 되어 팥빙수가 된 이야기. 빗물이 되어 풀밭으로 떨어져 젖소가 풀잎과 함께 먹었고, 젖소의 몸을 통과해 우유가 되어 마트로 가게 된 이야기. 땅속에 스며들어 있다가 한 여름 나무의 뿌리를 타고 올라가 나무를 키우게 된 이야기 등 물이 갈 수 있는 다양한 곳들을 떠올리며 이야기를 짓는 활동을 해보세요. 물의 순환은 아이들의 생각만큼 다양하게 존재한답니다.

1. 물방울 바늘이 돌아가며 순환하는 모습을 살펴볼 수 있는 원형의 물 순환도.
2, 3. 물방울이 봄에는 꽃 안에 스미고 (영어 그림책 〈water〉 참고) 겨울에는 눈이 되어 내린다(눈송이 모양 펀치 활용)는 이야기를 나눈 뒤, 그림으로 표현했어요.

함께 읽어도 좋아요

〈하늘을 나는 욕조〉 줄리아 도널드슨

이른 아침, 오리와 거북이와 개구리는 전화를 받고 어디론가 출발합니다. 그들은 목이 너무 마르다는 캥거루의 전화를 받았거든요. 욕조에 가득 물을 채우고 하늘을 날아 캥거루에게 갑니다. 욕조에 물을 담아온 친구들 덕분에 캥거루는 물을 마실 수 있었고, 그 고마운 마음을 캥거루 주머니에 친구들을 태워주며 표현하죠. 다음 전화는 꿀벌들에게서 옵니다. 꽃들이 시들어서 걱정이라는 전화를 받고, 하늘을 나는 욕조를 타고 날아갑니다. 꽃들은 꿀을 주며 고마운 마음을 전하죠. 이렇게 세 친구들은 물이 필요한 곳마다 찾아가며 물을 전해줍니다. 이들은 또 어떤 동물들을 도와줄까요? 물이 필요한 동물들을 도와주는 세 친구들의 이야기를 통해 우리는 물의 소중함을 느낄 수 있습니다.

바람을 만나요

바람이 좋아요
최내경 글, 이윤희 그림, 마루벌

그림책 이야기 미리 만나기

통이가 바람개비를 만들었습니다. 직접 색칠도 하고요. 그런데 바람개비가 돌아가지 않아요. 어떻게 해야 할까요? 앞으로 쑥~ 내밀었더니 바람개비가 빙글빙글 돌아갑니다. 엄마는 "바람개비는 바람이 있어야 돌아가"라며 친절하게 말씀해 주시죠. 엄마의 설명 덕분에 통이는 바람에 흩날리는 꽃잎도, 살랑살랑 떨어지고 싶어 바람을 기다리는 단풍잎도, 바람 따라 여기저기 돌아다니는 뭉게구름도 발견합니다. 공차기를 하고 난 뒤 땀을 닦아주는 바람도 만나시요. 바람은 또 무슨 일을 할까요? 통이는 또 어떤 바람을 만나게 될까요?

《바람이 좋아요》에는 아이들이 일상에서 발견할 수 있는 바람의 모습들이 담겨 있습니다. 바람 덕분에 바람개비를 돌리고, 민들레 씨앗을 흩날리고, 땀을 식힙니다. 어떤 바람은 잔잔하게 속삭이지만, 어떤 바람은 세차게 소리칩니다. 잔잔한 바람이 시원하고 간질간질하고 다정한 느낌이라면, 강력하게 불어오는 바람은 무섭고 두려움이 느껴지기도 합니다. 바람은 보이지 않는 대상이기에 평소에 잘 인식하지 못하다가 힘이 세졌을 때의 모습에 놀라 두려워하기도 합니다. 주인공 '퉁이'도 처음엔 바람의 존재를 잘 몰랐습니다. 하지만 엄마의 친절한 설명 덕분에 바람의 존재를 인식하고 주변에 있는 다양한 바람의 모습을 발견합니다. 특히 파도가 치는 것은 바다가 땅이랑 놀고 싶어서 바람이 도와주는 것이고, 폭풍우 치는 밤, 바람 때문에 덜컹거리는 창문은 바람이 들어오고 싶어서 문 두드리는 것이라는 표현은 아이들의 불안한 마음을 편안하게 해주는 따뜻한 메시지입니다.

퉁이와 엄마의 대화 속에는 다양한 의성어, 의태어들이 담겨 있어, 그림책을 읽다보면 한 편의 동시를 읽는 것처럼 마음이 차분하고 편안해집니다. 그림책을 읽으며 아이와 함께 우리가 바람을 만났던 순간들을 찾아보세요. 무더운 날 갑자기 불어와 더위를 식혀준 바람, 손에 들고 있던 색종이를 놓쳤을 때 색종이를 날아가게 했던 바람, 놀이공원에서 산 커다란 풍선을 둥둥 떠다닐 수 있게 한 바람, 춤추는 인형을 너풀거리며 춤추게 했던 바람 등. 바람을 만났던 순간들을 떠올려보고, 다양한 감각으로 느낄 수 있도록 질문해 주세요. 그리고 그 느낌을 떠올리며 의성어, 의태어를 활용해 바람을 표현해 보세요.

엄마	○○이는 이 그림책 속에서 만난 바람 중에 어떤 장면이 제일 좋았어?
아이	나는 꽃눈 내리는 장면.
엄마	아~ 이 장면이 어떤 점에서 좋아?
아이	왜냐하면 꽃눈이 내리는 게 예뻐서~ 또 내가 벚꽃 보러 갔을 때도 생각나고~
엄마	○○이가 이야기하니까 엄마도 벚꽃 보러 갔을 때 생각난다~
아이	응. 그때 우리 비눗방울 놀이도 했는데~
엄마	오~ ○○이도 기억하고 있었네~ 비눗방울 놀이도 하고, 춤도 추고 놀았잖아.
아이	또 가고 싶다~
엄마	그래~ 돌아오는 봄에 또 보러 가자~
아이	엄마는 그림책 속에서 어떤 바람이 제일 좋았어?
엄마	엄마는 그림책 안에서 뭉게구름이 바람 따라 돌아다니는 장면이 제일 좋았어. 구름이 바람 부는 방향대로 흘러가는 걸 보고 있으면 마음이 편안하거든.
아이	아~ 나도 구름이 움직이는 거 보면 신기하고 예쁘더라고~ 엄마 지금도 구름이 지나가고 있어~
엄마	정말이네~ ○○이랑 같이 구름 보니까 더 좋다.

그림책을 읽은 뒤 가장 마음에 든 장면, 인상 깊었던 장면을 찾는 것은 그림책을 통해 어떤 이야기를 나눠야 할지 막막할 때 하면 좋은 질문입니다. 사람들마다 그림책 속에서 꼽는 장면이 다릅니다. 그 이유도 다르고요. 자신이 가지고 있는 경험과 프레임을 바탕으로 책을 보기 때문입니다. 엄마 아빠는 무심코 지나쳤던 장면이 아이에게 인상 깊게 남기도 하고, 엄마 아빠에게 너무 감동적인 장면이 아이에겐 아무런 감흥이 없는 장면으로 보이기도 합니다. 이게 바로 독서토론의 힘이지요. 서로 다른 이들의 생각을 공유할 수 있는 시간, 그림책을 통해 누려보세요.

> **엄마, 아빠의 대화 코칭!**
>
> 아이가 바람을 느낄 수 있는 순간들은 꽤 많습니다. 이 그림책을 만난 뒤, 그런 경험의 순간을 만나면 엄마 아빠가 슬~쩍 그림책 속 바람 이야기를 꺼내주세요. 아이는 엄마 아빠의 이야기를 들으며, 지금 이 순간 내가 만난 바람 이야기를 언어로 표현하게 된답니다. 그림책을 읽을 때는 잘 떠올리거나 표현하지 못했던 것도, 그 경험의 순간이 오면 자연스럽게 할 수 있게 되지요. 그리고 그 날 밤 다시 이 그림책을 펼치면, 아이의 그림책 경험이 더욱 풍요로워질 거예요.

바람을 만나요!

- 난이도 ★★★★
- 권장 연령 5~7세

준비물
A4용지
사인펜

놀이의 효과 바람의 다양한 모습 발견, 관찰력, 오감 자극, 공감능력, 통합적 사고력

놀이 시 주의사항
- 바람을 느꼈던 경험을 떠올릴 수 있도록 도와주세요.
- 아이가 어려워한다면 엄마 아빠가 먼저 이야기를 들려주세요.
- 오감으로 바람을 느낄 때 무엇을 발견할 수 있는지 구체적인 질문을 해주세요.

다양한 감각으로 바람을 만나볼까요? 집에서 바람을 일으킬 수 있는 방법을 찾아보세요. 후- 하고 나의 숨을 이용해도 좋고, 부채질을 해도 좋아요. 또, 밖에서 만났던 바람을 떠올려 봅시다. 바람이 불어서 일어났던 사건들을 이야기 나눠 보세요. 바람을 만났을 때 기분이 어땠는지 이야기 해보세요. 바람에 대한 이야기를 하고, 마인드맵을 활용해 정리해 보아요. 나의 오감을 통해 느꼈던 바람을 표현해 봐요. 눈은 바람을 어떻게 만났고, 귀는 바람을 어떻게 만났고, 피부는 바람을 어떻게 만났는지 정리해 보아요.

계절별로 느껴지는 바람의 차이를 발견해 보는 것도 좋아요. 마인드맵의 기준은 작성하는 사람이 마음껏 정할 수 있다는 것을 아이에게 알려주세요. 마인드맵을 완성하는 게 어렵다면 내가 바람을 만났던 장면을 그림으로 표현해 봐도 좋아요.

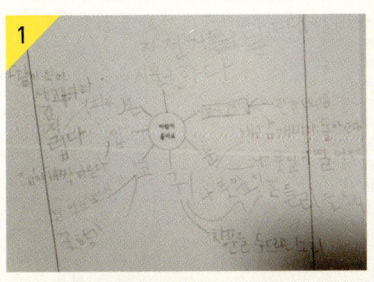

1. 바람을 만난 경험.
2,3. 2장의 종이에 각각 그림을 그리고 한 조각씩 오린 뒤 교차하여 붙여요.

바람을 즐겨요!

난이도 ★★
권장 연령 3~7세

준비물
바람
비눗방울
풍선
물감
색종이 등

놀이의 효과 공기의 이동 이해, 대·소근육 발달, 관찰력, 창의력, 신체조절력

놀이 시 주의사항
- 바람을 느낄 수 있는 놀이라면 뭐든 좋아요.
- 아이가 놀이를 선택할 수 있게 해주세요.

바람으로 할 수 있는 놀이를 찾아봐요. 먼저 그림책 안에 있었던 것들을 이야기해 보세요. 바람개비 돌리기, 민들레 씨앗 흩날리기, 종이배 띄우기, 연 날리기, 촛불 끄기…. 그림책 안에 있던 놀이를 떠올리다보면, 아이가 알고 있던 놀이들도 찾아낼 수 있을 거예요. 비눗방울 놀이, 풍선 불어 날리기, 물감 불어 그림 그리기 등. 그 중 아이가 하고 싶어 하는 놀이를 함께 해봐요. 꼭 밖으로 나가지 않아도 할 수 있는 놀이가 많아요.

대단한 놀이가 아니어도 재미있게 놀 수 있어요. 엄마 아빠가 아이에게 '후-'하고 바람을 불어주는 것만으로도 아이는 깔깔거리며 즐거워한답니다. 바람 덕분에 지금 이 놀이를 할 수 있다는 것을 아이가 느낄 수 있으면 좋겠어요.

함께 읽어도 좋아요

<바람은 예쁘다> 김용택

'바람'을 귀여운 캐릭터로 표현한 덕분에, 아직 공기의 이동을 이해할 수 없는 아이들이 바람이라는 대상을 친근하게 느낄 수 있습니다. 아기가 시원했던 것은 바람이 아기 손가락 사이로 지나갔기 때문이고, 우리 엄마의 머리카락이 날리는 것은 바람이 찾아와 잡아당겼기 때문입니다. 양말이 흔들리는 것은 바람이 빨랫줄을 흔들었기 때문입니다.

귀여운 개구쟁이 모습의 바람을 김용택 시인의 "바람은 돌아다니는 게 예쁘지"라는 문장과 트레싱지에 그려 붙이는 방법으로 표현한 덕분에 바람의 예쁘고 따뜻한 모습이 더 잘 담긴 그림책입니다. *준비땅 아기개념그림책(웅진다책) 전집에 포함된 그림책입니다.

14
리본으로 표현하는 세상

리본
아드리앵 파를랑주 글·그림, 보림

그림책 이야기 미리 만나기

진한 파란색 바탕, 개나리 색의 사람이 그려진 표지. 그리고 길게 늘어진 책 갈피끈. 개나리 색의 갈피끈은 그림책 속 장면과 연결되어 메시지를 전해주는데, 어떤 때는 그림책 밖에서, 어떤 때는 그림책 안에서 작가가 비워둔 부분을 채웁니다. 한 손으로 책을, 한 손으로 갈피끈을 잡고 능동적으로 읽는 그림책. 리본, 풍선, 곡예사, 차, 식사…. 갈피끈은 그림의 어떤 부분을 채웠을까요?

그림책은 아이들만 보는 책이라는 인식을 단번에 깨주는 그림책입니다. 과거보다 그림책은 종류도 많아지고 질도 좋아졌습니다. 이 책은 우선 형태적인 측면에서 독특합니다. 그림책에 갈피끈이라니요! 게다가 갈피끈은 책의 하단에 붙어 있습니다. 어떤 장치일까요? 최근에는 책장이 많은 일반 서적의 경우에도 갈피끈을 사용하지 않는 경우가 많은데, 이 그림책은 책장도 몇 장 없는데 갈피끈이 왜 필요한 걸까요? 또, 내용적인 측면에서도 독특합니다. 어떤 특별한 스토리를 담고 있지 않습니다. 어떤 지식이나 교훈을 전해주지도 않습니다. 대신 우리들을 끊임없이 상상하게 하고, 관찰하게 만들어 적극적으로 내용에 참여하게 합니다. 능동적으로 그림책을 볼 수 있게 합니다.

사용한 색감 또한 예사롭지 않습니다. 보색 관계에 있는 파랑과 노랑을 주로 사용하고, 필요에 따라 무채색의 검정과 흰색 정도만 쓴 덕분에 우리는 그림책에 더 집중할 수 있습니다. 특별히 진하고 깊이가 느껴지는 파란색과 노란색을 선택함으로써 더 선명하게 그림을 관찰할 수 있도록 했습니다.

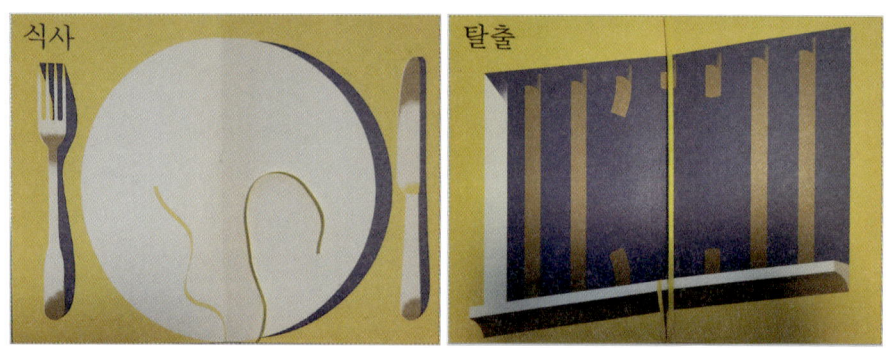

저는 이 그림책을 아이보다 먼저 보고, 단어에 포스트잇을 붙였습니다. 그리고 아이와 함께 어떤 그림일지 퀴즈를 맞추며 읽었습니다. 그림을 표현하는 단어가 하나가 아닐 수 있다고 이야기 해주니 아이가 아직 알지 못하는 뜻이었는데도, 아이는 그림에 어울릴만한 단어를 다양하게 생각해냈습니다. 그림책 안에 담겨 있는 그림을 볼 때는 그림책을 다양한 각도로 돌려보며 설명했고 너무 어려운 단어는 아이가 이해할 수 있는 쉬운 낱말로 바꿔 설명했습니다. 갈피끈이 직선의 모양뿐 아니라 곡선의 모양도 표현하고 있음을 그림책을 읽으며 짚어주었습니다. 이러한 과정을 통해 우리 주변의 많은 사물들 속에 숨겨져 있는 '리본'을 발견할 수 있는 시선을 갖게 되었습니다. 아이와 그림책을 적극적으로 읽으면서 아이에게 값진 '리본'을 선물하는 시간이 되길 바랍니다.

놀이 01

리본을 이용한 그림책!

- 난이도 ★★★★
- 권장 연령 7세 이상

준비물
A4용지
갈피끈
테이프
사인펜
색연필
풀

놀이의 효과 관찰력, 상상력, 표현력, 성취감, 사고의 유연성 및 유창성 향상

놀이 시 주의사항
- ⓐ 선이나 끈과 관련된 대상을 찾아보며 마인드맵을 만드는 작업을 먼저 하세요.
- ⓐ 그림의 일부만 표현하거나 위에서 바라본 것 등 시선을 바꿔 볼 수 있게 해주세요.
- ⓐ 집안을 돌아다니며 실제 물건들을 살펴보며 찾을 수 있게 해주세요.

책의 갈피끈을 활용하여 그림책을 만들어 보세요. 우선 어떤 장면들을 담으면 좋을지 생각해 봅시다. 막연하게 그리고 싶은 것을 찾으려 하면 잘 떠오르지 않을 수 있어요. 그렇다면 '선'이나 '끈'과 관련된 대상들을 떠올려 보아요. 강아지의 목줄이나 줄넘기 줄, 텐트의 스트링 같은 것들이요. 또 잠자리채나 산속의 계곡물 같은 것도요. 떠오르는 생각을 마인드맵을 그리며 정리를 한다면 더 다양한 아이디어를 찾을 수 있을 거예요.

마인드맵을 훑어보며 그림으로 표현하고 싶은 것을 선택하세요. 어떻게 그리면 좋을지 결정했다면 반으로 접은 A4용지의 중앙에 그림을 그려주세요. 이러한 그림을 여러 장 그리고 붙여서 책의 형태로 만든 뒤 갈피끈을 붙이세요. 갈피끈은 가운데 페이지에 붙여도 좋고, 제일 마지막 페이지에 붙여도 좋아요. 《리본》 그림책의 앞뒤 표지를 살펴보며 내 그림책에 맞는 제목과 문구를 적어주세요. 나의 이름도 적고, 바코드까지 그리면 나만의 '리본' 그림책이 완성된답니다.

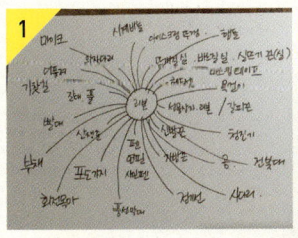

1. 마인드맵 그리며 생각 정리하기.
2. A4용지에 그림 그리기.
3. 갈피끈을 붙여 완성한 작품.

직선과 곡선

난이도 ★★
권장 연령 5~7세

준비물
A4용지
끈
사인펜
색연필

놀이의 효과 직선과 곡선에 대한 이해, 관찰력, 표현력

놀이 시 주의사항
- 점을 일정한 간격으로 찍은 종이, 자유롭게 찍은 종이 등 다양한 형태로 준비해요.
- 점, 선, 면의 개념은 어려워 이해가 어려울 수 있으니, 그 의미까지 설명하지 않아도 괜찮아요.
- 직선과 곡선의 특징을 표현하기 어려우면, OX퀴즈를 활용해 그 차이를 느낄 수 있게 해주세요.

아이가 어리다면, 직선과 곡선을 비교하는 활동을 해보아요. 점, 선, 면은 도형을 이루는 기본 개념입니다. 점이 움직인 자리가 선이 되고, 선이 움직인 자리가 면이 되죠. 선으로 둘러싸인 것을 도형이라고 합니다. 점과 점 사이를 다양한 선으로 연결해 보고, 지그재그 선, 구불구불한 선으로도 표현해 봐요. 점과 점 사이를 연결하여 도형도 만들어 봐요.

마음껏 선을 표현하며 직선이 주는 느낌과 곡선이 주는 느낌이 어떻게 다른지 발견할 수 있도록 해주세요. 또, 두 개의 점이 같은 위치에 있을 때, 직선으로 연결할 때와 곡선으로 연결할 때, 그 길이의 차이가 어떻게 달라지는지 끈을 활용해 재보는 활동도 해봐요. 수학적 개념을 익히는 기회로 삼기보다 직선과 곡선의 특징을 발견하고, 선이 주는 느낌을 표현할 수 있는 시간이 되길 바랍니다.

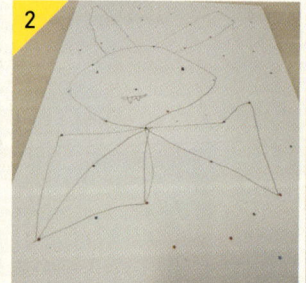
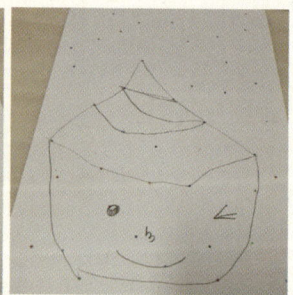

1. 다양한 형태의 직선과 곡선.
2. 점을 연결하여 그리고 싶은 그림 그리기.

박수책을 만들어요

박수 준비
마달레나 마또주 글·그림, 그림책공작소

― 그림책 이야기 미리 만나기 ―

심벌즈가 만나 치애애앵~ 소리를 냅니다. 두 사람이 만났습니다. 뽀뽀를 쪽쪽 합니다. 누군가 문 앞에 서서 노크를 합니다. 똑똑똑! 안에 있던 사람들은 외시경에 눈을 대고 누구인지를 확인합니다. 누구세요, 누구세요, 누구세요, 누구세요. 박수치는 순간들을 하나씩 보여주며, 숫자 또한 하나씩 커집니다. 이 그림책은 어떻게 보면 좋을까요?

《박수 준비》는 협동의 시작, 마주침의 힘을 담고 있는 그림책입니다. 두 개의 손이 서로 마주 닿을 때 "짝~!"하고 소리가 납니다. 꼭 나의 두 손이 아닌, 다른 누군가의 손을 마주할 때도 경쾌한 소리를 들을 수 있습니다. 또 두 손이 만났을 때 우리는 서로의 에너지를 전하기도 하죠. 두 개의 손이 만나 소리를 만들고, 경쾌함을 만들고, 에너지를 만듭니다. 또 무엇이 만나, 어떤 것들을 만들어 낼 수 있을까요? 그림책은 우리가 생각한 것보다 다양하게 그 대상들을 찾아내고 보여줍니다. 그리고 그 표현을 문자 언어가 아니라, 그림 언어로 독자가 상상하며 읽을 수 있게 배치하고 있지요. 그림만 슥 보고 지나가면 아무것도 보지 못하는 그림책입니다. 마주치는 대상들, 힘을 합칠 수 있는 대상들, 짝이 되는 대상들의 표현을 보면 더 많은 것들을 찾아낼 수 있게 됩니다. 그림책 오른쪽 위에 적힌 숫자는 단순히 숫자를 익히기 위함이 아니라, 그만큼 책장을 마주치라는 의미입니다. 우리는 책장을 마주하며 새로운 리듬까지 읽어낼 수 있답니다. 오른쪽의 수만큼 책장을 마주치며 음악을 연주해 보세요. 한 권의 그림책으로 즐거운 음악과 경쾌한 에너지를 선물 받을 수 있을 거예요.

그림책을 충분히 즐겼다면 내 주변에 '박수'와 같은 속성을 갖고 있는 것들을 찾아보세요. 짝이 되는 대상들을 찾으면 돼요. 생각이 잘 떠오르지 않는다면 공간을 둘러보며 살펴보세요. 직접 사물을 보면 머릿속으로만 생각할 때보다 더 많은 것들이 생각나기도 하거든요. 또 그림책 속 장면과 비슷한 마주침을 떠올리고, 그것에서부터 확장해 보는 것도 좋아요. 내 주변에 수많은 마주침, 함께의 순간, 협동의 에너지를 기억하세요.

박수책을 만들어요!

난이도 ★★★★
권장 연령 7세 이상

준비물
A4용지 여러 장
크레파스
색연필
사인펜
풀

놀이의 효과: 관찰력, 창의력, 사고의 유연성, 표현력, 관계지향적 사고

놀이 시 주의사항
ⓐ 구체적인 대상에서 추상적인 대상까지 다양하게 찾아낼 수 있도록 해주세요.
ⓐ 꼭 음악소리가 아니어도 괜찮아요.
ⓐ 아이가 원하지 않는다면 이야기만 나누고 넘어가도 충분합니다.

종이를 반으로 접어주세요. 오른쪽과 왼쪽에 서로 맞닿아 하나가 될 수 있는 것들을 그려보아요. 처음부터 다양한 것들을 찾아내기 어려울 수 있으니, 그림책 안에서 발견했던 것들을 참고하여 그려보아도 좋아요. 우선 두 손바닥부터 그려볼까요? 나의 오른손과 왼손을 종이에 대고 그려주세요. 두 면이 마주 닿을 때마다, 짝짝짝 박수 소리가 들립니다. 또 무엇이 있을까요? 두 개가 서로 닿아 소리가 나는 것들을 찾아보아요. 그림책 안에 있는 심벌즈나 트라이앵글처럼 음악을 만드는 악기도 좋고, 프라이팬과 뒤집개, 엘리베이터 버튼과 손가락, 냉장고와 자석 등 일상생활 속에서 발견할 수 있는 마주침의 소리들도 좋아요. 만약 다양한 대상들을 찾아내는 것이 어렵다면, '박수'를 치는 순간들이 언제 있는지 떠올려보고 그 상황들을 표현해 보세요. '박수'를 치는 순간들을 찾다보면 깜짝 놀랄 거예요. 우리가 막연히 생각한 것보다 훨씬 더 다양하게 존재하거든요. 여러 장에 그린 그림들을 하나씩 쭉~ 붙이면 나만의 박수 이야기가 담긴 그림책이 완성된답니다.

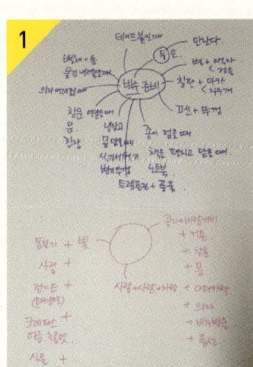

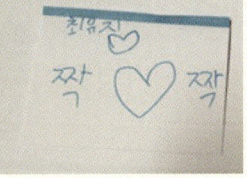

① 박수의 속성 파악하고, 닮은 것들 발견하기.
② 발견한 것들 중 선택하여 그림으로 표현하기.
③ 미니 박수책 완성.

Part **4**

"
상상력을 키우는
그림책 놀이
"

그림책은 현실의 모습을 담고 있습니다. 그리고 그 안에는 작가의 상상의 세계도 담겨 있지요. 우리는 그림책을 보며 현실의 모습을 보기도 하고, 생각하지도 못했던 모습을 발견하기도 하고, 내가 상상했던 모습을 만나기도 합니다. 또 그것들을 바탕으로 나의 상상력은 더욱 깊어집니다.

이 장에서는 그림책을 통해 아이의 상상력을 키울 수 있는 방법을 안내합니다. 상상력은 그 범위를 한정할 수 없고 제한된 방법으로 키울 수 있는 게 아니기에, "이렇게 하면 커집니다."라고 명확히 말하기 어려운 분야입니다. 게다가 저는 상상력, 창의력이 뛰어난 사람이 아닙니다. 저는 상상력 높은 작품, 창의적인 작품들을 많이 보면 그 덕분에 그런 감각이 생기나보다….'라고 생각했습니다. 그런데 상상력과 관련된 책을 읽다가 이런 이야기를 만났습니다.

아이들에게 그림책을 읽어주면, 아이들의 뇌 부분 중 시각을 관장하는 부분이 활성화된다고 합니다. 그 말은 아이들이 이야기를 들으며 그 흐름에 따라 이미지를 머릿속으로 그려본다는 뜻이라 하더라고요. 상상력 높은 작품을 많이 봐서 높아질 수도 있겠지만, 사실은 이야기를 듣는 것만으로도 상상하는 능력을 자연스럽게 사용하게 되고, 그 능력이 커진다는 것이죠. 이는 잘 들으면 상상력이 커지고 또 상상력이 커지면 잘 들을 수 있게 된다는 것과 같은 의미입니다. 그리고 그림책을 통해 좋은 그림 언어를 본 경험들이 상상의 질을 높여줍니다. 결국 아이의 상상력은 누군가 읽어주는 그림책 이야기를 들을 때 커진다는 것입니다.

새로운 세계, 다양한 시각을 열어주는 그림책들을 선정했습니다. 그림책을 읽고 그 안에 담겨 있는 작가의 상상력을 바탕으로 아이의 상상력을 확장할 수 있는 방법들을 담았습니다. 어떤 놀이를 하든지 아이가 즐겁게 임할 수 있어야 합니다. 아이가 그림책을 보고 이런 활동을 하고 싶다는 마음이 들때, 만족감도 높고 그만큼 마음의 폭과 사고의 세계도 넓어질 것입니다. '오늘 이 그림책을 읽고 이 활동을 해야겠다.'의 관점보다 '아이가 이런 놀이를 하니 관련된 이 그림책을 읽고 이야기 나눠 볼까?'의 관점으로 접근하시길 바랍니다. 어쩌면 저도, 이 책을 읽은 엄마 아빠도 상상력을 키우는 정답을 알고 있지는 않을 겁니다. 그러니 주도권을 아이에게 넘겨주세요. 아이들의 상상력이 이미 풍부하니까요.

네가 창의적이 되고 싶다면

말로 그림을 그려라

존 러스킨

책으로 할 수 있는 일들

이건 보통 책이 아니야
진 월리스 글, 토니 로스 그림, 우리교육

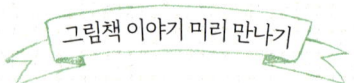

그림책 이야기 미리 만나기

　이건 보통 책이 아닙니다. 모자처럼 머리에 쓸 수도 있고 고양이 전용 텐트가 될 수도 있습니다. 탁자가 흔들거릴 때 안정적으로 받칠 수도 있고요. 예쁜 꽃을 잘 눌러서 오랫동안 보관할 수도 있게 해줍니다. 날아다니는 요정을 잡을 때도 사용할 수 있고요. 깔깔깔 웃게 해주고, 때론 훌쩍이게 하고, 편안하게 잠들게도 해주죠. 이것 말고도 책으로 할 수 있는 다양한 일들을 소개하고 있습니다. 그리고 이 많은 일들 중에서 책이 가장 좋아하는 일도 이야기해 주죠. 책으로 또 무엇을 할 수 있을까요? 그중 책이 가장 좋아하는 일은 무엇일까요?

아이들이 어릴 때는 책에 대한 감정이 없기 때문에 다른 사물들과 동일한 가치로 여깁니다. 자신이 탐구하는 대상으로 인지하고 호기심을 갖고 살펴보지요. 어떤 아이들이든 책에 관심을 갖고 또 궁금해하기도 합니다. 어떤 아이들은 그 호기심이 오래 유지되고, 또 어떤 아이들은 금방 흥미를 잃기도 합니다. 그러다 자라면서 책을 거부하기 시작합니다.

　　아이들이 어렸을 땐 책을 좋아하는 것처럼 보였는데, 왜 어느 순간 책을 싫어하는 것처럼 보이는 걸까요? 그 이유는 안타깝게도 엄마 아빠의 강요 때문입니다. 책을 좋아했으면 좋겠다는 마음, 공부를 잘했으면 좋겠다는 엄마 아빠의 마음이 아이들에게 책을 강요하게 됩니다. 아이들에게는 자신의 선택이 아닌, 주어진 대상이 되는 거죠. 순수한 목적의 독서가 아닌, 학습을 하기 위한 독서를 하게 되죠. 그때부터 책은 즐거움을 느낄 수 있는 도구가 아니라 학습해야 하고 평가 받게 되는 도구가 됩니다. 또한 아이들은 자라면서 더 흥미롭고 더 자극이 큰 경험들을 하게 되고, 상대적으로 책을 읽는 행위가 시시하게 느껴지는 경우도 생깁니다. 책보다 더 재미있는 것들이 많아지게 되니 자연스럽게 책의 우선순위가 밀리게 된 거죠.

　　《이건 보통 책이 아니야》는 아기였을 때, 책을 처음 만났을 때의 즐거움을 찾을 수 있게 도와주는 책입니다. 아이가 어렸을 때 책으로 무엇을 하며 놀았는지 떠올려 봅시다. 책 쌓기, 터널 만들기, 색깔 찾기, 물건 받치기, 미끄럼틀 만들기 등 책의 물리적 속성을 그대로 활용하며 놀았던 경험 한 번쯤은 있을 거예요. 이참에 아이와 그림책을 잔뜩 꺼내서 놀이를 해보세요. 아이들은 엄마 아빠보다 더 많은 아이디어를 갖고 있을 거예요.

　　그림책 안에는 페이지마다 《이건 보통 책이 아니야》가 숨어있습니다. 어디 숨어 있는지 찾아보며 읽어보세요. 벌써 책으로 할 수 있는 놀이를 하나 발견했네요. 바로 숨은그림찾기. 고양이 표정도 한 번 살펴보세요. 책으로 무엇을 하느냐에 따라 고양이의 표정이 달라져요. 어떤 마음일지 추론해 보세요. 그리고 그림 안에서 이상하다 여겨지는 부분들이 있어요. 왜 그렇게 표현했을지 상상해 보세요.

엄마 　○○아, 이 그림에서 이상한 부분이 있는 거 같아, 어디일까?

아이 　실제로 이런 깃털이 없는데, 거울에는 있어요.

엄마 　그렇구나~ 어떻게 이런 일이 생긴 거야?

아이 　여자 아이가 책으로 모자를 썼다고 상상했는데….
　　　그냥 모자가 아니라 이렇게 예쁘게 장식된 모자를 썼다고 상상해서 그래요.

엄마 　아하~ 그렇구나~ 상상해서 이렇게 보였구나~ ○○이의 생각이 정말 멋지다~

아이 　그러니까 엄마 이거는 이상한 게 아니에요~ 마음을 그린거니까~

엄마 　그러네. 엄마가 이상한 부분이라 물어보면 안 되는 거였네.
　　　○○이 덕분에 배웠어. 고마워.

이런 대화를 통해서 상상의 즐거움을 느낄 수 있고, 마음을 표현할 수 있다는 것도 알 수 있게 되죠. 어쩌면 아이들이 엄마 아빠보다 먼저 발견하고 엄마 아빠에게 친절히 알려줄지도 모르고요.

엄마 　여기 이 두 사람은 누구일까?

아이 　이 소녀의 엄마랑 아빠예요.

엄마 　그럴 수도 있겠다.
　　　그럼 이 엄마랑 아빠는 어떤 책을 보실까?

아이 　음~ 아빠는 새 이야기가 있는 책을 보고,
　　　엄마는 그림 없고 글자 많은 책을 봐요.

엄마　왜 그렇게 생각했어?

아이　아~ 여기 그림에 그려져 있어요. 또 어른들이 보는 책은 그림이 별로 없더라고요.

엄마　그렇구나~ 엄마는 이 그림을 보고 아빠는 동물 책을 보고,
　　　엄마는 전화번호 책을 본다고 생각했어.

아이　엄마 생각도 맞는 거 같아요~ 그리고 고양이도 동물 책을 보고 있어요~

엄마　그러네~~

　　이 장면에서 이야기를 나누며 평소에 아이가 바라보는 엄마 아빠의 모습이 어떠한지도 물어볼 수 있어요. 자연스럽게 '아빠는 어떤 책을 볼까? 엄마는 어떤 책을 볼까?'라며 물어봤을 때 아이의 대답을 통해서 말이죠. 물론 어떤 아이는 "아빠는 책은 안 보고 핸드폰만 봐요."라고 이야기 할 수도 있죠. 그럴 땐 핸드폰으로 무엇을 하는지, 어떤 중요한 일을 했는지 이야기해 주세요. 이미 아이들 머릿속에 핸드폰을 하는 건 노는 것이라는 인식이 있으니, 아빠가 책은 안보고 핸드폰으로 놀기만 한다고 오해하지 않도록 말이죠.

　　그림책 속 주인공은 책의 물리적 속성이 주는 즐거움뿐만 아니라, 책의 내용적 측면이 전하는 즐거움도 이야기합니다. 책은 우선 재미있습니다. 나를 미소 짓게도 하고, 깔깔깔 웃게도 합니다. 내 마음이 슬플 때 대신 울어주기도 하고, 함께 울어주기도 합니다. 또 책은 내가 직접 경험하지 못했던 일들을 경험하게 하고, 다양한 감정을 느낄 수 있게도 합니다. 그리고 내가 똑똑해 질 수 있는 방법을 제시해 주기도 하고, 생각해 보지 못했던 것들을 생각할 수 있는 기회를 주기도 합니다. 책은 이외에도 많은 일들을 한답니다. 당신이 알고 있는 책이 주는 즐거움은 무엇인가요? 책으로 할 수 있는 것들에는 무엇이 있나요?

엄마, 아빠의 대화 코칭!

　　조기교육에 대해서는 학자들마다 의견이 다르지만 아이에게 일찍부터 책을 읽어주는 것에 대해서는 대부분의 학자들이 동의합니다. 교육현장에 있는 분들은 10살이 넘어도 아이가 원한다면 책을 읽어주라고 이야기합니다. 책을 많이 보는 것과 삶을 잘 사는 것은 비례하지 않을 수 있습니다. 그럼에도 불구하고 책의 중요성을 강조하는 이유는 책만큼 우리의 삶을 풍요롭게 하고 우리를 지혜롭게 할 수 있는 것이 없기 때문입니다.

🔒 난이도 ★★
🔒 권장 연령 3세 이상

책으로 할 수 있는 일들

{ 준비물 } { 놀이의 효과 } 관찰력, 상상력, 행동조절력, 스트레스 해소, 대소근육 발달

다양한 종류의 그림책

{ 놀이 시 주의사항 }

ⓜ 책으로 할 수 있는 다양한 놀이를 마음껏 해보세요.
　책은 신성한 대상이라기보다 장난감이라는 마음으로요.
ⓜ 그림책의 표지가 두꺼워 위험해요. 던지거나 떨어뜨리지 않게 조심할 수 있게 해주세요.
ⓜ 마음껏 어지르며 활동할 수 있게 해주세요.

책으로 할 수 있는 일들을 많이 찾아보는 활동입니다. 책으로 할 수 있는 것은 무엇이 있을지 질문해주세요. 책으로 할 수 있는 다양한 놀이를 떠올려 봅시다. 내가 해 본 일들, 해보지는 않았지만 할 수 있을 것 같은 일들, 해보고 싶은 일들 등 다양하게 아이디어를 낼 수 있게 해주세요. 그림책 속에서 소개해줬던 방법들을 확장해서 아이디어를 찾아가는 것도 좋은 방법입니다. 엄마 아빠가 생각하기에 엉뚱해 보이는 일들도 다 인정해주세요.

{ 놀이 PLUS+ }

1 **책으로 만든 기차** :
　그림책을 늘어놓아 기차 모양으로 연결해 봐요. 책을 마구 꺼내놓고 한 줄로 늘어놓는 거죠. 이때 기차를 만드는 규칙을 정해서 만든다면 더욱 난이도 높은 기차 만들기 활동을 할 수 있습니다. 물론 책은 더 자유롭게 꺼내놓게 되겠고요. 아이들이 마구 꺼낸 그림책들의 모습을 어질렀다 여기지 마시고, 고민하는 중이라고 생각해 주세요.
　★ 색깔을 활용하여 같은 색 기차, 무지개 기차, 신호등 기차 등을 만들어 보세요.
　★ 소재를 활용하여 등장하는 동물이 같거나 계절, 배경 등이 같은 기차를 만들어 보세요.
　★ 작가를 활용하여 같은 작가의 그림책 기차를 만들어 보세요.
　★ 책 제목으로 끝말잇기를 하여 기차를 만들어 보세요.

2 **책으로 만든 탑** :
　책을 활용하여 탑을 쌓아요. 책 표지를 열어 삼각형 형태로 혹은 직각으로 펼쳐 각이 생기게 하여 가로 세로로 쌓으며 넓은 탑, 높은 탑 등을 쌓아 보세요.
　★ 책을 울타리처럼 쌓아 내 공간을 만들어 보세요.
　★ 책을 바닥에 깔아놓고 징검다리처럼 '어떤 책만 밟기 활동'도 재미있어요.

책의 진짜 의미

난이도 ★★★★★
권장 연령 7세 이상

준비물
A4용지
사인펜
색연필

놀이의 효과 표현력, 유비추론능력, 어휘력 향상, 논리력, 사고의 유연성 향상

놀이 시 주의사항
- 책에 대한 편안한 느낌과 불편한 느낌 모두 인정해 주세요.
- 비유 문장을 써보는 것은 생략해도 괜찮아요. 아이의 상황에 맞게 진행해 보세요.
- 논리적으로 표현하지 못하더라도 아이의 이야기를 인정해 주세요.

책의 진짜 의미를 발견해 보는 활동입니다. '책'이라는 낱말을 들으면 생각나는 이미지, 나의 느낌 등을 이야기해 봅시다. 아이에게 불편한 느낌을 표현해도 괜찮다고 이야기해 주세요.

다양한 생각들을 마인드맵으로 정리할 수 있게 도와주세요. 마인드맵을 그리는 것이 어려울 수 있으니 부담을 가지지 않고 아이가 떠오르는 생각을 적을 수 있게 해주면 돼요. 쓰는 게 부담스러울 수 있으니 엄마 아빠가 대신 써줘도 된답니다.

활동을 한 단계 높여 아이가 생각하는 책에 대한 느낌이나 이미지와 닮은 대상들을 찾아보세요. 그리고 그것을 연결할 수 있게 해주세요. 예를 들면 '책은 즐겁고 재미있다.'라는 것을 장난감과 연결해 보는 거죠. 그렇다면 "책은 장난감이다. 왜냐하면 책을 보면 장난감을 가지고 놀 때처럼 즐겁고 재미있기 때문이다."라는 비유 문장을 만들어 낼 수 있답니다. "책은 밥이다. 밥이 나의 몸을 튼튼하게 해주는 것처럼 책은 나의 생각을 건강하게 해주기 때문이다."와 같은 비유 문장도 만들 수 있지요. 비유 표현은 서로 다른 두 대상의 공통점을 발견해 빗대어 표현하는 방법입니다. 수사법의 하나로 인식하면 꽤 어려운 작업이지만 놀이처럼 한다면 아이들도 할 수 있는 작업이랍니다.

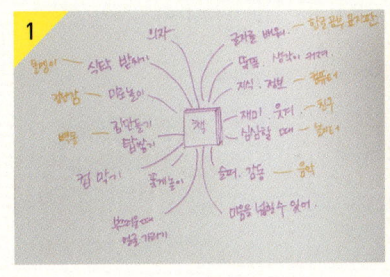

1. 책으로 할 수 있는 일들 찾아보기.
2. 책의 의미를 담은 미니북.

우리집 수박 수영장

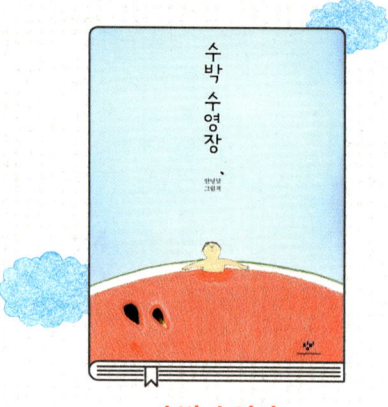

수박 수영장
안녕달 글·그림, 창비

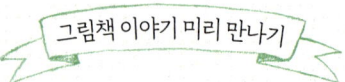

그림책 이야기 미리 만나기

여름 햇볕이 한창 뜨거운 날, 수박이 다 익었습니다. 수박이 "쩍!" 소리를 내며 갈라지고, 수박 수영장을 개장했습니다. 작년의 수박 수영장에는 씨가 너무 많았다는데, 올해의 수박 수영장은 어떤 모습일까요? 수박 수영장을 개장했다는 소식을 아이들도 들었나 봅니다. 온 동네 아이들이 수영복을 입고, 튜브를 들고 신나게 뛰어갑니다. 수박 수영장은 어떤 모습일까요? 수박 수영장에서는 어떤 일이 일어났을까요? 수박 수영장에 구름을 가득 싣고 오는 이는 누구일까요? 왜 온 걸까요?

뜨거운 여름, 신나게 물놀이 후 물을 뚝뚝 흘리며 수박을 먹은 일. 시원한 그늘에 앉아 다 함께 수박을 나눠 먹은 일. 수박과 관련한 여름날의 추억이 있으신가요? 이상하게 수박은 집에서 조촐하게 먹을 때보다, 다함께 야외에서 먹을 때 훨씬 더 달콤하고 맛있게 느껴집니다. 수박이 이렇게 커다란 이유는 다 함께 먹는 채소라는 의미가 담겨 있어서인지도 모르겠습니다. 큰 수박 덕분에 《수박 수영장》이 탄생했습니다. 뜨거운 태양, 후끈후끈한 열기 속에서 무럭무럭 자란 수박이 쩍~! 하고 갈라지면 수박 수영장이 개장됩니다. 최소한의 스토리만 들려주고 의성어와 의태어를 다양하게 사용해 표현한 덕분에 우리는 어떤 대화가 오고갔을지 어떤 소리가 들렸을지 상상해 볼 수 있습니다. 수영장에 다녀왔던 경험을 떠올리며 말이죠.

그림책을 읽으며 가장 재미있어 보이는 장면을 고르세요. 그리고 그 장면에 아이의 모습을 그려 붙여주세요. 아이는 자신의 모습을 그림책 안에 붙이는 순간, 그 안으로 쏙~ 빨려 들어갑니다. '어떤 소리가 들리나요? 나는 누구와 수박 수영장에 왔나요? 무엇을 하고 있나요? 날씨는 어떤 느낌인가요? 어떤 냄새가  느껴지나요?' 등등 그 현장에서 느낄 수 있고 발견할 수 있는 질문들을 해주세요. 아이들은 막연히 상상할 때보다 자신의 모습을 얹어 놓고 상상할 때 더 실감나게 표현할 수 있어요. 작은 장치가 아이의 몰입도를 높입니다. 글씨를 쓸 수 있는 아이라면, 포스트잇을 활용해 그림책 안의 아이들이 어떤 이야기들을 나누는지 써보는 활동을 해도 재미있을 거예요.

우리집 수박 수영장

🎲 난이도 ★★
🎲 권장 연령 3~7세

준비물
수박
미니 장난감
놀이 매트
클레이
솜

놀이의 효과 촉각 자극 및 발달, 스트레스 해소, 집중력, 표현력

놀이 시 주의사항
ⓧ 물을 사용하는 놀이이니 놀이 매트를 활용하세요.
ⓧ 인형 놀이를 할 수 있는 시간을 충분히 주세요.
ⓧ 수박 수영장 놀이는 오늘만 할 수 있다고 미리 말해 주세요. 수박을 먹을 때마다 할 수는 없으니까요.

수박을 활용해 수박 수영장을 만들어 봅시다. 출판사 창비에서 만든 《수박 수영장》 소개 영상을 참고하면 쉽게 만들 수 있어요. 수박을 반으로 가르고 속을 파주세요. 수박 통을 활용해 수박 수영장을 꾸며주세요. 아이가 가지고 있는 인형 놀이 소품을 활용해도 좋고, 빨대나 나무젓가락 등으로 만들어도 좋아요. 수박 통 안에는 물을 넣어 수영장 느낌을 살려보세요. 한천가루를 활용하거나 수정토를 활용하는 방법도 있답니다.

- 한천가루는 양갱을 만들 때 사용하는 가루입니다.
- 물 1리터를 냄비에 담아 끓이고 보글보글 공기방울이 올라올 때 한천가루 2숟가락을 넣어주세요.(가루의 양이 많을수록 더 단단하게 굳어요.)
- 빨간색 식용 색소나 물감, 딸기잼 등을 섞어 수박색을 만들어주세요.
- 한김 식힌 뒤, 수박에 부어놓으면 한천물이 자연스럽게 굳어요.
- 수박씨를 표현하고 싶다면, 적당히 굳었을 때 위에 씨를 고정시키거나, 한천물을 ⅔만 붓고 그 위에 수박씨를 올린 뒤 남은 한천물을 한 번 더 부어 굳혀주세요.
(굳은 한천물은 물을 살짝 붓고 다시 끓이면 녹아요.)

1. 수박 속을 파주세요~ 먹으면서 파면 더 재미있어요.
2. 수박색을 내는 식용 색소를 준비해요.
3. 한김 식힌 한천물을 수박에 붓고 굳혀주었어요.
4. 미니 장난감과 구름솜을 활용해 수박 수영장을 꾸몄어요.

놀이 PLUS+

1. 내가 만든 수박화채 :

수박으로 화채를 만들어 먹어요. 넣고 싶은 재료를 마음껏 준비합니다. 수박만 넣으면 수박화채, 여러 가지 과일을 넣으면 과일화채가 돼요. 수박 조각을 잘라서 아이에게 주고 직접 빵 칼이나 플라스틱 칼로 자를 수 있도록 해주세요. 큰 통에 작게 자른 수박 조각들을 넣고 우유나 요구르트 등을 넣어 국물을 만들어주세요. 예쁜 그릇에 담으면 만들기 끝.

★ 쿠키 찍는 틀을 사용하면 수박을 예쁜 모양으로 자를 수 있어요.

★ 수박이 달지 않다면 꿀을 조금 넣어주세요.

2. 비치볼 꾸미기 :

투명한 비치볼을 꾸며요. 유성 매직을 활용해 그림을 그리거나 접착 시트지, 투명 스티커 등을 활용해 꾸며요. 물놀이를 하는 날 가지고 가서 놀아도 좋고, 집에서 간단한 신체활동을 하며 놀아도 좋아요.

★ 아이에게 비치볼을 두 손으로 잡을 수 있게 하여, 후~ 불 때마다 바람이 들어가는 것을 느끼게 해주세요.

★ 동그란 형태를 살려 수박 모양으로 꾸며도 좋고, 여름과 관련된 그림을 그려 꾸며도 좋아요.

★ 비치볼 안에 쌀과 같은 작은 곡식을 넣으면 흔들릴 때 소리가 나 재미있어요.

★ 뛰지 않고 할 수 있는 실내 놀이를 해보세요.
(예 : 탑처럼 쌓은 종이컵을 쓰러뜨리는 볼링 놀이)

함께 읽어도 좋아요

<붕붕꿀약방 : 떡갈나무 수영장으로 오세요> 신보영

우리에게 수박 수영장이 있다면, 곤충들에게는 떡갈나무 수영장이 있습니다. 부지런히 봄을 보낸 곤충들은 여름이 오기 전에 여름을 잘 날 수 있는 준비를 합니다. 거품벌레네 목욕탕에서 깨끗하게 씻고, 열매 물감으로 등딱지를 멋지게 색칠하고, 매끈매끈 꿀을 바르는 일이죠. 하지만 무당벌레는 씻기 싫다며 도망을 갔어요. 여름비가 무당벌레의 등딱지에 스며들면 감기에 걸릴까 걱정되어, 꿀비가 아이디어를 냈습니다. 빗물을 받아 떡갈나무 수영장을 만들어 친구들을 초대한 것이지요. 과연 무당벌레는 떡갈나무 수영장에 물놀이를 하러 올까요?

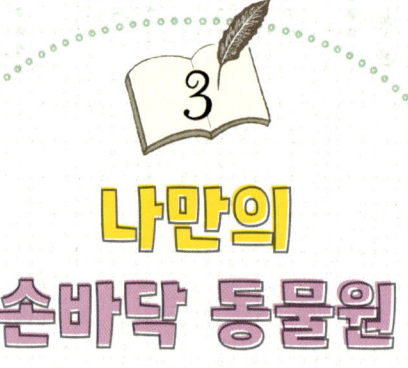

나만의 손바닥 동물원

손바닥 동물원
한태희 글·그림, 예림당

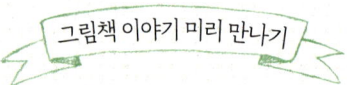

그림책 이야기 미리 만나기

햇님이 방글방글 웃는 날, 도손이네 가족이 동물원에 갑니다. 동물원에 가서 제일 먼저 만난 동물은 코끼리에요. 사과를 주니 돌돌돌 코로 받아요. 기린 아저씨는 선 채로 풀잎을 우물우물 먹지요. 이리저리 뛰어다니는 줄무늬 얼룩말도 보고, 다정한 토끼 가족도 만나지요. 사자, 호랑이, 원숭이 등 열 가지도 넘는 동물들을 만납니다. 김밥도 먹고, 기념사진도 찍었지요. 집으로 돌아오는 길에 도손이가 "아빠, 왜 공룡은 없어요?"라고 물어본 덕분에 가족들은 모두 "하하하" 웃었습니다. 그런데 도손이가 오는 길에 공룡을 만났네요? 어떻게 만났을까요?

《손바닥 동물원》은 2002년도에 출판된 그림책으로, 현재까지도 인기가 많은 그림책입니다. 동물원에 가서 동물을 만난 스토리가 흥미롭기도 하고, 독후 활동으로 물감 놀이를 재미있게 할 수 있는 그림책이거든요. 물감 놀이는 아이들이 참 좋아하는 미술 활동입니다.

처음엔 테이블 위에 도화지를 놓고 붓을 들고 시작하지만 늘 손과 발에 물감을 바르고서야 끝나게 되는 마법 같은 활동이죠. 치우는 것에 대한 부담만 내려놓는다면, 엄마 아빠에게도 즐거운 놀이가 될 거예요. 그림책의 표지를 보면, 손바닥이 찍혀있고, 손가락마다 동물들의 모습이 보입니다. 아이들은 자연스럽게 자신의 손바닥을 표지에 맞춰 봅니다. 이번에는 아이와 엄마 아빠의 손을 맞춰보세요. 손바닥의 크기는 얼마나 차이나는지, 손가락의 길이는 얼마나 차이나는지, 또 어떤 부분이 닮았는지 등을 이야기 나눠 보세요. 손은 밖으로 나와 있는 뇌라는 말이 있습니다. 뇌 속의 신경세포들은 회로로 연결되어 있는데, 촉감 자극을 많이 받을수록 회로가 발달한다고 합니다. 촉감 자극을 가장 많이 느끼는 신체 기관이 바로 손이고요. 그래서 손을 사용하는 놀이를 자주 하는 것은 아이들의 두뇌 발달을 돕는 아주 좋은 방법이지요.

해님이 방글방글 웃는 날, 도손이네 가족이 동물원에 갑니다. 해님도 도손이네 가족도 모두 손바닥 모양입니다. 그들이 만나는 동물들도 모두 손바닥을 활용해 그려져 있지요. 아이와 동물원에 갔던 이야기를 하며, 어떤 동물을 봤는지 어떤 동물들을 좋아하는지 이야기 나눠 보세요. 그림책 속 동물의 모습이 어떤 동물과 닮았는지도 맞춰보고요. 그렇게 아이와 경험을 나누며 그림책을 읽다 보면 어느새 도손이네 가족의 동물원 나들이는 끝이 납니다. 그림책의 마지막 페이지에는 손바닥을 활용해 동물을 그릴 수 있는 방법을 설명해주고 있습니다. 우리도 그 방법을 따라하면 손바닥으로 동물들을 멋지게 그릴 수 있답니다. 물감을 활용해 아이들과 즐거운 미술 놀이를 해보세요. 아이뿐만 아니라, 엄마 아빠의 손바닥도 함께 찍어 다양한 크기의 동물들을 만들어 보세요. 아이들은 엄마 아빠와 함께 한다는 사실에 더 즐거운 시간을 보낼 거예요.

엄마, 아빠의 대화 코칭!

자동차 안을 표현한 장면에서 도손이네 식구들의 모습, 기억하시나요? 동물원을 갈 때와 집으로 돌아올 때의 자리가 달라요. 갈 때는 엄마가 운전을 하고, 올 때는 아빠가 운전을 하죠. 과거에 비하면 성 역할에 대한 고정관념이 많이 깨지긴 했지만, 여전히 양성평등 교육을 하고, 양성평등 주간 같은 행사를 통해 인식을 바꿔야 할 부분이 큽니다.

아이들은 사회 속 어른들의 모습을 통해 성역할에 대한 인식을 갖는다고 합니다. 특히 엄마 아빠의 모습과 가치관이 아이에게 큰 영향을 미치니, 엄마 아빠의 가치관을 점검해 보시길 바랍니다.

놀이 01 나만의 손바닥 동물원

- 난이도 ★★★
- 권장 연령 3세 이상

준비물
물감
붓
전지
크레파스

놀이의 효과 대·소근육 발달, 시각·촉각 자극 및 발달, 창의성, 표현력, 사고의 유연성 향상

놀이 시 주의사항
- ⓧ 물감이 충분히 말린 뒤 그림을 그려주세요.
- ⓧ 물감 놀이를 시작하기 전 매트나 비닐을 깔고, 그 밖으로 나가면 안된다는 규칙을 미리 말해주세요.
- ⓧ 엄마 아빠의 손도장도 함께 찍어 다양한 크기의 동물들을 그려봐요.
- ⓧ 손바닥 찍기 놀이만 해도 괜찮아요.
- ⓧ 물감이 손에 묻는 걸 싫어한다면, 색지를 활용해 보세요.

물감을 활용하는 방법에는 접시와 같은 넓은 그릇에 물감을 짜 놓고 손바닥 전체를 찍는 방법이 있고, 붓을 활용하는 방법도 있습니다. 붓을 활용하면 손바닥을 찍을 때 동시에 여러 가지 색을 사용할 수 있다는 장점이 있지요. 접시나 넓은 그릇에 물감을 짜 놓고 손바닥 전체에 물감을 묻혀 스케치북이나 전지에 찍어보세요. 손가락을 활짝 펼쳐 찍어 보고 손가락을 다 붙이고도 찍어 보세요. 또, 주먹을 쥔 상태로 찍어 보기도 하고, 손가락을 한 두 개만 펴고도 찍어 보세요. 발바닥에 물감을 찍어 활용해도 좋겠지요? 규칙 없이 자유롭게 신체를 움직이며 즐거움을 느낄 수 있을 거예요. 손바닥 모양을 충분히 찍었다면, 손바닥 모양을 활용해 다양하게 그림을 그려보세요. 그림책 안의 동물들의 모습을 따라 그려도 좋고, 내가 표현하고 싶은 다른 동물들을 그려봐도 좋아요.

아이가 손에 묻는 것을 싫어한다면 색지 위에 손바닥을 놓고 색연필로 따라 그린 후 오려 사용해요. 따라 그리고 가위로 오리는 작업을 여러 번 해야 한다는 점에서 번거롭기는 하지만, 물감을 치우는 일을 생략할 수 있어 활동이 간단하다는 장점이 있습니다.

1. 손바닥 도장 찍기.
2. 크레파스로 그리기.
3. 손바닥으로 꾸민 동물원과 놀이공원.

함께 읽어도 좋아요

<알록달록 손바닥 친구> 게르다 쿠르셰

초등학교 1학년 아이들이 직접 손바닥을 찍어 만든 그림책입니다. 특수 교육 진흥 센터에 다니는 아이들이지요. 누군가의 도움이 필요한 친구들이 서로 마음을 모아 아이디어를 내고 손바닥을 찍어 '우정'이라는 주제를 표현했다고 해요. 사실 우리는 모두 도움이 필요한 존재들입니다. 서로 다르기 때문에 함께 해야 하는 존재들이죠. 그림책 안에서는 각자의 방식대로 다른 사람과 친구가 되는 이야기를 담고 있습니다. 그림책 속 이야기를 읽으며, 우리도 생각해 봐요. 우정을 뭐라고 정의하면 좋을까요? 나는 어떻게 친구를 사귀나요?

과일 그리고 채소의 변신

고구마구마

사이다 글·그림, 반달

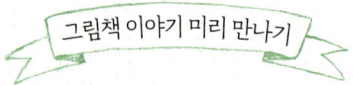

　　고구마 밭에서 고구마 줄기를 쑥~ 뽑았습니다. 고구마 농사가 잘 됐나봅니다. 줄기 아래로 여덟 아홉 개의 고구마가 달려 나옵니다. 달려 나온 고구마들은 모두 다른 표정을 짓고 있습니다. 그러고 보니 그 모양이 모두 다르네요. 고구마들은 저마다 한 마디씩 합니다. "고구마는 둥글구마. 고구마는 길쭉하구마. 작구마. 크구마. 굽었구마…" 모두 한마디씩 하더니 요리를 시작합니다. 찌고 굽고 튀기며 셀프 요리를 마친 고구마들은 잔치까지 열었습니다. "고구마 잔치가 열렸구마!" 그때 고구마 잔치에서 엄청난 사건이 벌어지는데…!. 과연고구마들은 어떻게 될까요?

아이와 도서관에 놀러갔을 때, 아이가 꺼내온 그림책입니다. 《고구마구마》는 어른인 제게는 크게 매력적인 책은 아니었습니다. 아이와 그림책을 읽을 때는 유쾌하고 즐겁게 봤지만, 두고두고 봐야겠다는 생각이 드는 그림책은 아니었습니다. 그런데 아이는 이 책을 정말 좋아했습니다. 단 한 번 읽어줬을 뿐인데, 고구마들의 언어를 학습한 아이는 자기도 말끝마다 '구마'를 붙여 말했습니다. 서술어를 자유롭게 변형시키는 그 모습이 귀여워 맞장구치며 이야기를 나누다 보니, 저 또한 이 그림책이 점점 더 매력적으로 느껴졌습니다. 스토리가 있거나 교훈적이거나 감동적인 그림책이 더 가치 있다고 생각한 저에게 일침을 가한 사건이었습니다.

이제 막 땅속에서 나온 고구마들이 저마다 자신의 생김새에 대해 한마디씩 이야기합니다. 모두 다른 모습이지만, 고구마들은 모두 자신의 모습에 대해 당당하게 외칩니다. 내가 제일 자랑스럽다는 듯이. 신나게 자신들의 생김새를 이야기 한 고구마들은 "못생겨도 맛나구마!" 라는 플래카드까지 걸었습니다.

엄마 고구마로 할 수 있는 요리에는 뭐가 있을까?

아이 삶아요. 군고구마도 있어요.

엄마 또 있지 않을까? ○○이가 좋아하는 거~

아이 아~ 고구마튀김!!!

엄마 아직도 더 있어. ○○이가 유치원에서 먹어 본 요리.

아이 음.. 고구마 탕? 이런 이름이었는데….

엄마 그렇지! 고구마 맛탕이야.

아이 아~ 잠깐 헷갈렸어요.

엄마 응. 그런 거 같았어. 엄마도 그런 날이 있거든.
여기 냄비가 세 개 있네~ 어떤 요리를 할 거 같아?

아이 음~ 삶은 고구마랑 구운 고구마~ 이거는 고구마 맛탕인가?

엄마 어떤 요리들을 하는지 한 번 볼까?

요리를 합니다. 어떤 고구마는 쪄지고, 어떤 고구마는 구워지고, 어떤 고구마는 튀겨집니다. 특별히 무엇을 가미하지 않고 조리 방법만 다를 뿐인데도 사람들은 각자 좋아하는 고구마 요리가 다릅니다. 다른 조리 방법으로 요리된 고구마들은 한 자리에 모여 잔치를 벌입니다. 고구마를 많이 먹으면 방귀가 나오던데, 고구마들도 그랬나 봅니다. "뿡!" 너무 강력했던 방귀에 다들 쓰러지지요. 아, 그런데 모두 요리된 줄 알았는데, 어떻게 된 걸까요? 처음엔 고구마들이 도대체 어떤 고구마를 먹은 건지 이해가 잘 안가지 뭐에요. 아이들과 그림책을 보고 나서야 알았습니다. 여전히 그림 읽기의 방법을 아이들을 통해 배웁니다. 모든 고구마가 삶거나 굽거나 튀겨졌는데, 한 고구마만 요리가 되지 않았어요. 왜 그랬을까요? 이 또한 그림을 세심하게 봐야 알 수 있답니다.

그림책 안의 내용은 아이와 고구마를 캐던 날을 떠오르게 했습니다. 아이와 처음 고구마를 캤을 때, 고구마를 땅속에서 하나씩 캐낼 때마다 신기하고 반가운 마음이 들었습니다. 이 고구마는 어떻게 생겼고, 저 고구마는 어떻게 생겼는지 자꾸 살펴보게 됩니다. 큰 고구마를 캐면 커서 신이 나고, 작은 고구마를 캐면 귀여워서 신이 납니다. 길쭉한 고구마를 캐면 날씬해서 즐겁고, 짧은 고구마를 캐면 동그래서 즐겁습니다. 이런 경험을 해본 적 있으신가요? 마트에서 크기에 맞춰 선별하여 포장된 고구마만 봤다면, 고구마의 크기나 모양이 이렇게 다양하다는 것을 눈치채지 못할 수도 있습니다. 보물을 발견하는 마음으로 고구마 캐는 체험을 해보지 않았다면 고구마의 캐릭터가 이해되지 않을 수도 있습니다. 그래도 괜찮습니다. 이 그림책은 고구마들처럼 말하는 놀이를 해보는 것만으로도 충분히 재미있거든요. "같이 해보면 좋겠구마!"

엄마, 아빠의 대화 코칭!

여러 명이 함께 그림책을 보면 더 많은 것들을 발견할 수 있어요. 우리는 경험이 다르고 생각이 다르고 관점이 다르기에 그것들만 펼쳐놔도 풍부한 이야기를 나눌 수 있습니다. 게다가 다른 사람의 이야기를 통해 평소에 못 봤던 것들이 보이기도 하고, 잊고 있었던 것들이 생각나기도 합니다. 엄마 아빠 또한 혼자서 눈으로 볼 때보다 아이에게 그림책을 소리 내어 읽어주거나, 누군가 읽어주는 것을 들을 때 더 많은 것을 보게 되기도 해요.

어떠한 방법으로도 조리되지 못한 고구마. 왜 요리되지 않았는지를 저는 이 그림책을 10번 넘게 보고, 수업을 하기 위해 아이들에게 읽어주던 날 발견했거든요. 왜 아이들에게 그림책을 소리 내어 읽어줘야 하는지, 아이들이 왜 같은 책을 여러 번 보는지 크게 공감할 수 있었던 사건입니다.

난이도 ★★
권장 연령 4세 이상

푸드아트, 과일 그리고 채소의 변신

준비물
다양한 종류의 채소
과일
빵 칼(어린이용 칼)

놀이의 효과 눈과 손의 협응력, 주의집중력, 관찰력, 창의력, 상상력, 추상적 사고력 향상

놀이 시 주의사항
- 손을 깨끗하게 씻고 활동할 수 있게 해주세요.
- 빵 칼(어린이용 칼)로 자를 수 있는 과일이나 채소는 아이가 직접 해볼 수 있게 도와주세요.
- 채소나 과일을 다양한 형태로 잘라서 준비해 주세요.
- 완성된 음식을 먹어야 한다는 부담을 주지 말아주세요.

푸드아트테라피라는 말을 들어보셨나요? 푸드아트테라피는 음식 재료를 매개체로 창의적인 작품을 만들고 의미를 부여하는 과정을 통해 자아를 찾아가는 심리치료예요. 최근에는 창의력, 상상력 향상을 위해 아이들의 교육 현장에서도 푸드 아트를 활용하고 있어요. 늘 사용하는 그림 도구가 아니라 새로운 재료로 표현하는 활동은 아이들에게 다양한 시각으로 생각해 볼 수 있는 기회를 줍니다. 뿐만 아니라 좋아하지 않는 식재료를 먹어야 한다는 부담감 없이 접할 수 있기에 다양한 식재료를 탐색할 수 있는 기회가 되기도 하지요.

푸드아트를 위해 어떤 음식 재료를 준비해도 좋습니다. 베이비채소, 파프리카, 콩나물, 부추 등 집에 있는 채소를 준비하면 됩니다. 자르는 모양도 자유롭게 해주세요. 채를 썰어도 좋고, 형태를 살려 얇게 썰어도 좋아요. 온전한 형태로 준비한 뒤 아이가 원하는 대로 자를 수 있게 도와주세요. 재료를 모두 잘랐으면 라이스페이퍼 위에 작품 활동을 한 뒤 월남쌈을 말아 먹어도 좋고, 피자 재료로 준비하여 식빵이나 또띠아 위에 작품 활동을 한 뒤 식빵피자(또는 또띠아 피자)를 구워 먹어도 좋아요. 또, 꼬치에 한두 개의 과일을 꽂아 과일 꽃을 만들고, 그것을 높이가 있는 그릇이나 컵에 꽂아 멋진 과일 꽃다발을 완성해 보아요.

어떤 재료를 준비하더라도 아이가 자유롭게 활동할 수 있도록 해주시고, 먹는 것에 대한 강요는 하지 말아주세요. 권유는 하지만 강요는 하지 않아야 아이들이 편안한 마음으로 다양한 식재료를 사용해 볼 수 있답니다.

① 라이스페이퍼 위에 다양한 채소로 그림을 그렸어요.
② 식빵과 재료를 곰 모양 틀로 찍어 곰돌이 샌드위치를 만들었어요.
③ 다양한 과일을 꼬치에 꽂은 꼬치로 과일 꽃다발을 만들었어요.

> **놀이 PLUS+**

1 **과일·채소로 만든 동물** :
    과일과 채소를 활용해 입체적 형태의 동물을 만들어요. 과일과 채소는 그마다 모양이 독특합니다. 양배추로는 부엉이를, 콜리플라워로는 양을, 오이로는 악어를 만든 것처럼, 과일과 채소의 모습을 보며 어떤 동물과 닮았는지 상상해 보세요. 그리고 표현해 보세요. 《과일과 채소로 만든 맛있는 그림책》을 먼저 읽어보는 것도 좋아요.

2 **푸드아트 도시락** :
    아이가 좋아하는 음식은 무엇인가요? 아이가 좋아하는 메뉴를 활용해 푸드아트 도시락을 만들어보세요. 음식은 엄마 아빠가 준비해 주시고, 도시락 통에 아이가 마음껏 배치할 수 있게 도와주세요. 김과 치즈, 달걀 프라이를 활용해 눈, 코, 입만 더해도 귀여운 도시락이 완성된답니다.
    ★ 손을 깨끗하게 씻고, 위생장갑을 낀 뒤 형태를 만들어 볼 수 있게 해주세요.
    ★ 쿠키틀, 주먹밥 등을 준비해 주세요.

함께 읽어도 좋아요

<과일과 채소로 만든 맛있는 그림책> 주경호 지음

과일과 채소로 입체적 형태의 동물을 만든 그림책입니다. 우리가 잘 알고 있는 "여우야~ 여우야~ 뭐하니~" 노래에 맞춰 반복적으로 질문하고 답하는 형식으로 구성되어 있습니다. 페이지의 오른쪽에 과일과 채소로 만든 동물들이 등장합니다. 우리가 이미 다 알고 있는 재료인데 이런 모습을 숨기고 있었나 싶은 마음에 감탄하게 됩니다. 책은 아이에게 "넌 뭐하니?"라고 물으며 끝납니다. 이때도 엄마 아빠가 "○○아~ ○○아~ 뭐하니~" 하며 물어준다면 아이의 이야기 또한 자연스럽게 그림책의 마지막과 연결되겠지요? 시리즈로 《옷과 소품으로 만든 재미난 그림책》과 《잡동사니로 만든 엉뚱한 그림책》도 있습니다. 동물의 이름을 가리고 맞히는 놀이를 하며 보는 것도 재미있어요.

내가 좋아하는 물고기

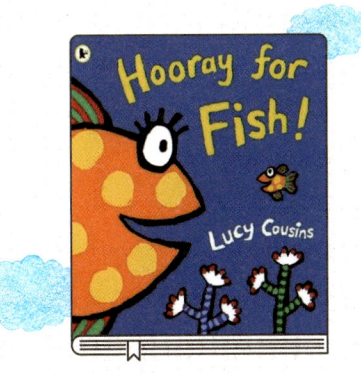

Hooray for fish
루시 커진즈 글·그림

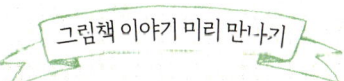

그림책 이야기 미리 만나기

바닷속에서 헤엄을 치고 있는 작은 물고기가 인사를 합니다. 작은 물고기에게는 많은 물고기 친구들이 있습니다. 친구 물고기들은 red fish, blue fish, yellow fish, spotty fish, happy fish, ele-fish 등 그 종류가 다양합니다. 바닷속을 헤엄쳐 다니며 다양한 종류의 물고기 친구들에게 인사하고 우리에게 소개해 줍니다. 그리고 마지막 장면에서 작은 물고기가 가장 사랑하는 물고기를 소개해 주지요. 그림책 안에는 어떤 물고기들이 나올까요? 작은 물고기가 가장 사랑하는 물고기는 누구일까요?

저는 영어도 언어이기 때문에 어렸을 때부터 자연스럽게 접할 수 있으면 좋겠다고 생각해 아이에게 영어 그림책을 읽어주려고 애썼습니다. 자연스럽게 영어를 만날 수 있게, 그림책으로 재미있게 즐길 수 있게 해주고 싶었습니다. 영어 그림책 안의 문자언어는 읽을 수 없지만 그림언어를 충분히 읽어내며 영어 그림책을 봤습니다. 아이와 그림책을 보거나 수업을 진행할 때, 영어 그림책으로 읽어주면 아이들은 그림언어를 더 잘 읽어내더라고요.

《Hooray for fish!》는 상상력이 가득 담긴 책으로, 그림도 선명하고, 노래도 흥겨워 아이와 다양한 활동을 할 수 있는 그림책입니다. 작은 물고기가 "Hello"하며 인사를 하고 자신의 많은 친구들을 소개해 줘요. 물고기 친구들의 모습을 자세히 관찰하면 이름을 맞힐 수 있을 정도로 특징이 분명합니다. 물고기의 이름은 색깔이 담긴 이름, 무늬가 담긴 이름, 감정이 담긴 이름 등으로 나눌 수 있는데, 영어를 배운지 얼마 안 된 아이들도 쉽게 그 이름을 찾아낼 수 있습니다. 물론 영어 단어를 몰라도 상관없습니다. 우리는 영어 공부를 하기 위해 그림책을 보는 게 아니기 때문에 아이가 물고기의 특징을 발견하고 이름을 추론할 때 꼭 영어 단어로 말할 필요는 없습니다. 책을 통해 한 번 듣게 되는 것만으로도 충분하다고 생각합니다. 언어는 반복의 힘, 결국 노출의 양이 중요하니까요.

그림책에 나오는 노래는 유튜브에서 검색하면 들을 수 있습니다. 멜로디가 흥겹고, 단어의 수준도 높은 편이 아니라 유치원 수업이나 유아 영어 수업에도 자주 사용되는 그림책이랍니다. 아이와 음원을 들으며 그림책 놀이를 해보세요.

엄마	물고기의 종류가 진짜 많네~ 엄마는 이렇게 많은지 몰랐어~
아이	엄마~ 진짜 살아 있는 물고기는 이것보다 훨씬 더 많아~
엄마	아, 그렇구나. 근데 엄마는 물고기 이름이 너무 재미있더라고.
아이	물고기의 생김새에 딱 맞게 정해주니까 다른 친구 물고기들이 이름을 기억하기 쉽겠어.
엄마	아~ 그러네~ 이름은 나 말고 다른 사람이 불러주는 거니까~ 이름을 정말 잘 지었네~
아이	엄마는 어떤 물고기가 제일 마음에 들었어?
엄마	음.. 엄마는 sky fish가 마음에 쏙~ 들었어. '새는 하늘을 헤엄치고, 물고기는 바다를 난다.'라는 말을 들었던 적이 있었는데, 이 문장을 잘 담고 있는 물고기 같다는 생각을 했거든.
아이	'새는 하늘을 날고, 물고기는 바다를 헤엄친다.' 같은데? 날거나 헤엄치는 게 비슷해서 그런가?
엄마	우아~ ○○이 대단하다. 그런 공통점을 담고 있는 문장이야. ○○이는 어떤 물고기가 가장 마음에 들었어?
아이	나는 하트 피쉬.
엄마	그런 물고기가 있었어? 엄마는 기억이 안 나네~
아이	아~ 여기 물고기 많은데 있었는데, 엄마는 못 봤나보네.
엄마	어머! ○○이가 이야기해 주지 않았더라면 못 봤을 거야. ○○이는 그림을 꼼꼼하게 잘 보네~

의도적으로 그림언어를 읽는 엄마 아빠보다 아이가 그림언어를 더 잘 읽어냅니다. 아이들은 문자언이보다 그림언어를 보는 게 더 익숙하기 때문입니다. 아이와 함께 문자로 표현되지 않은 물고기들을 찾아보세요. 이 물고기의 이름은 무엇으로 부르면 좋을지도 아이와 상의해 보세요. 물고기의 이름을 붙이는 것만으로도 충분히 즐거운 그림책 놀이가 될 거예요.

내가 좋아하는 물고기를 만들어요.

난이도 ★★★
권장 연령 5~7세

준비물
도화지
색연필
사인펜
스티커
가위

놀이의 효과 소근육 발달, 모양에 대한 감각, 상상력, 표현력, 성취감

놀이 시 주의사항
- 물고기 형태는 동일하고 무늬만 다르게 표현해도 괜찮아요.
- 아이가 어리다면 스티커나 사진 자료를 활용해도 좋아요.
- 가위를 사용할 때 손을 다치지 않게 지켜봐주세요.
- 뒷면에 이름을 써 놓으면 더 좋아요.

그림책 안에 담겨 있던 다양한 물고기의 모습들을 떠올리며, 내가 좋아하는 물고기를 만들어 봐요. 그림책 안에는 없지만 내가 좋아하는 무늬를 가진 물고기도 만들어 봐요. 그림책 속 그림을 활용하여 만든다면 어렵지 않게 다양한 아이디어를 떠올릴 수 있을 거예요. 별 물고기를 보며 아이디어를 얻어 달 물고기를 그리고, 딸기 물고기를 보고 아이디어를 얻어 복숭아 물고기를 그려보는 거죠. 물론 그림책 안에 있는 물고기를 표현해도 좋아요. 아이가 어리다면, 엄마 아빠가 미리 물고기 모양을 그려놓고, 그 안에 다양한 스티커를 활용해 꾸밀 수 있게 해주세요. 물고기의 특징이 잘 나타나게 꾸미고, 이름도 정해주세요.

1. 그림책을 참고하여, 다양한 물고기를 그려요.
2. 물고기 무늬를 색칠하고 오려요.
3. 물고기 무늬에 어울리는 이름을 지어요.

미션 낚시를 해요.

난이도 ★★
권장 연령 4~7세

놀이 02

{ 준비물 }
내가 만든 물고기 그림
클립
자석 낚싯대

{ 놀이의 효과 } 대·소근육 발달, 신체조절력, 주의 집중력, 순발력

{ 놀이 시 주의사항 }
ⓧ 물고기 그림을 코팅하면 더 오래 사용할 수 있어요.
ⓧ 클립, 아일렛 같은 자석에 붙는 장치를 준비해 주세요.
ⓧ 자석은 스탬프 자석이나 장구 자석 등으로 검색하면 비슷한 걸 찾을 수 있어요.

물고기 그림을 오린 뒤 클립을 끼워주고, 낚싯대는 나무젓가락 끝에 자석을 묶으면 아주 간단하게 낚시 준비가 완료된답니다. 체스의 말 중 하나인 폰과 비슷하게 생긴 자석을 활용하면 끈을 묶기도 편하고, 아이가 물고기를 잡을 때도 쉽게 사용할 수 있습니다. 장난감 자석 낚싯대가 있다면 그걸 활용해도 좋아요.

준비가 다 되었다면 이제 낚시 놀이를 해보세요. 누가 많이 잡나 게임을 해도 좋고, 미션을 정해 물고기를 잡아도 좋아요. 영어를 노출하고 싶다면 엄마 아빠가 영어로 물고기 이름을 말해주고, 아이가 물고기를 잡을 때마다 영어로 이름을 말하는 미션을 더해줘도 좋아요.

1 클립이나 아일렛을 활용하여 자석에 붙을 수 있는 장치를 마련해 주세요.
2 다양한 방법으로 낚시 놀이를 해보세요.

나의 마술연필

사냥꾼을 만난 꼬마곰

앤서니 브라운 글·그림, 웅진주니어

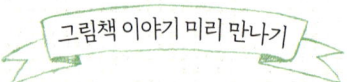

그림책 이야기 미리 만나기

어느 날, 꼬마곰이 산책을 나갔어요. 사냥꾼 두 명은 사냥을 하고 있었지요. 앗! 사냥꾼이 꼬마곰을 봤네요. 사냥꾼이 꼬마곰을 잡으려 할 때, 꼬마곰은 손에 꼭 쥐고 있던 빨간 연필로 무엇인가를 그리기 시작했어요. 그림이 완성되고 사냥꾼은 그 줄에 걸려 넘어져 꼬마곰은 잡히지 않았어요. 다른 사냥꾼이 꼬마곰을 잡으려 할 때, 꼬마곰은 손에 꼭 쥐고 있던 마술 연필로 또 무엇인가를 그리기 시작합니다. 그림이 완성되고 이번에도 꼬마곰은 잡히지 않았습니다. 사냥꾼들이 나타날 때마다 꼬마곰은 마술 연필을 사용해 무엇인가를 그립니다. 꼬마곰은 끝까지 사냥꾼들에게 잡히지 않고 잘 빠져나갈 수 있을까요?

앤서니 브라운은 '한국인이 가장 좋아하는 그림책 작가'라는 수식어가 붙을 만큼 많은 사랑을 받고 있습니다. 이러한 관심을 알고있는 작가는 한국의 독자들을 위해 한국에 자주 오기도 하고, 그가 만든 그림책을 가장 먼저 한국에서 번역하여 출간하기도 합니다. 《사냥꾼을 만난 꼬마곰》은 1979년에 출간된 그림책으로 총 5권의 꼬마곰 시리즈의 첫 번째 그림책입니다. 꼬마곰에게는 '마술 연필'이 있습니다. 이 연필은 무엇인가를 그리면 실제로 나타나는 마술을 부립니다. 꼬마곰은 사냥꾼에게 잡힐 뻔한 상황마다 마술 연필을 사용해 잘 빠져나갑니다. 우리에게 위기의 순간이 생길 때, 이런 마술 연필이 있다면 얼마나 좋을까요? 그림책을 읽으며, 내가 꼬마곰처럼 쫓기고 있는 상황이라면 무엇을 그릴 것인지를 물어보세요. 꼬마곰의 그림을 보기 전에, 아이에게 먼저 질문해 상상해 볼 수 있게 해주세요.

그런데 또 다른 사냥꾼이 있었네요.

엄마 꼬마곰에게 마술 연필이 있어서 안 잡힐 수 있었구나.
○○이라면 이때 무엇을 그릴거야?

아이 나는 가위를 그려서 끈을 자를 거예요.

엄마 오호~ 그러네. 가위가 있으면 끈이 날아올 때 싹둑 자를 수 있겠다.

아이 엄마는 뭘 그럴 거예요?

엄마 음~ 엄마는 구덩이를 그릴래, 거기로 쏙~ 빠지게~

아이 그럼 아주 깊게 그려야겠어요~

엄마 아마도 그렇겠지? 또 뭘 그리면 좋을까?

아이 벽을 그리는 것도 좋을 거 같아요~ 막혀서 못 오게~

엄마 그것도 좋은 생각이네.

아이의 자유로운 생각을 긍정해 주세요. 한술 더 떠서 엄마 아빠가 신나게 이야기하면, 아이도 덩달아 더 적극적으로 찾아낼 거예요. 그림책을 다 읽고 난 뒤, 내게 마술 연필이 생긴다면 무엇을 그리고 싶은지도 물어보세요. 아이의 대답을 통해 요즘 관심사나 욕구를 파악할 수도 있답니다. 페이지마다 그림 속에 숨겨져 있는 비밀도 찾아보세요.

엄마 아빠에게는 배경으로만 보이는 숲속에서 아이들은 다양한 것들을 찾을 거예요. 눈동자 모양의 꽃, 넥타이를 한 풀, 물고기 잎사귀, 손가락 모양의 돌, 성냥개비 나무 등 숨은 그림을 마음껏 찾아보세요. 그리고 여기에 왜 이런 것들이 숨겨져 있는지도 생각해 볼 수 있게 해주세요. 정답은 없어요. 아이가 표현하는 그것이 바로 정답이에요. 아이의 이야기에 귀 기울여주고 긍정해 주세요.

엄마, 아빠의 대화 코칭!

아이들도 규칙이나 금기시 되는 무엇이 있다는 것을 알고 있습니다. 예의 바르게 행동하거나 약속을 잘 지키는 등의 일들 말이죠. 그래서 엄마 아빠가 그것과 반대되는 또는 그것을 깨는 이야기를 신나게 하면, 아이들은 "그러면 안 되는 건데~"라고 이야기하면서 즐거워한답니다. 아이들이 당연한 것을 반대로 생각해 볼 수 있도록, 규칙을 깨는 시도를 해 볼 수 있도록 엄마 아빠가 엉뚱해 보이는 메시지를 던져주세요.

놀이 01

셰이프 게임

Shape Game

- 난이도 ★★★★
- 권장 연령 6세 이상

준비물
도화지
2가지 색 볼펜
손전등
작은 물건
색지
가위

놀이의 효과 주의집중력, 관찰력, 공간지각력, 상상력, 추상적 사고력, 사고의 유연성 향상

놀이 시 주의사항
- 기본 도형으로 먼저 셰이프 게임을 해보세요.
- 엄마 아빠와 돌아가면서 그리면 더 좋아요.
- 종이를 다양한 방향으로 돌려가며 생각할 수 있게 해주세요.

    셰이프 게임은 한 사람이 추상적인 어떤 형태를 그리면 다른 사람이 그 형태를 이용해 그림을 그리는 거예요. 도화지와 두 가지 색 볼펜을 준비해 주세요. 그리고 가위바위보를 하여 순서를 정해요. 예를 들어 아이가 어떤 형태를 그리면 엄마 아빠가 그 형태를 이용해 그림을 완성해요. 그 다음에는 엄마 아빠가 어떤 형태를 그리고, 아이가 그 형태를 이용해 그림을 완성하는 거죠. 이렇게 돌아가면서 셰이프 게임을 하면 아이들의 집중력도 더 높아지고, '엄마 아빠보다 잘해야지~'하는 승부욕도 생겨서 금방 포기하지 않고 끝까지 고민하고 노력한답니다.

    상상력은 그 과정 속에서 커집니다. 종이를 다양한 방향으로 돌려가며 살펴볼 수 있게 해주세요. 그림의 안쪽으로만 표현하지 말고 그림의 바깥쪽으로 확장할 수 있게 도와주세요. 어떤 대상의 형태가 꼭 반듯해야만 한다는 생각을 내려놓고 진행하면 더 좋아요. 이러한 당부는 아이가 아니라 엄마 아빠에게 더 필요할지도 모르겠습니다. 아이들이 엄마 아빠보다 시각적 상상력이 뛰어나 더 다양하고 유연하게 사고하더라고요.

 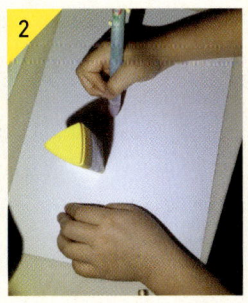 

1. 엄마 아빠가 모양을 그리고, 아이가 그림을 완성했어요.
2. 그림자를 활용해 모양을 그린 뒤 셰이프 게임을 해요.
3. 모양을 색지에 그려 오린 뒤, 그것을 활용해 한 장의 그림을 완성했어요.

> 놀이 PLUS+

1. **그림자를 활용한 셰이프 게임** :

    어떤 사물의 그림자를 활용해 셰이프 게임을 해보세요. 장난감, 학용품 등을 조명으로 비춰 도화지 위에 그림자가 생기게 해주세요. 이때 조명을 어느 각도에서 비추느냐에 따라 만들어지는 그림자의 형태가 달라집니다. 다양한 각도로 빛을 비춰보세요. 그림자의 테두리를 종이 위에 그려주시고, 그 형태를 가지고 셰이프 게임을 진행하면 됩니다.

    ★ 조명의 각도를 달리해서 다양한 형태의 그림자를 만들어 주세요.
    ★ 그림자의 외곽 부분(한 선 긋기로 그릴 수 있는 부분)만 사용해 주세요.

2. **셰이프 게임으로 완성한 그림** :

    셰이프 게임에 사용할 추상적인 형태의 그림을 색지에 그려 오려주세요. 4~5가지의 다양한 형태를 준비해 주세요. 그리고 그 형태들을 활용해 셰이프 게임을 하는데, 그 게임의 결과들을 하나의 도화지에 배치하여 주제가 있는 그림을 완성해 보세요.

    ★ 각 형태마다 어떤 그림을 그릴 것인지 구상해야 해요.
    ★ 그림 전체의 주제나 콘셉트를 무엇으로 할지 결정해요.
    ★ 완성한 그림을 도화지에 붙이고, 나머지 부분을 꾸며주세요.

함께 읽어도 좋아요

<문제가 생겼어요!> 이보나 흐미엘레프스카

할머니가 수를 놓으신, 엄마가 제일 좋아하는 식탁보를 다리다가 그만 식탁보 위에 다리미 자국을 내고 말았습니다. 이를 어쩌면 좋을까요? 아이는 어떻게 할지 걱정하고 또 고민합니다. 아무리 힘센 사람이 와도 해결할 수 없고, 가장 비싼 세제로도 지울 수 없는 일이죠. 결국 엄마가 오셔서 식탁보를 보았고, 엄마는 문제를 멋지게 해결합니다. 식탁보를 보자마자 엄마는 뭐라고 말씀하셨을까요? 다리미 자국을 어떻게 해결했을까요?

이 모든 스토리에 필요한 그림을 표지에 있는 다리미 자국을 활용해 표현하고 있지요. 한 가지 형태로 다양한 그림을 표현한 작가의 유창성에 감동하고, 아이의 실수에 대한 엄마의 태도에 더욱 감동할 수밖에 없는 그림책입니다.

상자의 변신

이건 상자가 아니야
앙트아네트 포티스 글·그림, 베틀북

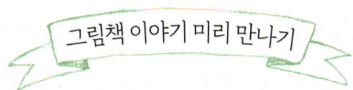

그림책 이야기 미리 만나기

토끼 한 마리가 사각형을 끌고 갑니다. 토끼는 사각형 뒤에 또는 상자 안에 앉아 있습니다. 누군가 토끼에게 상자 안에서 무엇을 하냐고 묻습니다. 토끼는 "이건 상자가 아니야."라고 대답할 뿐입니다. 이번엔 토끼가 상자 위에 올라가 있습니다. 상자 위에서 무엇을 하느냐고 묻자, 토끼는 "이건 상자가 아니야."라고 대답할 뿐입니다. 우리에겐 상자로 보이는 이 사각형이 토끼에겐 무엇으로 보이는 걸까요? 토끼가 그렇게 생각한 이유는 무엇일까요?

그림책의 재질부터 독특합니다. 맨질맨질한 표지가 아니라, 거칠거칠한 종이의 표지에요. 마치 상자처럼 말이죠. 표지에는 토끼와 네모가 그려져 있고, 커다랗게 빨간색으로 '이건 상자가 아니야.'라고 쓰여 있어요. 상자가 아니라면 무엇일까요? 사각형이라는 뜻일까요? 그림책의 한 장면은 누군가의 질문이, 다른 한 장면은 토끼의 대답이 담겨 있습니다. 토끼에게 상자에 앉아 뭐하냐고 물어보니, 토끼의 대답은 단 한 마디 "이건 상자가 아니야!" 뿐입니다. 하지만 우리는 그림을 통해서 토끼가 왜 상자가 아니라고 이야기하는지 알 수 있습니다. 다음 장에서는 박스 위에서 뭐하냐고 물어보죠. 토끼의 대답은 역시나 단 한 마디 "이건 상자가 아니야!" 뿐입니다. 토끼에게 상자는 무엇이었을까요? 마찬가지로 그림을 통해 알 수 있습니다.

토끼가 받은 질문을 아이에게 똑같이 해주세요. 토끼라면 뭐라고 대답했을지, 아이가 상상하며 그림책을 볼 수 있게 해주세요. 토끼의 모습은 아이들과 꼭 닮았습니다. 엄마 아빠 눈에는 쓰레기인 것들이 아이들 눈에는 보물로 보이나 봅니다. 아이들에게 택배 상자, 페트병, 과자 상자, 빨대 등은 새로운 물건을 만들어 낼 수 있는 훌륭한 재료입니다. 특히 요즘처럼 집에 택배 상자가 많이 생기는 때에 아이와 함께 '이건 상자가 아니야' 놀이를 해보는 건 어떨까요?

상자의 변신

난이도 ★★
권장 연령 3세 이상

준비물
상자

놀이의 효과 대·소근육 발달, 공간지각력, 추상적 사고, 창의성, 성취감

놀이 시 주의사항
- 형태를 변경하지 않아도 괜찮아요.
- 자연스럽게 상자를 가지고 놀 수 있게 해주세요.

상자를 활용해 다양한 상상놀이를 해봐요. 상자로 만들 수 있는 것은 무엇이 있을까요? 상자로 만들고 싶은 것은 무엇이 있나요? 상자는 크기에 따라, 모양에 따라 다양하게 변신시킬 수 있어요. 아이들은 상자에 들어가는 놀이만으로도 너무 행복해 한답니다. 상자가 집도 되고, 기차도 되고, 배도 되고, 로봇도 되는 등 다양하게 변신할 수 있게 해주세요.

하나의 대상으로 여러 가지를 떠올릴 수 있는 능력을 '유창성'이라고 합니다. 상자라는 하나의 대상으로 만들 수 있는 다양한 경우를 떠올린 경험이, 이후에 어떤 문제 상황을 만났을 때 다양한 관점에서 사고하고 해결안을 찾을 수 있는 능력으로 연결될 것이라는 기대는 엄마 아빠의 과장된 바람일까요?

1. 문화센터에서 받아온 박스 기차. 집에서도 수시로 박스를 타고 기차 여행을 떠났지요.
2. 상자에 이면지를 활용해 하얗게 포장한 뒤, 그림을 그려 장식하고 아빠의 도움으로 창문도 내어 인형의 집을 완성했어요.
3. 커다란 상자에 스스로 구멍을 내고 집을 만들었어요.

더 신나게 놀 수 있는 TIP
1. 다양한 재활용품으로 만들기를 해요.
2. 온 가족이 함께 상자로 놀잇감을 만들어 보세요.

거울, 반전 그림

오늘의 간식
와타나베 지나쓰 글·그림, 북극곰

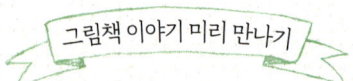

그림책 이야기 미리 만나기

반짝반짝 거울 그림책 시리즈 중 한 권입니다. 맛있는 간식을 함께 만들어볼까요? 책장을 열면 한 페이지에 한 단계씩 간식을 만드는 순서가 나타납니다. 달걀을 깨서 넣고, 밀가루와 설탕을 넣고, 우유를 부어요. 잘 섞어 프라이팬에 구우면 맛있는 핫케이크가 완성됩니다. 테이블 위에 포크와 나이프, 음료수를 준비하고 시럽을 부은 핫케이크를 놓으면 준비 끝. 거울의 마법을 활용해 그려진 그림책이라, 종이에 그려진 그림이 우리 눈앞에 입체적으로 펼쳐집니다. 이 그림책은 어떻게 읽으면 좋을까요?

서울 구경을 가는 길에 '달처럼 생긴 물건'을 사다달라는 아내에게 반달을 닮은 빗이 아닌, 보름달을 닮은 거울을 사온 신랑. 거울을 받아든 아내는 젊은 여자를 데려왔다며 화를 냅니다. 어디 보자며 거울을 본 신랑은 당신 옆에 있는 남자는 누구냐고 소리칩니다. 시어머니는 거울을 보고 할머니밖에 없는데 무슨 소리냐며 며느리에게 되묻지요. 시아버지는 이 늙은이가 왜 우리 집에 있냐며 삿대질을 하고요. 거울을 처음 본 그들은 서로 누구를 데려온 거냐며, 밤새 논쟁을 하고 날이 밝자마자 원님을 찾아갔습니다. 거울을 본 원님은 암행어사가 행차한 줄 알고 깜짝 놀라서 줄행랑을 쳤다는, 우리의 옛이야기를 아시죠?

　　거울이 없었을 때 우리는 타인의 얼굴은 알지만 나의 얼굴은 알 수 없었습니다. 냇가에 얼핏 비춰보는 것만으로는 나를 자세히 볼 수 없습니다. 거울 덕분에 나의 모습을 알 수 있지만 거울이 처음 생겼을 때보다 과학 기술이 훨씬 많이 발전한 지금도 우리는 자기 자신의 모습을 직접 바라볼 수는 없습니다. 늘 거울이나 카메라와 같은 도구를 활용해 나의 모습을 보게 되지요. 나를 보고 싶다는 욕구가 담겨 있어서 일까요? 아이들은 거울을 바라보는 일을 아주 좋아합니다. 학자들 또한 아기였을 때부터 거울을 바라보는 것은 아이의 성장에 꽤 많은 도움을 준다고 합니다.

　　거울은 빛의 반사를 이용하여 대상을 비춰주는 도구입니다. 대상의 방향만 다를 뿐, 비추는 그 대상의 모습을 있는 그대로 보여줍니다. 내가 웃으면 거울도 웃고, 내가 찡그리면 거울도 찡그립니다. 이러한 거울의 속성을 알고 있음에도 이 책을 펼치는 순간 "우아!"를 연발할 수밖에 없었습니다.

　　《오늘의 간식》은 책을 90도로만 펼쳐보아야 합니다. 책장을 세워서 보기만 했을 뿐인데, 반원 모양의 접시가 동그란 모양으로 바뀌고, 하나였던 달걀이 두 개가 됩니다. 어설프게 흘러나오는 주전자 속 음료수는 완벽하게 컵 안으로 들어갑니다. 거울이 있는 면과 그렇지 않은 면에 적절하게 그림을 그려 배치함으로써, 평면의 그림책이 3D 작품이 되어 눈앞에 펼쳐집니다. 그림책 속 거울은 그림책의 다른 페이지뿐만 아니라, 아이의 모습까지도 비춰줍니다. 그 덕에 아이들은 그림책 속 이야기가 지금 내 눈앞에서 펼쳐지고 있다는 느낌으로 그림책을 읽게 되지요.

| 난이도 ★★★
| 권장 연령 6세 이상

거울 놀이를 해요.

{준비물}
신체를 움직일 수 있는 공간

{놀이의 효과} 순발력, 신체조절력, 관찰력, 과학적 사고력 향상

{놀이 시 주의사항}
ⓐ 처음에는 한 팔만 들거나, 한 다리만 움직이는 쉬운 동작으로 시작해 점점 복잡한 포즈를 보여주세요.
ⓐ 거울 놀이를 잘한다면 복잡하고 우스꽝스러운 포즈들을 취해보세요. 웃음이 끊이지 않을 거예요.

거울의 특징을 알고 있나요? 거울은 비추는 대상을 똑같이 보이게 합니다. 그리고 거울은 그 방향을 반대로 나타내지요. 실제 거울을 보며 그 특징을 확인해 봅시다. 내가 오른손을 들면 거울 속 나는 왼손을 듭니다. 내가 왼발을 움직이면 거울 속 나는 오른발을 움직이지요. 거울이 어떻게 반대로 보이는지를 이해했다면, 마주보며 거울 놀이를 해볼까요? 우선 엄마 아빠와 마주보고 서서 대칭 놀이를 해봅시다. 엄마 아빠가 오른손을 들면, 아이는 엄마 아빠의 오른손 앞에 있는 자신의 왼손을 들면 됩니다. 엄마 아빠가 왼발을 들면, 아이는 오른발을 들면 되죠. 마주보고 따라 하는 거울 놀이는 꽤 쉽습니다.

아이가 거울 놀이를 잘한다면, 이번에는 나란히 서서 해보세요. 엄마 아빠와 아이 사이에 거울이 있다면 어떻게 표현해야 하는지 머릿속으로 떠올려보고 포즈를 취하는 활동입니다. 처음에는 나란히 서서 반대 방향을 표현하는 것이 쉽지 않을 수 있어요. 처음엔 쉬운 포즈로 시작해 점점 더 복잡한 포즈를 흉내 내는 방법을 추천합니다. 아이들이 방법만 깨달으면 금방 순발력 있게 포즈를 취할 수 있을 거예요.

| 난이도 ★★
| 권장 연령 4~7세

데칼코마니, 대칭 그림 그리기

{준비물}
도화지
물감
색연필

{놀이의 효과} 대칭 개념 이해, 성취감, 상상력, 표현력

{놀이 시 주의사항}
ⓐ 물감은 한 쪽에만 묻혀주세요.
ⓐ 붓으로 묻히기보다는 종이 위에 물감을 직접 짜는 방법이 더 좋아요.
ⓐ 물감의 양이 너무 많으면 그림이 뭉개진 형태로 나올 수도 있어요.

종이를 반으로 접어 펼친 후 그 사이에 물감을 묻혀주세요. 물감이 마르기 전에 살포시 덮어 꾹- 눌러주면, 동일한 모양이 양쪽 종이에 찍힌답니다. 이를 데칼코마니라고 불러요. 미술 이론 서적을 찾아보면, 데칼코마니는 대칭적인 무늬를 만드는 회화법으로 다양성과 의외성을 지닌 방법이라고 설명합니다. 표현된 무늬가 무엇을 닮았는지 찾아보고, 그 무늬를 활용해 그림을 그려 보세요. 엄마 아빠 눈에는 그냥 물감 무늬로만 보이는 것이, 아이의 눈에는 나비처럼도 보이고, 물고기처럼도 보일 수 있거든요.

1 종이 반 접고, 물감 짜기.
2 다양한 데칼코마니 결과물.
3 데칼코마니 무늬에 그림을 그린 작품

놀이 PLUS+

1. **반전 그림 그리기** : 거울과 동일한 속성을 지니고 있는 자연물을 아시나요? 바로 '물'입니다. 잔잔한 호숫가에 비친 나무의 그림자를 본 기억이 있으신가요? 물웅덩이에 비친 내 모습을 본 경험이 있으신가요? 아이와 함께 수면 위에 비친 그림자를 표현해 봐요. 호수 사진과 OHP 필름을 준비하세요.

   ★ 호수 사진을 준비해 주세요.
   ★ OHP필름을 호수 크기만큼 잘라 주세요.
   ★ 호수의 가장 자리 부분에 테이프를 활용해 OHP필름을 붙이세요.
   ★ OHP필름을 위로 보낸 뒤, 네임펜을 활용해 호수 테두리의 풍경을 따라 그립니다.
   ★ 모두 따라 그린 뒤, OHP필름을 호수 쪽으로 넘기면 반전 그림이 완성됩니다.

2. **만화경 만들기** : 만화경은 거울을 활용해 여러 가지 색채무늬를 볼 수 있는 도구입니다. 3개의 거울을 삼각기둥 모양으로 붙이고, 한쪽 끝에 여러 가지 색의 구슬이나 종이 등을 넣은 뒤, 반대쪽으로 거울 안을 바라보면 같은 무늬가 거울에 반복적으로 반사되어 신비로운 무늬를 만들어 내는 것을 볼 수 있습니다. 보통의 만화경은 구슬이나 종이가 들어있는 쪽이 막혀있지만, 양쪽 다 뚫린 형태로 만들면, 다양한 대상들을 직접 배치하고 만화경으로 살펴보는 활동을 할 수 있습니다.

   ★ 거울지를 긴 직사각형 모양으로 잘라(또는 거울) 삼각기둥 모양으로 붙여주세요.
   ★ 삼각기둥의 겉을 종이로 잘 감싸주세요.
   ★ 책상 위에 구슬이나 종이 등을 올리고, 만화경을 통해 살펴보세요.
   ★ 만화경을 만들 수 있는 시판 키트 제품을 활용해도 좋아요.

나만의 집

위대한 건축가 무무

김리라 글·그림, 토토북

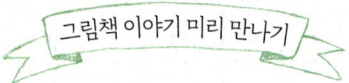

오늘도 무무는 새로운 작품을 만들기 위해 집을 나섭니다. 무무는 무엇을 만들고 싶은 걸까요? 계획을 세우고, 적당한 터를 고르고, 땅을 평평하게 만듭니다. 기둥과 뼈대도 준비하지요. 무무는 건축가답게, 건물을 짓는데 필요한 과정을 하나씩 단계에 맞게 실행합니다. 어떤 건물을 만들고 있는 걸까요?

집이란 무엇일까요? 집에 대한 인식이나 가치는 사람들마다 다르겠지만, 기본적으로 집은 '몸과 마음을 편안하게 하는 곳'입니다. 그래서 우리는 집을 '안식처'라고 부르지요. 아이들은 유독 좁은 공간에 기어 들어가는 것을 좋아합니다. 바구니나 식탁 아래, 책장 옆 구석 같은 곳에 서슴없이 들어갑니다. 조금 더 크면 상자를 집 삼아 들어가 놀기도 하고, 베개로 아지트를 만들기도 합니다. 옷장을 열고 들어가기도 하죠. 이는 엄마의 뱃속에 있었을 때의 그 작은 방을 기억하기 때문이라고 해요. 엄마의 뱃속에 있었을 때의 포근한 느낌이 좋아서 아늑한 공간을 좋아하는 거라고 이야기를 하더라고요. 또 작은 공간에 들어갔을 때 자신의 몸이 커졌다는 느낌이 들어서 좋아한다고 해요. 아이들은 엄마 아빠처럼 커지고 싶은 욕구가 있는데, 작은 공간에 들어갔을 때 그러한 욕구가 충족된다고 합니다. 이유가 어찌되었든 아이들은 자신만의 아늑한 공간을 좋아한다는 것이지요.

　　'무무' 또한 자신만의 공간 만들기를 좋아하는 아이입니다. 《위대한 건축가 무무》는 아이들의 집짓기 놀이 과정을 하나의 프로젝트로 담아낸 그림책입니다. 저희 아이는 무무가 건축하는 과정을 너무나 잘 이해하며 읽었습니다. 조금 더 정확히는 그림책 속 문장보다 더 많은 이야기를 하며 읽었어요. 특히 최근에 자신의 종이집에 아빠의 허락을 구하고 전등을 붙였던 경험이 있었기에, 아빠와 전등을 다는 무무의 모습을 보며 아이의 이야기는 절정에 이르렀지요. 그리고 면지에 그려진 여러가지 형태의 집을 보며 자신이 만들어본 집에는 무엇이 있는지도 살펴보았습니다. 아이의 흥미와 닿아있는 그림책 읽기는 언제나 즐겁습니다. 무무의 이야기를 읽으면, 우리집에 살고 있는 꼬마 건축가의 창작 욕구도 마구 피어날 거예요. 엄마 아빠의 어렸을 때의 집짓기 추억을 공유하며 아이와 함께 멋진 건축물을 만들어 보세요.

나만의 집을 만들어요.

🔸 난이도 ★★
🔸 권장 연령 3~7세

준비물: 다양한 물건(쿠션, 의자, 이불, 종이박스, 우산 등)

놀이의 효과: 공간지각력, 성취감, 집중력, 통제감, 정서 안정

놀이 시 주의사항
- 엄마 아빠의 지시나 허락이 아닌, 아이 스스로 만들고 싶은 마음으로 할 수 있게 해주세요.
- 집안의 어떤 재료를 사용해도 위험하지 않다면 지켜봐주세요.

식탁 의자 위에 담요를 덮어 의자 아래 집을 짓고, 커튼 아래 쿠션들을 모아놓고 아지트를 만듭니다. 집에서 구할 수 있는 다양한 재료들로 진짜 나의 집을 만들어 봐요. 쿠션, 의자, 이불 등을 활용해도 좋고, 종이박스나 우산을 활용해도 좋아요. 집안의 구석진 공간이나 어린이용 텐트를 활용해서 만드는 것도 재미있을 거예요. 엄마 아빠가 권하지 않아도 아이는 무무처럼 집을 만들 거예요. 아이가 자신의 집에 문패를 만들고, 식구들을 초대할 수 있는 기회를 주세요. 나만의 집은 어떤 집인지 소개해 보는 시간을 가져보세요. 아이가 마음껏 표현할 수 있도록 집안을 엉망으로 만들어 놓은 것에 대한 잔소리는 잠시 내려놓고, 아이가 독립된 공간을 스스로 건축한 일을 축하해 주세요.

① 우산이 택배로 온 날 만든 우산 집.
② 상자에 뚜껑이 있어, 지붕이 있는 집을 만들었어요.
③ 집을 직접 조립하고 물감으로 꾸몄어요. 친구들이 놀러 올 때마다 함께 꾸며 멋지게 완성!

놀이 02

나만의 집을 상상해 봐요.

난이도 ★★★
권장 연령 5~7세

준비물
도화지
사인펜

놀이의 효과 공간지각력, 상상력, 표현력, 사회성, 정서적 안정

놀이 시 주의사항
- 아이가 좋아하는 방식으로 살고 싶은 집을 상상해 봐요.
- 현실 속에 존재하지 않을 법한 모습도 좋아요.

당신이 알고 있는 집의 수는 얼마나 되나요? 한옥, 아파트, 빌라, 주택…. 우리가 알고 있는 집의 범위는 그리 넓지 않습니다. 하지만 아이들은 둥지, 우리, 닭장 등 동물들의 집부터 라푼젤의 탑, 인어공주의 성 등 애니메이션 주인공들의 집까지 이야기하며 어른들보다 훨씬 더 폭넓은 시각으로 집을 인식합니다. 아이와 함께 내가 살고 싶은 '나만의 집'을 그려봐요. 디자인은 어떻게 하고 싶은지, 공간은 어떻게 구성하고 싶은지, 누구와 함께 살고 싶은지 상상해 보세요. 어디에 짓고 싶은지, 어떤 재료를 쓰고 싶은지도 생각해 보세요. 꼭 현실적이지 않아도 괜찮아요. 카슨 엘리스의 《우리집》이라는 그림책 속에 있었던 '커피잔 집'이나 '신발 집'처럼 독특한 재료를 사용해도 좋고, 바다 속처럼 나만 알고 싶은 공간에 지어도 좋아요. 집이 주는 이미지, 느낌을 떠올리며 그러한 에너지를 담아 표현해 보세요.

1. 동물을 키우고, 텃밭이 있는 집.
2. 하트 모양의 '사랑의 집'과 사람 같은 '재미재미 집'을 그렸어요.

함께 읽어도 좋아요

<우리집> 카슨 엘리스

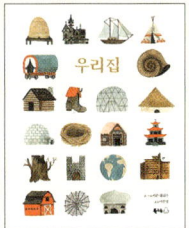

《우리집》은 우리가 살고 있는 다양한 집의 형태를 담고 있는 논픽션 그림책입니다. 그림책의 표지를 먼저 살펴볼까요? 표지에는 다양한 집이 존재합니다. 집이라고 생각해 보지 못했던 모양의 집도 있네요. 그림책 안에 담겨 있는 '우리집'은 어떤 형태일지 궁금한 마음으로 책장을 넘겨봅니다. 어떤 사람은 시골집에 살아요. 또 어떤 사람은 배에서 살고 어떤 사람은 오두막에서 살아요. 책장을 넘길수록 어떤 집의 형태가 등장할지, 어떤 삶을 살아가는 사람들이 등장할지 더욱 궁금해집니다. 작가의 상상력과 현실의 세계가 절묘하게 섞여 있는 덕분에 우리는 끊임없이 상상하며 그림책을 읽게 됩니다.

내가 심고 싶은 씨앗

나에게 정원이 있다면
케빈 헹크스 글·그림, 시공주니어

그림책 이야기 미리 만나기

우리 엄마에겐 정원이 있어요. 나는 엄마의 조수예요. 나는 물도 주고, 잡초도 뽑고, 토끼도 내쫓아요. 내가 무척 힘든 이 일들을 하며 엄마를 도운 덕분에 엄마의 정원은 예뻐졌지요. 나에게 정원이 있다면 아마도 이러할 거예요. 꽃들은 시들지 않고, 색이 바뀌기도 하고, 또 꺾으면 바로 생겨요. 상추를 뜯어 먹는 토끼가 아니라, 초콜릿 토끼들이 있어 내가 그 토끼를 먹지요. 조가비를 심으면 조가비가 열려요. 나의 정원에는 또 어떤 꽃이 있을까요?

'나에게 정원이 있다면'이라고 말하고 있네요. 그럼 정원이 있다는 걸까요, 없다는 걸까요? 아쉽게도 지금은 없나 봐요. 그런데 엄마는 정원이 있대요. 그리고 나는 엄마의 조수 역할을 아주 잘하죠. 정원에서 엄마를 돕다가 상상의 나래를 펼쳐요. 색이 바뀌는 꽃, 시들지 않는 꽃, 꺾어도 바로 생기는 꽃 등 다양한 모습의 꽃들을 상상해 봅니다. 그리고 우리가 한 번도 들어보지 못한 꽃들도 있어요. 조가비가 열리고, 단추도 돋아나죠. 내가 원하는 것들이 열리는 정원이 있다면, 당신은 무엇을 심고 싶으세요?

도시에서 자란 저는 식물이 자라는 모습을 관찰할 기회가 적었어요. 학교를 다니면서 강낭콩 키우기나 고구마 싹 키우기 등을 해보기는 했지만, 그건 그냥 교과서에 나온 과정을 실제로 따라해 보는 숙제일 뿐이었죠. 그래서 '작은 씨앗 안에 커다란 나무가 담겨있다'는 메시지를 들을 때마다 그냥 그런가보다 했어요. 그런데 아이와 함께 텃밭을 가꾸기 시작하면서 그 말의 의미가 얼마나 대단한 것인지, 씨앗이 가지고 있는 가능성과 힘이 얼마나 놀라운 것인지를 직접 경험하게 되었답니다. 아이 손톱보다도 작은 씨앗을 심었는데, 거기서 싹이 나고, 잎이 나고 무럭무럭 자라고, 꽃이 진 자리에서 열매가 맺히는 걸 직접 보니, 이 과정을 몰랐던 게 아닌데 책으로 봤을 때와 그 느낌이 사뭇 다르더라고요.

세상에 존재하는 식물들이, 내가 먹는 채소와 과일들이 막연하게 생겨난 것이 아니라, 이러한 과정을 통해 생겼다는 걸 느낄 수 있어 참 좋더라고요. 그 과정 속에서 아이도 저도 책으로만 배웠던 것들을 온몸으로 경험하고 몸에 쌓아가며 성장하더라고요. 이 그림책도 아이가 정말 좋아하는 책이에요. 엄마 아빠가 보기엔 특별할 것 없는 그림책을 아이들은 왜 이리도 좋아하는 걸까요?

자유롭게 상상할 수 있는 판을 열어주는 그림책입니다. 이 그림책은 무엇이든 아이가 원하는 대로 자신의 생각을 펼칠 수 있게 도와줍니다. 내가 원하는 것이라면 무엇이든 심고 열리는 마법의 정원. 아이와 함께 그림책을 읽고, 어떤 정원을 만들고 싶은지 이야기 나눠보세요. 아이가 마음껏 상상의 나래를 펼 수 있도록 어떤 이야기를 하든 긍정해 주세요. 엄마 아빠도 아이에게 어떤 씨앗을 심고 싶은지 이야기해 주세요.

엄마, 아빠의 대화 코칭!

책을 읽는 것보다 더 중요한 일이 있습니다, 바로 직접 경험을 하는 것. '백문이 불여일견'이라는 말을 들어보셨지요? 백 번 듣는 것보다 한 번 보는 게 낫다는 말로, 스스로 해봐야 제대로 알 수 있다는 의미입니다. 우리는 온몸을 움직이며 직접 부딪혀보면서 많은 것들을 배울 수 있습니다. 직접 겪은 경험은 사물을 구체적으로 볼 수 있고, 다양한 감각을 동원하여 느끼고 배울 수 있게 합니다. 또한 신체활동을 통해 신체의 발달은 물론 스스로 생각하고 탐구하는 힘도 커집니다.

놀이 01

- 난이도 ★★
- 권장 연령 5세 이상

내가 심고 싶은 씨앗

놀이의 효과 자연에 대한 이해, 상상력, 사고의 유연성, 표현력, 성취감

준비물
- 두꺼운 도화지
- 물감
- 단추
- 알사탕
- 다양한 재료(열쇠 등)
- 우드락 본드

놀이 시 주의사항
- ⓐ 아이가 원하는 재료를 준비해 주세요. 직접 그리거나 인쇄하는 것도 좋아요.
- ⓐ 엄마 아빠가 생각하기에 엉뚱해 보이더라도, 인정해 주세요.
- ⓐ 여러 재료를 붙일 것이기에 두꺼운 종이를 준비하면 더 좋아요.

아이에게 정원이 생긴다면, 무엇을 가꾸고 싶은지 어떤 모습일지 이야기 나눠 보세요. 식물뿐만 아니라 그림책 속 주인공처럼 다양한 것들을 가꿀 수 있다는 것을 알려주고, 아이에게 어떤 씨앗을 심고 싶은지 물어보세요. 만약 아이가 적극적으로 대답하지 못한다면, 엄마 아빠는 무엇을 심고 가꾸고 싶은지 먼저 이야기해 주세요. 엄마 아빠가 조금 엉뚱해 보이는 대답을 하면, 아이는 긴장감을 풀고 여유로운 태도를 가질 수 있을 거예요. 꼭 조가비나 알사탕일 필요가 있나요?

저라면 고양이 나무를 심겠어요. 예쁜 고양이들이 열리는 나무 말이죠. 또 집이 열리는 나무도 심을 거예요. 나무에서 집 열매를 따서 땅 위에 놓고 물을 잘 주면, 집 열매가 우리가 살 수 있는 집만큼 커지는 나무 말이에요. 상상력의 범위를 제한하지 말고, 넓혀주세요.

충분히 상상하고 이야기 나눴다면, 두꺼운 도화지를 준비하여 나만의 정원을 만들어 봐요. 여러 가지 재료들을 붙이면 그 무게를 견딜 수 있는 힘이 있어야 하기 때문에 두꺼운 도화지를 사용하는 것이 좋아요. 종이에 나무, 꽃 등의 형태를 그리고, 다양한 오브제를 붙여 가며 꾸며 보세요. 원하는 오브제가 없을 때는 인쇄하여 붙이거나 그려도 좋아요.

1 나의 정원을 그림으로 표현해요.
2 나무의 열매를 다양한 오브제로 표현하거나 그림으로 그려 꾸며요.
3 단추나무, 무지개나무, 조개꽃 등으로 꾸며 나의 정원을 완성했어요.

함께 읽어도 좋아요

<너는 어떤 씨앗이니?> 최숙희

우리는 모두 꽃입니다. 각자가 다른 꽃입니다. 어떤 꽃은 봄에 피고, 어떤 꽃은 여름에 핍니다. 어떤 꽃은 크고 화려한 아름다움을 가졌고, 어떤 꽃은 소박하고 부드러운 아름다움을 가졌습니다. 꽃은 모두 다른 계절에 다른 모습으로 피어나 그 아름다움을 뽐내는데, 우리는 자꾸 조바심이 납니다. 그 조바심을 내려놓을 수 있는 그림책입니다. 우리는 어떤 씨앗이었고 지금 어떤 꽃을 피우기 위해 자라고 있는 걸까요? 엄마 아빠가 먼저 읽고, 아이에게 읽어주세요. 엄마 아빠는 어떤 꽃인지, 아이는 어떤 꽃인지 이야기 나눠보세요. 아이에게는 '나뿐만 아니라 엄마 아빠도 꽃'이라는 메시지 덕분에, 사람은 누구나 소중하고 아름다운 꽃이라는 진실을 깨닫게 될 거예요.

그림 밖의 세상

줌, 그림 속의 그림
이스트반 바녀이 그림, 보물창고

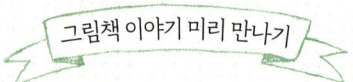

주황색의 무엇인가가 그림책을 가득 채우고 있습니다. 이게 뭘까요? 한 장 넘기니, 닭이 보입니다. 닭의 벼슬이었네요. 또 한 장 넘기니 울타리 위에 앉아 있는 닭을 두 아이가 창문 밖으로 바라보고 있습니다. 그리고 또 다음 장을 펼치니 문 밖에서 창문 밖의 닭을 바라보는 아이들의 모습을 누군가 보고 있나 봅니다. 그 다음 장에는 아이들이 있는 집과 마당이, 그 다음 장에는 여러 채의 집이…. 그림책 안에서 점점 더 한 발씩 물러나며 보다 먼 곳에서 바라보는 장면들이 담겨 있습니다. 과연 다음 장에는 어떤 모습이 펼쳐질까요? 어디에서 이 장면들을 보고 있었던 걸까요?

같은 장면도 어느 위치에서 보느냐에 따라 보이는 모습이 다릅니다. 또 어떤 렌즈를 통해 보느냐에 따라 달라지기도 하죠. 이러한 차이를 《줌, 그림 속의 그림》을 통해 우리는 아주 잘 느낄 수 있습니다. 첫 장에 등장한 그림은 우리가 한 번쯤은 봤을법한 대상인데, 무엇인지 추측하기 어렵습니다. 너무 가까이서 봤기 때문이죠. 책장을 한 장 넘기니, 우리가 알고 있는 바로 그 대상이 나타납니다. 책장을 몇 장만 넘겨도 시야가 점점 넓어지고 있음을 알 수 있습니다. 그리고 이 장면이 어떤 장면의 일부인지를 상상하며 그림책을 보게 됩니다.

엄마 이게 뭘까?

아이 공룡 등인가? 아! 불가사리인가봐요. 아니면 물고기인가?

엄마 글쎄~ 엄마도 잘 모르겠네. 다음 장을 볼까?

아이 아, 닭 벼슬이었네. 너무 크게 그려서 몰랐어~~~

엄마 그러게. 엄마도 닭 벼슬일지는 정말 몰랐어. 가까이서 보면 잘 보이는 줄 알았는데, 너무 가까우니까 잘 못 알아봤네.

아이 아~ 이 아이들이 닭을 보고 있었네.

엄마 그러게~ 닭이 주인공이 아니었나봐.

아이 엄마! 이번엔 누가 아이들이랑 닭을 보나봐요.

엄마 그러게. 누굴까?

아이 음.. 언마나 아빠가 보나?

아이 레고놀이 하는 거였어~
　　　누가 농장을 꾸미고 있었던 거네~~

　　<u>엄마 아빠는 맞장구치며 책장만 넘기면 됩니다.</u> 아이는 호기심을 갖고 스스로 읽어냅니다. 같은 패턴이 반복되고 있기에, 두 장만 넘겨보아도 그 다음이 전 장면을 한 발 멀리서 바라본 장면이라는 것을 예측할 수 있습니다. 혼자서 볼 땐 시야가 넓어지는 것만 생각하며 후딱후딱 책장을 넘기며 봤는데, 아이와 함께 보니 그림을 꼼꼼하게 살펴보고, 그림 밖에 어떤 장면이 숨겨져 있을지 상상하고 추론하며 보게 됩니다. 아이와 이야기를 나누다보면, 그림책에 담기지 않은 세상까지도 무한대로 상상하며 이야기하게 됩니다.

　　<u>이 그림책은 이슈트반 바녀이의 '줌ZOOM' 시리즈 중 하나입니다.</u> 줌 시리즈에는 《줌, 그림속의 그림 ZOOM》,《이게 다일까 Re-ZOOM》,《상상 이상 The Other Side》이 있고, 모두 글 없는 그림책입니다. 그림책의 출판 순서가 궁금하여 검색을 해보니 이 그림책은 무려 1995년에 출판되었더라고요. 요즘 그림책처럼 세련되었고, 담고 있는 생각거리가 많아 여러 번 꼼꼼히 봐야하는 그림책이라 그렇게 오래 되었는지 몰랐어요. 책을 다 보고난 뒤 그림책의 마지막 장부터 한 장씩 앞으로 넘기며, 멀리서 점점 더 가까워지는 느낌으로도 읽어보세요. 책장을 넘기는 순서만 바꿨을 뿐인데 새로운 이야기를 만날 수 있게 될 거예요.

줌인, 줌아웃

놀이 01

- 난이도 ★★
- 권장 연령 5세 이상

준비물
핸드폰
삼각대

놀이의 효과 집중력, 표현력, 상상력, 시각적 감각, 공간지각력, 감수성

놀이 시 주의사항
- 동의 없이 다른 사람을 찍으면 안된다는 것을 알려주세요.
- 삼각대를 활용하면 더 안정감 있게 촬영할 수 있어요.

한 자리에 서서 같은 장면을 줌인, 줌아웃 기능을 활용해 사진으로 찍어 보아요. 우선 어떤 대상을 찍을지 정해주세요. 그리고 한 곳을 정하고 서 주세요. 이때 삼각대를 활용하면 더 안정적으로 촬영할 수 있어요. 삼각대가 있는 위치에서 아무런 조작도 없이 한 장의 사진을 찍고, 조금씩 줌인 기능을 활용해 가까이 찍어보세요. 찍은 사진들을 인쇄해 쭉~ 펼쳐놓고 살펴보세요. 《줌, 그림 속의 그림》처럼 사진의 순서를 정해 한 장씩 배치하여 그림책으로 만들어 보는 것도 좋아요.

1. 삼각대를 사용해 사진 촬영하기.
2. 한 장면을 여러 크기로 찍은 사진들.
3. 촬영한 사진을 활용해 그림책 완성!

난이도 ★★★★
권장 연령 5세 이상

그림 밖의 세상을 그려요

준비물
사진
A4용지
풀
가위
사인펜
색연필

놀이의 효과 상상력, 표현력, 시각 영역의 확장, 스토리텔링 능력 향상

놀이 시 주의사항
ⓐ 사진을 붙일 때 꼭 가운데가 아니어도 괜찮아요.
ⓐ 작은 사진으로 시작한다면 더 다양한 그림으로 확장할 수 있어요.
ⓐ 상상해서 그릴 때 이전의 그린 것과 다른 장면을 만들어야 한다는 규칙을 정해주면 더 다채롭게 그릴 수 있어요.

아이의 손바닥 크기 정도의 작은 그림을 한 장 준비해 주세요. 아이가 직접 골라도 좋고, 엄마 아빠가 선택해도 괜찮아요. 그 그림을 중심으로 그림 밖의 장면을 상상해서 그려 보세요. 첫 번째 그림을 A4용지에 올려두고 그림 밖 장면을 그려주세요. 아이가 원한다면, 그 그림을 활용하여 또 그림 밖의 장면을 상상해 그리는 거죠. 이 과정을 반복하면서 점점 더 커지는 그림을 그려 보세요.

1 무지개를 찍은 사진의 바깥 부분을 상상하여 그린 그림.

우주인이 된
내 모습을 상상해요

내가 우주인이 된다면
에릭 브라운 글, 섀론 하머 그림, 키즈엠

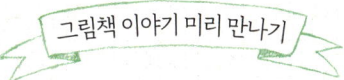

그림책 이야기 미리 만나기

    내가 우주인이 된다면 멋진 우주선을 타고 우주로 갈 거예요. 우주 정거장에서 전 세계 우주인들과 함께 멋진 일들을 할 거예요. 로봇 팔을 조종해서 우주 정거장을 더 튼튼하게 만들 거예요. 우주 정거장을 고치기도 하고, 청소도 할 거예요. 밥을 먹을 때는 둥둥 떠다니는 음식을 잡고, 잠을 잘 때는 번데기처럼 벽에 붙은 침낭 속에서 잠을 잘 거예요. 우주인이 된다면 또 어떤 일을 하게 될까요?

'내가 우주인이 된다면'이라는 제목이 아이들의 상상의 세계에 노크를 합니다. 어떤 일이 생길까요? 어떤 일을 할 수 있을까요? 어떤 일을 하고 싶은가요? 아이와 우주에 간 나의 모습을 상상하며 그림책을 펼쳐봅니다. 이 그림책은 우주에서 생활하고 있는 우주인의 모습을 담고 있습니다. 우주인의 삶의 모습은 우주를 가보지 못한 우리들에게는 상상의 세계보다 더 신비롭습니다. 그림책 안에는 우주인들이 하는 일들이 담겨 있습니다. 어린이들이 이해하기 쉽도록 간단하게 풀어서 설명해주고 있는 장점이 있는 반면, 자세한 이야기가 부족하다는 느낌이 들기도 합니다. 하지만 우주에서 하는 일이 '단순히 지구를 살펴보거나, 별을 관측하는 것'이라는 생각에서 벗어날 수 있었습니다. 우주에 대한 막연했던 생각이 조금은 뚜렷해졌습니다. 그리고 더 자세히 알고싶다는 마음이 생겼고요. 아이들 또한 그렇게 새로운 분야에 대해 알게 될 때, 호기심을 갖고 더 탐구하게 될 것입니다.

엄마   우주인들은 우주에서 무엇을 하고 있을까?
아이   우주에서 전기를 만들고 있지~
엄마   아.. 그래? 엄마는 그 생각을 못 했네.
아이   거기도 사람이 사니까 전기가 필요하지~ 태양이 전기로 바뀌는 걸 하는 거야~
엄마   그래?
아이   또 외계인이 어디 있나 찾아보기도 하고.
엄마   아~ 그렇구나~

사실, 전기를 만든다는 아이의 말에 확실하게 대답할 수 없겠더라고요. 우주선에서 생활을 하려면 에너지가 필요한 건 분명한데, 한 번도 그 부분에 대해 생각해 보지 않았거든요. 우주와 관련된 다른 책을 찾아보니, 우주 정거장에는 태양열 판이 있고, 태양에너지를 전기에너지로 만들어 사용한다고 하더라고요. 아이와 함께 그림책을 보지 않았더라면 생각해 보지도 않았을 부분을 발견해 어찌나 즐겁던지요. 아이와의 대화 속에서도 무엇인가 배울 수 있다는 마음으로 그림책을 읽는다면, 우리는 우주만큼 다양한 것들을 만날 수 있을 거예요. 아이와 함께 신비로운 우주여행을 떠나보세요.

우주인이 된 내 모습

난이도 ★★
권장 연령 4세 이상

준비물
도화지
색연필
머핀뚜껑
별모양 스티커

놀이의 효과 상상력, 표현력, 자기주도성 향상

놀이 시 주의사항
ⓐ 상상화답게 아이의 창의적인 생각을 존중해 주세요.
ⓐ 행성 스티커, 아이의 사진 등을 활용해 표현하는 것도 좋아요.

　우주인이 된 나의 모습을 그림으로 표현해 보아요. 우주로 여행을 간다고 생각해 봐요. 책에서 보았던 것들, 영상으로 보았던 것들을 떠올리며 내가 생각하는 우주의 모습을 표현해 보아요. 어두운 색의 종이와 스티커, 색종이 등을 활용해 표현해도 좋고, 물감을 활용해 배경을 색칠해도 좋아요. 우주인 이미지에 아이의 사진을 붙여 활용하는 방법도 있고, 천문대나 과학관에 전시된 우주인의 사진이 있다면 그것을 활용해 보는 것도 좋은 방법이랍니다.

　우주인이 된 나의 모습을 표현해 보자고 했을 때, 아이가 무엇을 그려야 할지, 어떻게 그려야 할지 고민한다면 다음과 같은 질문들을 해주세요. '어떤 옷을 입고 가면 좋을까? 어떻게 갈까? 누구와 갈까? 무엇을 볼 수 있을까? 우주에서 그것들을 봤을 때, 어떤 마음일까?' 등을 표현할 수 있게 해주세요.

① 머핀 뚜껑을 이용해 우주복을 입고 우주를 여행하는 나.
② 동그라미 색종이로 달을 표현하여 우주여행 중인 내 모습.
③ 천문대 체험학습 중!

놀이 PLUS+

1. <mark>블랙라이트 물감 놀이</mark> :

   야광 물감을 활용하면 특별한 조명이 없어도 야광 놀이를 할 수 있어요. 원래는 블루라이트라는 특별한 조명이 있어야 하지만, 핸드폰과 셀로판 테이프, 유성매직(빨강, 파랑)만 있으면 가능하답니다.

   ★ 야광 물감을 활용해 그림을 그리고, 색칠해 주세요.

   ★ 핸드폰 플래시 부분에 셀로판 테이프를 붙이고, 셀로판 테이프 위를 파란색 유성 매직으로 칠합니다. 한 번 더 테이프를 붙인 뒤 파란색 유성 매직으로 칠하고, 그 위에 테이프를 더 붙인 뒤 빨간색 유성 매직으로 칠해주고 테이프를 붙여 마무리합니다.

   ★ 불을 끄고 핸드폰의 블랙라이트를 활용해 빛나는 그림을 그려보세요.
   형광으로 빛나는 모습을 볼 수 있을 거예요.

2. <mark>행성 만들기</mark> :

   태양계 행성을 만들어요. 행성 이야기가 담겨 있는 그림책을 살펴보며, 태양계 모습을 표현해 보세요. 그림으로 그려 표현해도 좋고, 둥그런 모양의 스트로폼이나 풍선을 활용하는 것도 좋아요. 이미 시판 중인 태양계 행성 만들기 키트를 활용하는 방법도 있답니다.

하늘을 표현해요

그리는 대로
피터 레이놀즈 글·그림, 나는별

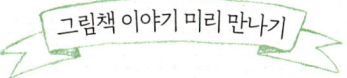

　　마리솔은 화가입니다. 뭐든 그리고 색칠하는 걸 좋아합니다. 어느 날, 마리솔네 반 아이들이 도서관 벽화를 그리게 되었습니다. 아이들은 서로 아이디어를 내고 계획을 세웠습니다. 다함께 엄청나게 큰 그림을 그리기로 했습니다. 어떤 친구들은 물고기를 그리겠다고, 또 어떤 친구들은 바다를 그리겠다고 말했습니다. 마리솔은 하늘을 그리겠다고 소리쳤고요. 그런데 파란색이 없지 뭐예요. 파란색 물감이 없는데 하늘을 어떻게 그릴 수 있을까요? 마리솔은 낮이 밤으로 바뀌는 것을 보고, 온갖 색깔이 소용돌이치는 하늘을 떠다니는 꿈을 꾸고, 빗속에서 버스를 기다리며 하늘을 보다가 하늘의 진짜 색을 찾았습니다. 하늘의 색은 무슨 색일까요? 마리솔은 하늘을 무슨 색으로 그렸을까요?

당신이 알고 있는 하늘의 색은 몇 가지인가요? 하늘은 파란색 또는 하늘색으로만 그려야 한다고 생각한 적이 있었습니다. 심지어 밤하늘의 하늘도 그렇게 색칠했지요. 누가 정해준 것도 아닌데 사과는 빨간색, 하늘은 하늘색, 바다는 파란색으로 칠해야 한다고 생각했습니다. 이런 마음은 운전을 하게 되면서 달라졌습니다. 평생 보았고 잘 알고 있다고 생각한 하늘인데 서른이 가까워져서야 하늘의 색을 제대로 봤습니다. 운전을 하며 앞을 보니 파란색의 하늘이 보였지만, 백미러로 본 하늘은 핑크색이었습니다. 어느 날은 앞에 보이는 하늘은 하늘색인데, 백미러로 본 하늘은 회색이더군요. 또 어떤 날은 주황색이었고요. 날씨가 달라지고 계절이 달라지고, 시간이 달라지면서 하늘이 다르게 보인다는 것을 알았습니다. 그리고 하나 더! 내 마음이 달라지면 하늘이 다르게 보인다는 것도 알게 되었습니다. 내 마음이 즐거울 땐 흐린 날의 하늘도 세련된 무채색으로 보이고, 내 마음이 슬플 땐 푸르고 맑은 하늘도 시린 파란색으로 보인다는 것을 말이죠.

《그리는 대로》의 주인공 마리솔은 그림 그리는 것을 아주 좋아합니다. 늘 미술 도구 상자를 들고 다니고, 자신의 생각을 그림으로 표현할 수 있는 아이입니다. 선생님과 친구들은 마리솔을 화가라고 불렀지요. 어느 날, 마리솔네 반 아이들이 도서관 벽화를 그리게 되었습니다. 아이디어를 모으고 각자 그리고 싶은 것을 정했습니다. 마리솔은 하늘을 그리려 했지만, 파란색이 없었습니다. 물론 하늘색도 없었지요. 어쩌면 좋을까요?

엄마   마리솔이 하늘을 그리려고 했는데, 파란색도 하늘색도 없었대~

아이   그래도 괜찮지~ 하늘은 꼭 파란색, 하늘색만 있는 건 아니니까.

엄마   그래? 그럼 어떤 색이 있는데?

아이   빨간색이나 핑크색, 보라색 하늘도 있어요~ 또 주황색도 있고~

엄마   아~ 그렇지. 우리 저번에 핑크색 하늘도 봤지. 마리솔은 어떤 색으로 했으려나?

아이   우리가 알고 있는 하늘의 색을 모두 다 사용한 거 아닐까?
      그림이 아주 크다고 했으니까~

과학이 발달하고, 삶의 속도가 빨라지면서 우리는 점점 더 주변의 자연과 일상을 직접 느끼기보다 타인의 언어나 영상을 통해 간접적으로 느끼게 됩니다. 그러다 보니 어떤 대상을 내가 본 대로가 아니라, 다른 이들이 명명한 대로 인식하게 됩니다. 어떤 대상이든지 자세히 살펴보면 다양한 빛깔을 담고 있는데, 표면적으로만 보니 그 안에 담긴 다채로운 빛깔을 보지 못하는 경우가 많습니다. 하늘을 보는 것부터 시작해 보세요. 아이와 함께 하늘의 다양한 색을 만나보세요. 무심히 하늘을 바라보지 말고, 충분히 하늘을 살펴보는 경험을 해보세요.

엄마, 아빠의 대화 코칭!

마리솔에게 파란색이 있었다면, 마리솔은 하늘이 무슨 색인지 고민하지 않았을 거예요. 결핍은 생각하는 힘을 커지게 합니다. 현대의 아이들에게는 '결핍이 결핍되었다.'라는 이야기를 종종 하지요. 하루 종일 가득한 일정으로 여유로운 시간, 멍 때릴 수 있는 순간들이 결핍되지 않았나 싶어요. 아이에게 결핍을 선물해 주세요. 아무것도 하지 않아도 되는 여유로운 시간 속에서 아이가 발견하는 것들을 들어주세요. 아이가 발견할 수 있도록 질문을 던져 주세요. "오늘 본 하늘은 무슨 색이었어?" "가장 좋아하는 하늘의 색은 무엇이야?" 혹시 대답하기 어려워한다면, 함께 하늘을 살펴보러 산책을 나가는건 어떨까요?

하늘을 표현해요!

- **난이도** ★★★
- **권장 연령** 5세 이상

준비물
물감
볼펜
도화지

놀이의 효과 상상력, 표현력, 감수성, 사고의 유연성, 추상적 사고 향상

놀이 시 주의사항
- 비 오는 날의 하늘, 밤하늘의 하늘 등을 먼저 생각해 볼 수 있게 해주세요.
- 밖으로 나가 하늘을 관찰해 보세요.

아이와 함께 '내가 만났던 하늘'을 그림으로 표현해 봐요. 내가 좋아하는 색으로 하늘을 그려보고 또 내가 보고 싶은 색으로 하늘을 만들어 봐요. 하늘의 빛깔은 시간, 장소, 때, 기분 등에 따라 달라집니다. 최근 즐거웠던 경험을 떠올려 보세요. 그날의 하늘은 무슨 색이었을까요? 내가 가장 신났던 날은 언제인가요? 그날의 하늘은 무슨 색이었을까요? 자유롭게 하늘을 표현해 보세요.

하늘의 색을 파란색 또는 하늘색으로만 인지하고 있다면 이런 질문이 낯설 수 있어요. 그럴 때는 밤하늘의 색은 무엇일지 생각해 볼 수 있게 해주세요. 비 오는 날의 하늘은 무슨 색일지 생각해 볼 수 있도록 해주세요. 이때 엄마 아빠가 생각하는 하늘의 색과 다르게 대답을 하더라도 괜찮아요. 하늘은 정말로 우리가 아는 것보다 훨씬 더 많은 색을 가지고 있기도 하고, 우리에게 중요한 건 다양하게 표현하는 경험을 하는 것이니까요.

피터 레이놀즈처럼 물에 번지지 않는 검정색 펜으로 밑그림을 그리고, 물감에 물을 많이 섞어 하늘을 색칠해 보세요. 인상 깊었던 날들을 그리고, 그날의 하늘을 다양한 색으로 표현해 보세요. 여러 장의 그림을 그려 하나로 연결한다면 멋진 작품이 완성될 거예요.

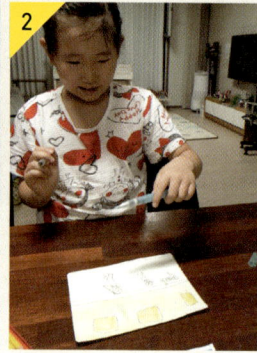

1 밑그림 그리기.
2 하늘 채색하기.
3 하늘 그림들을 한 장으로 연결하기.

함께 읽어도 좋아요

<느끼는 대로> 피터 레이놀즈

주인공 레이먼의 그림을 본 형이 이게 무슨 그림이냐며 비웃자 레이먼은 그림 그리는 게 싫어졌습니다. 이때 그 모습을 본 여동생 마리솔은 레이먼이 던진 그림을 들고 뛰어갑니다. 마리솔의 방에는 레이먼이 그동안 구겨 버린 그림들이 가득 전시되어 있었습니다. 마리솔 덕분에 레이먼은 무엇인가를 깨달았습니다.

피터 레이놀즈는 미술 교육 현장에서 아이들이 그림 그리는 것을 재미없고 어렵다고 느끼는 것을 보며, 아이들에게 전하고 싶은 이야기를 《점》, 《느끼는 대로》 등에 담았습니다. 그는 그림을 잘 그리는 법이 따로 있는 게 아니라, 자신이 하고 싶은 대로 마음껏 표현하면 된다는 것을 말해주고 싶었다고 합니다. 저자의 그런 바람은 아이들뿐만 아니라 어른인 우리들에게도 의미있게 전해집니다.

14 나의 ㄱㄴㄷ 그림책

기차 ㄱㄴㄷ
박은영 글·그림, 비룡소

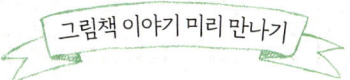

그림책 이야기 미리 만나기

기다란 기차가 나무 옆을 지나 다리를 건너 랄랄랄 노래를 부르며 어디론가 가고 있습니다. 기차가 어디론가 가고 있는 모습을 담고 있는 그림책입니다. 기차, 나무, 다리 등 한글 자음의 순서에 맞게 단어를 사용하여 문장을 만들고 그림을 그려 표현한 덕분에 이야기를 읽으며 자연스럽게 한글 놀이를 할 수 있습니다. 기차는 어디로 가고 있을까요?

그림책은 누구와 보느냐에 따라 다른 관점으로 볼 수 있습니다. 관점에 따라 서로 다른 이야기와 활동을 할 수 있습니다. 《기차 ㄱㄴㄷ》은 한글의 자음 순서에 맞춰 이야기를 만들어 놓은 덕분에 많은 엄마 아빠들이 아이가 글자를 깨우치길 바라는 마음으로 구입하는 그림책 중 하나입니다. 집안 곳곳에 한글 카드나 자음 모음표를 붙여놓는 것과 비슷한 마음인거죠. 출판사에서도 '이야기 속에서 만나는 한글 놀이 그림책'이라고 소개하고 있어요. 1997년 볼로냐 국제 아동도서전 논픽션 부문에 선정된 작품이고, 초등학교 교과서에도 수록된 유명한 책입니다. 아이들이 그림책을 좋아하는 가장 큰 이유는 바로 '재미'이기 때문에, 재미있지 않으면 선택하지 않습니다. 그렇다면 어떤 그림책이 재미있는 것일까요? 스토리가 흥미롭거나, 그림언어가 풍부하거나, 그림책 안에 숨겨진 무엇이 있거나, 읽어주는 사람이 재미있다고 믿으며 읽어주거나, 그림책을 읽고 서로 나누는 이야기가 신나거나, 자신이 좋아하는 소재가 등장하는 등의 이유가 있습니다. 엄마 아빠는 내 아이가 글자에 대한 감각을 익히길 바라는 마음에 그림책을 펼쳤지만, 아이들은 기차라는 소재, 여행을 떠나는 즐거움, 화려하고 편안한 그림에 마음을 빼앗기고 재미를 느낍니다.

기차는 몇 칸이나 될까요? 누구를 태우고 가나요? 기차를 운전하는 이는 누구인가요? 기차는 어디로 가고 있는 걸까요? 어떤 열매가 달린 나무일까요? 햇님이 숨어 있는 것이 보이나요? 손님들이 창밖으로 손을 내밀고 있는 이유는 무엇일까요? 손님들은 무엇을 보고 있을까요? 또 어떤 생각을 하고 있을까요? 무슨 이야기를 나누고 있을까요? 하늘의 색이 달라진 이유는 무엇일까요? 어떤 계절일까요? 이 페이지에는 '나무 옆을 지나'라는 문장 하나 밖에 없지만, 그림을 통해 우리는 수많은 이야기를 읽어낼 수 있습니다. 엄마 아빠가 글자만 보고 있을 때, 아이들은 그림을 봅니다. 엄마 아빠가 나무 옆을 지나가는 기차만 보고 있을 때, 아이들은 기차를 지나가는 풍경을 보고, 손님들의 이야기를 봅니다. 이 책은 한글이라는 문자 학습을 넘어, 세상을 만날 수 있는 그림책입니다. 그림책을 충분히 즐긴 후 아이와 한글의 자음 순서에 맞춰 우리들만의 이야기를 만들어보세요.

나의 ㄱㄴㄷ 그림책

난이도 ★★★★
권장 연령 6세 이상

준비물
A4용지
사인펜
색연필

놀이의 효과 표현력, 상상력, 스토리텔링 능력, 언어구사력, 맥락 파악 능력 향상

놀이 시 주의사항
ⓐ 앞뒤의 내용이 연결되지 않아도 괜찮아요.
ⓐ 형식이 동일하지 않아도 괜찮아요.
ⓐ 자음의 순서대로 무엇인가 써 내려가는 경험이 놀이처럼 느껴지도록 해주세요.

《기차 ㄱㄴㄷ》처럼 한글 자음 순서에 맞게 글을 써서 그림책을 만들어 볼까요? 그림책을 만든다고 하면 부담될 수 있으니, 자음 순서에 맞게 이야기를 해본다고 생각하면 좋아요. 순서에 맞는 자음의 낱말만 떠올려도 충분히 문장을 만들 수 있어요. 아이 혼자 만들어보라고 하면 부담스러워 할 수 있으니 함께 해보세요. 예를 들면 아이가 자음이 들어가는 낱말을 찾아내면, 엄마 아빠가 그 낱말로 문장을 만드는 거죠. 처음엔 엄마 아빠가 주도적으로 내용을 만들고, 아이는 그림을 그려보게 하세요. 이러한 과정을 통해 아이는 자기도 하고 싶다며 스스로 내용을 만들게 될 거예요. 자세히 살펴보면 앞뒤 내용이 맞지 않는 부분도 있고, 맞춤법도 틀렸지만 하나의 주제를 가지고 자음의 순서대로 문장을 쓰면서 한 편의 글을 완성한 것만으로도 너무나 훌륭합니다. 우리는 결과보다 과정에서 더 많은 것들을 경험하며 배우니까요.

① 아이가 글을 쓰고, 엄마가 그림을 그려 완성한 《사랑 ㄱㄴㄷ》 책!

나의 그릇

나는 그릇이에요
최은영 글, 이경국 그림, 꼬마이실

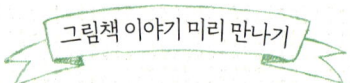

처음에 나는 흙이었습니다. 차가운 물을 만났고, 사람들이 꾹꾹 밟고, 조몰락조몰락 만졌습니다. 그리고 불을 만났지요. 불을 만나니 물이 모두 되어났습니다. 그리고 붓도 만났습니다. 나는 달라졌습니다. 이제 흙이 아니지요. 나는 이제 그릇입니다. 나는 무엇을 담을 수 있을까요?

토기를 만들게 되면서 인류의 문명은 크게 발전하였습니다. 그 전에는 날 것 그대로 먹거나 구워서 먹는 정도의 조리 방법만 있었지만, 토기가 생기면서 인류는 끓이는 음식을 만들어 먹을 수 있게 되었지요. 이로 인해 더 많은 종류의 자연물을 먹을 수 있게 되었고, 소화 능력이 향상되었습니다. 또, 토기가 생기면서 음식들을 오랫동안 보관할 수 있게 되었습니다. 음식을 보관할 수 있다는 것은 음식이 없을 때를 대비할 수 있고 이동할 수 있다는 의미입니다. 뿐만 아니라 물을 담아 이동할 수 있게 되면서 인류의 활동공간을 더욱 확장할 수 있는 계기가 되었죠. 《나는 그릇이에요》는 그릇의 이야기입니다. 그릇은 처음 흙이었을 때부터 어떤 과정들을 거쳐 그릇이 되었는지를 들려줍니다. 공장에서 찍어내는 그릇이 아닌 흙을 밟고 손으로 만져 빚어내는 과정들이 담겨있지요. 토기는 세계 여러 나라 사람들이 보편적으로 사용하는 물건인만큼 그림책 안에도 세계 여러 나라 사람들의 토기 만드는 모습이 담겨 있습니다. 그림책 안에서는 물을 담을 수 있는 그릇, 음식을 담을 수 있는 그릇, 장을 담을 수 있는 그릇뿐만 아니라 행복한 기억을 담고 있는 그릇도 보여주며 우리의 사고를 넓혀줍니다.

엄마 그릇에 연필이랑 꽃이 담겨 있네. 연필이 담겨 있는 그릇을 뭐라고 부르지?

아이 필통!

엄마 응. 보관할 수 있는 거 말고 또 있어~ 뭘까?

아이 아하! 연필꽃이!

엄마 그렇지. 그럼 꽃이 담겨 있는 그릇은 뭘까?

아이 꽃병이랑 화분.

엄마 아~ 그러네. 화분도 있었구나. 그렇다면 어항은 그릇일까?

아이 글쎄… 물이랑 물고기가 담겨있는 그릇인가?

엄마 그렇지~ 또 어떤 것들이 그릇이 될 수 있을까?

아이 보석함!

엄마 응. 보석함도 그릇이네. 무엇을 담고 있는 그릇일까?

아이 보석함은 보석이랑 악세사리.

엄마 좋아~ 그럼 조금 어려운 거 물어봐도 돼?

아이 응.

엄마 꽃병은 꽃을 담고 있는 그릇이잖아. 근데 꽃은 어때?

아이 예쁘고, 꿀도 있고, 향기도 나지~

엄마 그럼, '꽃병은 아름다움을 담고 있는 그릇이다.'라는 표현은 맞는 말일까?

아이 응! 또 꽃병은 향기를 담고 있는 그릇이야.

엄마 그렇지~

우리는 보통 음식을 담는 것만 그릇이라고 생각합니다. 하지만 조금 넓게 생각하면 담을 수 있는 것은 모두 그릇입니다. 그 형태는 조금씩 다르고 담고 있는 대상도 다르지만 '담고 있다'에 초점을 두고 생각해 보면, 우리 주변에서 다양한 그릇을 발견할 수 있습니다. 물은 컵에 담겨 있고, 연필은 필통에 담겨 있고, 이불은 옷장에 담겨 있습니다. 그리고 지식은 책에 담겨 있지요. 컵, 필통, 옷장, 책은 모두 그릇입니다. 물리적인 형태를 담고 있는 그릇을 충분히 찾아보았다면, 보이지 않는 것들을 담고 있는 그릇들도 찾아보세요.

내가 만든 그릇

난이도 ★★★
권장 연령 6세 이상

준비물
찰흙

놀이의 효과 소근육 발달, 표현력, 정서적 안정, 성취감, 집중력 향상

놀이 시 주의사항
- 도자기 체험을 할 수 있는 곳을 활용해 보세요.
- 그릇의 실용도가 떨어지더라도, 아이가 표현하고 싶은 부분을 드러낼 수 있게 해주세요.

흙과 물이 만나 만들어진 반죽을 가지고 그릇을 만드는 활동을 해보세요. 질퍽한 느낌의 찰흙이나 지점토를 만져보는 촉감 놀이는 마음을 편안하게 해주는 활동입니다. 흙에서 놀고, 진흙을 마음껏 만져보는 활동은 아이들에게 자유로운 신체활동을 선물한답니다. 내가 원하는 형태로 빚어보는 활동은 3차원의 작품을 만들어 낼 수 있어 사물을 바라보는 다양한 시각을 경험할 수 있다는 장점이 있습니다.

아이와 다양한 형태의 그릇을 만들어 보세요. 기회가 된다면 도자기 만들기 체험을 해보는 것도 좋아요. 직접 흙으로 빚고 구워서 완성된 그릇을 받아본 아이는 뜨거운 가마에서 불을 만나, 물이 모두 달아나버렸다는 표현을 잘 이해할 수 있어요. 또 뜨거운 불을 만난 이후 더 단단해진다는 것 또한 자연스럽게 이해하죠. 인류의 조상들이 느낀 그 감동을 함께 느낄 수 있는 기회가 될 거예요.

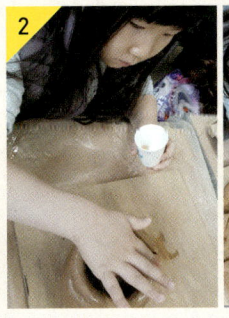

1. 온몸으로 진흙을 느낄 수 있었던 체험 공간.
2. 흙을 길쭉하게 만들어 한 줄씩 쌓아 그릇을 만들고, 모양낸 흙을 붙여 장식해요.
3. 불을 만난 뒤 단단해진 연필꽂이 완성!

내가 발견한 세상의 그릇

난이도 ★★★★★
권장 연령 7세 이상

준비물
A4용지
색연필

{ 놀이의 효과 } 상상력, 표현력, 유비추론, 자존감, 추상적 사고력 향상

{ 놀이 시 주의사항 }
ⓐ 다른 관점에서 생각해 보는 경험만으로 충분해요.
ⓐ 눈으로 볼 수 있는 것들만 찾아내도 의미 있는 활동이에요.
ⓐ 아이가 어려워한다면, OX 퀴즈처럼 가볍게 진행해 보세요.

나의 그릇을 찾아봐요. 나는 어떤 그릇들을 가지고 있는지, 어떤 그릇들을 알고 있는지 표현해 봅시다. 먼저 '무엇인가를 담을 수 있는 그릇'을 많이 찾아봐요. 물리적으로 담고 있는 것을 넘어, 보이지 않는 것들을 담은 그릇을 발견해 보는 경험을 해요. 그 중에 아이가 알고 있는 그릇들은 무엇이 있는지 찾아보게 해주세요. 아이들은 밥그릇, 접시, 컵, 항아리, 바구니, 냄비, 주전자 등을 찾아낼 것입니다.

"책에는 무엇이 담겨 있을까?" 질문해 주세요. 아이는 글자, 그림을 찾아냅니다. 이야기, 지식도 찾아낼 수 있지요. 즐거움, 재미까지 찾아낼 수 있다면 아주 훌륭합니다. 이 외에도 "침대에는 무엇이 담겨 있을까? 냉장고에는 무엇이 담겨 있을까? 컴퓨터에는 무엇이 담겨 있을까?"도 질문해보세요. 퀴즈를 내는 것처럼 진행하면 아이들은 부담 없이 자신의 생각을 자신 있게 표현합니다. 구체적 대상물을 발견하는 것도, 추상적 대상물을 발견하는 것도, 가치와 정서를 담고 있는 것을 발견하는 것도 모두 의미 있습니다. 추상적 사고는 초등학생 이후에 가능한 사고이기에 "냉장고에 건강함을 담고 있나?" 정도로 가볍게 질문해 주세요. 질문을 이해하지 못해도 괜찮아요. 아이가 궁금해 한다면 설명해 주지만 그렇지 않다면 그냥 가볍게 지나가도 괜찮아요. 다양하게 이야기를 나눠보고, 그 중에 몇 가지를 그림이나 글로 표현하게 해주세요.

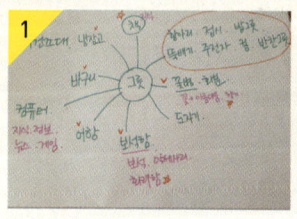

① 어떤 그릇이 있는지 찾아봤어요.
② 다양한 그릇을 그림으로 그려요.
③ 각각의 그릇이 무엇을 담고 있는지 표현했어요.

"감정을 표현할 수 있는 그림책 놀이"

2010년, G20 서울 정상회담 폐막식에서 미국 오바마 대통령이 한국 기자에게 질문할 수 있는 기회를 주었을 때, 아무도 질문하지 않았던 일을 기억하시나요? 기자라는 직업은 무엇인가 질문하고 알아내는 사람이잖아요? 그런데 왜 이런 일이 생긴 걸까요?

우리는 수동적으로 받아들이는 교육에 익숙해요. 질문해 본 경험이 없기 때문에 성인이 되어서도 질문하지 않아요. 스스로 생각하기보다 누군가 정답을 알려주고 그것을 기억하는 것을 선호해요. 마음 편하거든요. 머리 아프지 않고요. 그런데 지식이나 경험뿐만 아니라, 감정도 그러해요. 자신의 감정을 스스로 알아차리지 못하고, 타인에게 물어보게 되는 거죠. 감정을 인식하는 연습, 감정을 표현하는 연습을 하지 않으면 성인이 되어서도 알아차리기 어려워요. 이건 성인이 된다고 해서 자연스럽게 습득할 수 있는 부분이 아니에요. 그래서 저는 지식을 쌓고 공부를 잘하는 것보다 자신의 감정을 인식하고 자유롭게 표현하는 능력을 먼저 키워야 한다고 생각해요.

이는 제 개인적인 생각이 아니라, 뇌 과학을 연구하는 분들이 이미 증명해 낸 사실입니다. 정서지능은 아이의 모든 발달의 기초가 된다고 볼 수 있습니다. 인간의 뇌는 크게 3부분으로 나뉘어져 있고, 이를 '뇌의 3층 구조'라 하는데, 1층은 생존의 뇌, 2층은 감정의 뇌, 3층은 사고의 뇌입니다.

1층 생명의 뇌는 파충류의 뇌라고도 부르는데, 뇌의 가장 밑바닥에 있는 후뇌를 말합니다. 후뇌는 호흡, 심장박동 등 생명 유지에 필요한 기능을 담당하고 있습니다. 2층 감정의 뇌는 후뇌 바로 위에 있는 중뇌입니다. 위아래로 정보를 전달하는 중간 정거장 역할을 하며, 감정 기능을 담당하고 있습니다. 감정 표현은 파충류에게는 발달하지 않은, 포유류만이 가진 고유의 행동들이기 때문에 포유류의 뇌라고도 부릅니다.

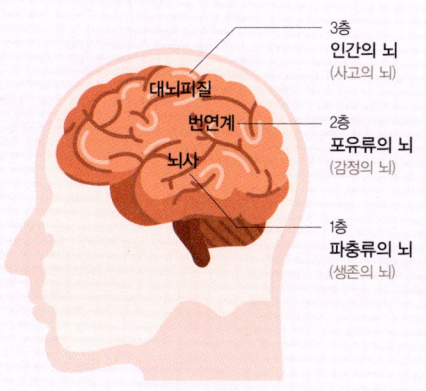

3층 이성의 뇌는 대뇌 피질부가 있는 전뇌로 가장 최근에 진화했습니다. 고도의 정신 기능과 창조 기능을 관할하고 있는, 인간만이 가진 뇌이기 때문에 인간의 뇌라고도 부릅니다. 이 부위는 학습과 기억에 관련된 일을 합니다.

3층 구조라는 것은 1층 위에 2층이, 또 그 위에 3층이 쌓여져 있다는 의미이고, 1층과 2층이 넓고 단단하지 않으면 3층 또한 확장될 수 없다는 뜻입니다. 실제로 2층 감정의 뇌에는 변연계라는 대뇌 피질과 뇌 줄기의 중간에 있는 기억과 감정, 호르몬을 조절하는 중앙부가 있습니다. 또 변연계에는 해마와 편도핵이 있어 학습 기능과 기억 기능을 가지고 있습니다. 그렇기 때문에 이 부분이 손상되면 학습 기능과 기억 기능도 함께 사라지게 됩니다. 즉, 우리의 뇌를 건물이라 상상해본다면 3층의 뇌가 2층의 뇌보다 더 커질 경우 위험해지는 거죠. 정서지능은 단순히 감정을 잘 인식하고 표현하는 것을 넘어 학습능력에도 밀접한 영향을 미친다는 이야기입니다.

아이의 모든 발달에 밀접한 영향을 미치는 정서지능, 어떻게 키울 수 있을까요? 우리는 그림책을 읽으며 내가 직접 겪어보지 못한 감정을 느껴볼 수 있습니다. 또한 그 감정들을 표현해 볼 수도 있고요. 요즘에는 정서지능의 중요성이 대두되면서 감정을 직접적으로 다루고 있는 그림책들도 많이 만들어지고 있어요. 이번 장에서는 그 그림책들을 어떻게 읽어야 아이와 마음을 나눌 수 있는지와 관련된 방법들을 소개하려 합니다.

정서지능은 엄마 아빠의 언어가 아니라, 행동으로 키워지는 것입니다.
엄마 아빠가 행동하는 모습을 보고, 아이도 그대로 행동할 것입니다.

도깨비에게 다양한 얼굴 표정을 선물해요!

도깨비를 빨아버린 우리 엄마

사토 와키코 글·그림, 한림출판사

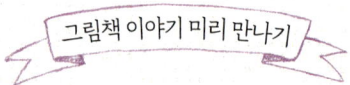

그림책 이야기 미리 만나기

　　빨래하기를 좋아하는 엄마가 있었습니다. 엄마는 날씨가 좋은 날이면 빨래를 했어요. 집안의 빨래를 모두 한 엄마는 고양이, 개, 닭, 소시지, 구두, 슬리퍼도 모두 빨래통에 넣고 빨았어요. 그러고는 뜰에다, 숲에다 줄을 매고 가득히 널었습니다. 그때 구름을 타고 지나가던 천둥번개 도깨비가 숲속의 빨랫줄을 발견했어요. 은방망이 금방망이가 있을지도 모른다며 빨래에 가까이 다가온 천둥번개 도깨비는 빨랫줄에 딱 걸렸습니다. 빨랫줄에 걸린 천둥번개 도깨비를 발견한 엄마는 천둥번개 도깨비도 깨끗하게 빨았습니다. 다 마르고 난 천둥번개 도깨비는 눈, 코, 입이 모두 사라졌지만 아이들 덕분에 예쁜 눈, 코, 입을 갖게 됩니다. 예쁜 얼굴이 마음에 든 천둥번개 도깨비는 도깨비 친구들을 데려와 깨끗하게 빨아달라고 하는데…. 과연 도깨비들은 모두 예뻐질 수 있을까요?

《도깨비를 빨아버린 우리 엄마》는 아이를 키우는 엄마 아빠라면 누구나 다 한 번쯤 들어봤을 정도로 오랫동안 사랑을 받고 있는 그림책입니다. 연극 공연이나 어린이 그림책 수업에서도 자주 만나볼 수 있는 그림책이지요. 누군가에게는 지겨운 노동일뿐인 빨래가, 그림책 속 엄마에게는 흥겨운 놀이입니다. 빨래를 좋아하는 엄마는 매일 빨래를 합니다. 빨랫감을 빨래통에 넣고 깨끗하게 빨아 탁탁 털어 널면 그렇게 개운할 수가 없다지요!

오랫동안 사랑 받은 그림책답게,《도깨비를 빨아버린 우리 엄마》한 권으로 할 수 있는 놀이가 참 많습니다. 그림책을 읽고 난 뒤 빨래 놀이를 할 수도 있고, 직접 도깨비의 얼굴을 그려볼 수도 있고, 그림책 속 빨랫줄을 보며 숨은 그림 찾기를 할 수도 있습니다. 직접 빨래집게를 활용해 빨랫줄에 무엇인가 집어보는 활동도 할 수 있고, 빨래집게로 동물 만들기 등의 활동도 할 수 있어요. 아이의 흥미에 따라 무궁무진하게 확장할 수 있답니다.

그림책 속 엄마가 온갖 것들을 빨래한 뒤, 뜰과 숲에 널어놓은 장면을 보며, 아이와 함께 숨은 그림 찾기를 해봅시다. 아이의 시선을 잘 살피며, 아이가 찾기 쉬운 대상을 찾아볼 수 있게 해주세요. 숨은 그림 찾기 놀이를 통해 아이들은 그림책 속 그림에 집중하게 됩니다. 또 그림책을 보는 행위를 놀이로 인식합니다. 이 과정 속에서 자연스럽게 관찰력이 커지기도 하고요. 그러니 어려운 문제를 제시해 아이를 힘들게 하기보다, 아이의 시선이 머물고 있는 곳, 아이가 이미 봤을 법한 대상을 찾으며 가볍고 즐겁게 숨은 그림 찾기 놀이를 할 수 있게 해주세요. 또 천둥번개 도깨비들이 많이 등장하는 장면에서도 숨은 그림 찾기를 해보세요. 엄마 아빠가 간단하게 특징을 이야기 해주면, 그 도깨비를 찾아보는 거죠.

엄마 ○○아, 우리 숨은 그림 찾기 해보자~ 음… 안경 쓴 도깨비는 어디 있게~?

아이 음~ 기다려줘요. 지금 찾고 있어요. 여기요!

엄마 우아~ 잘 찾네. 그럼 이번에는 이빨이 여덟 개 보이는 도깨비는 어디 있게~?

아이 여덟 개는… 아, 여기 찾았어요~

엄마 와~ 거기도 있었구나~ 엄마는 이 도깨비 하나밖에 못 찾았는데,
○○이 덕분에 한 명 더 찾았네~~

아이 엄마 나도 퀴즈 내고 싶어요~

엄마 그래 좋아~~ 엄마 다 찾을 수 있어~~~

아이 애기 도깨비는 어디 있게요?

엄마 음… 잘 안 보이는데… 힌트 좀 줘~

아이 힌트는 아직 하늘에 있어~

엄마 아하~ 여기 찾았다!

그림을 보시면 아시겠지만, 다 비슷비슷한 도깨비들입니다. 비슷한 생김새, 비슷한 옷차림, 비슷한 머리카락 색깔…. 그럼에도 엄마 아빠가 언어로 설명하면, 아이는 놀랍게도 그것을 찾아냅니다. 숨은 도깨비를 찾아내기 위해 조금씩 다른 부분들을 발견하고 비교합니다. 아이가 엄마 아빠가 생각한 도깨비가 아닌 다른 도깨비를 찾아내도 괜찮아요. 관찰하는 활동을 하는 것, 특징을 찾아내는 경험을 하는 것이 더 중요하니까요.

엄마, 아빠의 대화 코칭!

아이에게 질문을 하기 위해 엄마 아빠도 끊임없이 언어를 고민하게 됩니다. 어른들만 알아들을 수 있는 단어 말고, 아이도 알아들을 수 있는 단어를 찾기 위해 쉬운 표현들로 설명하지요. 명확하게 언어로 표현하기 위해 그림을 자세히 살펴보기도 하고요. 그런 과정 속에서 엄마 아빠의 언어표현력과 관찰력도 향상된다고 생각해요.

난이도 ★★
권장 연령 3~7세

달콤한 도깨비 얼굴

준비물
종이접시
뻥튀기
과자
초코펜

놀이의 효과 표현력, 상상력, 감정에 대한 이해, 다양한 표현 탐구

놀이 시 주의사항
ⓐ 달콤한 것들을 마음껏 즐길 수 있게 해주세요.
ⓐ 식사 시간 이후에 진행하면 더 좋아요.

다양한 형태의 과자를 활용해 도깨비의 얼굴을 표현해요. 도깨비의 얼굴이 될 뻥튀기나 종이접시를 준비해 주세요. 초코펜과 땅콩버터, 초콜릿, 과자 등을 활용해 얼굴을 꾸며 보세요. 길쭉한 과자를 활용해 머리카락을 만들고, 동그란 과자로 눈을 표현하고, 젤리로 눈동자를 표현하고, 초콜릿으로 이를 표현해요. 즐거운 얼굴, 무서운 얼굴, 노래하는 얼굴 등 다양한 모습을 그려보아요. 도깨비의 얼굴을 동그랗게 하는 것이 싫다면 뻥튀기를 한 입 '앙'하고 먹어도 좋아요.

그림 도구가 아닌, 과자로 도깨비의 얼굴을 표현하는 활동이기에 당연히 섬세한 작업은 어려워요. 도깨비의 특징이 잘 드러날 수 있게 비슷한 형태의 과자를 활용해 느낌만 내면 된답니다. 과자로 놀이를 한다는 사실만으로도 아이들은 즐거움을 느끼며 신나게 활동할 수 있을 거예요. 쿠키 위에 초코펜, 딸기잼 등으로 도깨비 얼굴을 그려보는 활동도 재미있어요.

① 다양한 과자와 초코펜, 딸기잼, 땅콩버터 등을 활용해 도깨비 얼굴을 꾸며요.
② 과자를 활용해 도깨비 얼굴 만들기.
③ 초코펜을 활용해 도깨비 표정 꾸미기.

마음 일기도를 그려요!

난이도 ★★★★
권장 연령 6세 이상

준비물
A4용지
사인펜

놀이의 효과 독해력, 감정에 대한 이해, 표현력, 공감능력, 사회성 향상

놀이 시 주의사항
- 사건의 순서를 잘 기억하지 못할 수 있어요. 그럴 땐 그림책을 보고 스스로 찾을 수 있게 해주세요.
- 엄마 아빠의 생각과 다른 감정을 이야기 할 수 있어요. 이유를 물어보고, 엄마 아빠의 의견을 덧붙여주세요.
- 감정 단어뿐만 아니라, 표정, 색깔, 도형, 날씨, 그래프 등으로 표현해도 좋아요.

천둥번개 도깨비의 마음이 어떻게 달라졌는지 살펴보고, 표현해 봅시다. 우선 천둥번개 도깨비가 겪었던 일들을 이야기 할 수 있게 해주세요. 아이의 이야기를 간단하게 정리해서 메모해 주세요.

구름을 타고 아래를 봄 ➡ 빨랫줄에 걸림 ➡ 엄마를 만남 ➡ 빨래통에 던져짐 ➡ 눈코입이 사라짐 ➡ 새로운 눈코입이 그려진 모습을 봄 ➡ 친구들을 데려옴

간단하게 메모한 뒤, 그때마다 천둥번개 도깨비의 마음이 어떠했을지도 아이가 이야기할 수 있게 해주세요. 그 마음을 쉽게 찾기 어려워한다면, 감정 낱말을 알려주고 그것에서 고를 수 있게 해주시면 된답니다. 천둥번개 도깨비의 마음을 단어로 나타냈다면, 그 감정 변화의 순간들을 표현해 보세요. 간단하게 표정만 그려도 좋고, 그림 그리는 것을 부담스러워 한다면 이미 그려진 감정 그림을 나열해 보는 활동을 하는 것만으로도 충분하답니다.

마음 일기도를 그려보는 활동을 하는 이유는 감정을 읽어내는 경험을 쌓기 위함입니다. 등장인물의 감정을 찾는 활동은, 독서라는 간접 경험을 통해 타인의 마음을 이해하고 공감하는 능력을 키울 수 있는 좋은 방법입니다. 그렇기에 꼭 직접 그림을 그리지 않아도, 직접 단어를 쓰지 않아도 괜찮아요. 그냥 자연스럽게 해보세요. 학습이 아니라 경험이 될 수 있도록. 여러 번 경험하면 자연스럽게 몸과 마음에 쌓이게 된답니다.

① 천둥번개 도깨비가 겪은 일을 하나씩 적어요.
② 사건을 순서대로 나열해요.
③ 천둥번개 도깨비의 마음을 표현해요.

놀이 PLUS+

1. **빨래 놀이** : 요즘 빨래는 세탁기와 건조기가 해주는 덕분에, 실제로 빨래하는 과정, 말리는 과정을 잘 모르는 아이들이 있어요. 아이들과 함께 빨래 놀이를 해보세요. 손수건이나 내복을 조물조물 빠는 과정 속에서 거품 놀이를 하고 향기를 맡으며 즐거운 시간을 보낼 수 있을 거에요.

   ★ 수성펜으로 그림을 그리고 지워지는 것을 확인할 수 있게 한다면 아이들은 더 신기해할 거예요.
   ★ 빨랫줄과 빨래집게를 활용해 빨래를 직접 널 수 있게 해주세요.

2. **더러운 도깨비 · 깨끗한 도깨비** : 도깨비 모양을 그려 코팅을 하고, 그 위에 수성펜으로 더러운 도깨비의 모습을 그려주세요. 도깨비를 물에 넣으면 빨래를 한 것처럼 그 모습이 지워집니다. 유성펜(매직, 네임펜)을 활용해 예쁜 모습으로 그려주세요.

   ★ 여러 번 활동하고 싶다면 수성펜을 활용해 그림을 그리고 물에 씻으면 돼요.
   ★ 유성펜(매직, 네임펜)은 에탄올을 이용하면 지울 수 있습니다. 이때 아이들이 에탄올을 맨손으로 만지지 않도록 주의해 주세요.

--- 함께 읽어도 좋아요 ---

<도깨비를 다시 빨아버린 우리 엄마> 사토 와키코

빨래를 좋아하는 엄마가 다시 등장했습니다. 《도깨비를 빨아버린 우리 엄마》가 출간되고 30년 만에 나온 그림책입니다. 여전히 엄마는 빨래를 좋아합니다. 흐린 날에도 빨래를 하지요. 빨래는 해가 쨍쨍해야 잘 마르는데, 이럴 땐 어떻게 해야 할까요? 엄마는 연을 하늘 높이 날리고, 그 줄에 빨래를 달았어요. 구름 위에서 놀고 있던 천둥번개 도깨비들이 빨래가 매달린 연을 보고는 엄마를 찾아갔습니다. 그 모습이 너무 재미있어 보였거든요. 엄마는 천둥번개 도깨비들도 깨끗하게 빨고 연에 매달아 구름 위로 날려 보냈습니다. 그런데 연줄에 널었던 천둥번개 도깨비들이 너무 바짝 말라서 움직일 수 없게 되었네요. 이제 어떻게 하면 좋을까요?

2 표정 인형을 만들어요

재미있는 내 얼굴
니콜라 스미 글·그림, 보물창고

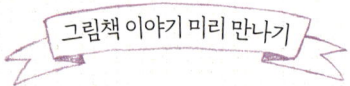

그림책 이야기 미리 만나기

    강아지와 함께 빨간색 공을 들고 있는 아이가 등장합니다. 아이는 공놀이를 좋아합니다. 좋아하는 놀이를 하러 나온 아이는 행복합니다. 환하게 웃는 표정이지요. 아이 앞에 갑자기 곰이 나타납니다. 아이는 곰을 보고 깜짝 놀라고, 또 곰이 공을 가져가서 슬프고, 화가 나기도 합니다. 공을 가지고 간 곰이 아기 곰들과 다시 오는데…. 과연 어떤 일이 일어날까요?

《재미있는 내 얼굴》은 감정에 따라 달라지는 얼굴 표정을 볼 수 있는 그림책입니다. 단순하게 표정을 나열하는 게 아니라, 하나의 사건을 이야기하며, 그 사건 속에서 달라지는 감정을 보여주고 있습니다. 왼쪽 페이지에는 어떤 사건이, 오른쪽 페이지에는 그 사건을 마주했을 때 느끼는 감정을 얼굴 표정에 담고 있습니다.

공놀이를 좋아하는 아이가 공을 들고 나와서 겪는 일을 단 8문장으로 표현했습니다. 사건을 짧은 문장으로 서술하고 있기에 앞뒤에 살을 붙여 나만의 풍요로운 이야기를 만들 수 있는 그림책이지요. 이야기를 전해주는 간결한 문장 안에 기승전결이 모두 담겨 있기 때문에, 오른쪽 페이지에 감정 언어와 얼굴 표정을 보지 않더라도 아이들이 충분히 함께 느끼고 공감할 수 있습니다. 아이들은 그림책 속 아이의 표정을 보며 자연스럽게 같은 표정을 지을 거예요. 그러면서 이미 이러한 감정을 알고 있는 아이라면 자신이 알고 있는 것을 확인할 수 있는 기회가 되고, 아직 이러한 감정을 잘 몰랐던 아이라면 감정을 배울 수 있는 기회가 될것입니다.

감정은 개인적이고 주관적인 영역입니다. 감정을 연구하는 이들은 인간의 보편적 정서, 기본 감정 등을 나누고 정의 내리는 작업들을 꾸준히 하고 있습니다. 하지만 인간의 감정은 너무 다양하기에 일반화하기 어렵다고 주장하는 이들도 많습니다. 그럼에도 불구하고 인간에게는 기본적으로 인지하는 감정들과 공통적으로 느끼는 감정들이 있습니다. '공포, 분노, 슬픔, 기쁨'이 그것입니다. 이 감정들은 아이가 자라면서 더 디테일하게 분화되고, 또 다른 무언가와 결합해 새로운 감정을 만들기도 합니다. 감정은 인지적인 부분과도 관련이 있기에 성인이 될수록 더 다양하고 세밀하게 느끼고 표현될 수 있습니다. 대부분의 성인이 아이들보다 많은 감정을 알고 있지만, 그 감정들을 잘 느끼고 있다고 말하기는 어렵습니다. 어떤 기분인지, 어떤 마음인지를 전혀 표현하지 않는 어른이 있잖아요. 아주 큰 자극이 아니라면 감정을 느끼지 못하거나 드러내지 않는 사람들도 많아요.

감정도 배워야 하는 것입니다. 그림책을 보며 주인공의 마음을 읽어내고, 나는 그와 같은 마음을 느꼈던 적이 언제인지 떠올리고 언어로 표현하는 활동은 감정 인지 능력과 감정 표현 능력을 높일 수 있는 아주 좋은 방법입니다. 아이와 함께 표정 인형을 만들어보고 여러 가지 표정을 살펴보며 나는 언제 이런 표정을 지었는지, 언제 이런 감정을 느꼈는지 이야기 나눠보세요. 평소 아이와 마음을 나눌 기회가 없었다면 이 활동을 통해 아이의 마음을 조금이나마 이해할 수 있게 될 거예요. 아이의 마음을 알고 싶은 욕심에 아이에게 계속 질문하기보다, 엄마 아빠가 먼저 표정과 관련한 마음 속 이야기를 들려주세요. 엄마 아빠의 이야기를 듣다보면 아이도 이야기하고 싶은 것들이 떠오를 거예요.

엄마, 아빠의 대화 코칭!

케네스 사비츠키Kenneth Savisky 교수는 친밀함과 의사소통의 연관성을 연구했는데 '사람들은 가까운 사이일수록 친밀하고 말하지 않아도 마음이 잘 통한다고 생각하지만 이런 편견이 오히려 소통을 어렵게 하는 원인이 된다.'는 것을 밝혔습니다. 이를 '친밀함과 소통의 편견'이라고 합니다. 아이에게 엄마 아빠의 마음을 솔직하게 표현해 주세요. 어른이라는 이유로 아이에게 엄마 아빠의 감정 표현을 자제한다면 아이가 자라 부모를 이해하는 데 어려움을 겪을 수 있어요. 부모와 자녀 사이도 인간관계이기에 소통이 필요합니다. 자료 출처 : EBS 〈언어발달의 수수께끼〉

나의 표정이 담긴 인형!

난이도 ★★★
권장 연령 3~5세

준비물
종이컵
매직
칼

놀이의 효과 감정에 대한 이해, 표정 인지, 대인관계지능, 표현력 향상

놀이 시 주의사항
- 겹칠 수 있는 동일한 크기의 종이컵을 준비해 주세요.
- 그림으로 표현하기 어려워 한다면 눈,코,입 스티커를 활용해도 좋아요.

두 개의 종이컵을 준비해 주세요. 하나의 종이컵에는 네모난 모양을 뚫어주세요. 구멍을 뚫지 않은 종이컵에 행복한 표정, 화난 표정, 슬픈 표정, 놀란 표정 등을 돌려가며 그려주세요.

표정을 그려 인형을 만드는 것은 단순히 감정을 언어로 표현하고, 기분을 표정으로 드러내는 것보다 복잡한 활동입니다. 표정을 주의 깊게 관찰하여 눈, 코, 입을 어떻게 그려야 하는지 의식적으로 결정해야 하거든요. 그리고 손으로 표현해야 하고요. 표정을 그리기 어렵다면, 거울을 보고 표정을 지어보며 그리거나, 우리가 함께 읽었던《재미있는 내 얼굴》안의 주인공의 얼굴 표정을 참고하여 그려 보세요. 또는 표정이 드러나는 눈,코,입 스티커를 활용해도 좋아요.

종이컵에 표정을 다 그렸다면, 두 개의 종이컵을 하나로 겹쳐주세요. 구멍을 뚫은 종이컵을 돌려가며 다양한 표정을 나타내요. 그리고 나는 언제 그런 표정을 짓게 되는지 자유롭게 이야기 나눠 보세요. 평소 아이의 마음을 읽을 수 있는 활동이 될 거예요.

1. 종이컵을 네모 모양으로 뚫어요.
2. 다른 종이컵에 다양한 표정을 그려요.
3. 표정을 돌려보며 나는 언제 이런 표정을 짓는지 이야기 나눠요.

나만의 감정 사전

기분을 말해봐
앤서니 브라운 글·그림, 웅진주니어

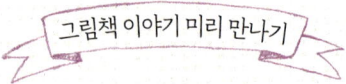

그림책 이야기 미리 만나기

누군가 침팬지에게 "기분이 어때?"라고 물었습니다. 침팬지는 자신이 느끼는 다양한 감정들을 상황과 함께 보여줍니다. 장난감이 모두 시시하고 재미없다고 느껴질 때도 있고, 가끔은 세상에 나 혼자만 있는 것 같다고 느낄 때도 있습니다. 머리 끝까지 화가 날 때도 있고, 혼날까 봐 걱정이 될 때도 있습니다. 다양한 감정을 표현한 침팬지는, 우리에게도 묻습니다. "너는 어떠니? 너의 기분을 말해 봐!"

《기분을 말해 봐!》는 초등학교 1학년 교과서(2013~2016학년도)에 실린 작품으로 이미 그 가치를 인정받은 그림책이에요. 아이들이 어렸을 때는 행복, 분노, 슬픔, 공포 등 보편적이라 여겨지는 감정들만 인지하지만, 성장할수록 느낄 수 있는 감정들이 다양해집니다. 하나의 사건 속에서 여러 가지 감정을 느끼는 경험을 하기도 하고, 어떤 감정을 느낄 때 그 느낌이 어떠한지 구체적으로 말할 수 있게 되기도 합니다. 《기분을 말해 봐!》는 유아기에는 잘 몰랐던 감정들을 안내해 줍니다. 조금 더 정확하게 말하자면 지루함, 죄책감, 포만감 등 느낄 수는 있었지만 표현하기 어려웠던 감정들을 보여줍니다. 침팬지의 크기와 색감, 선의 느낌을 다양하게 표현한 덕분에 그 감정을 표정뿐만 아니라 전체적인 분위기로 느낄 수 있습니다.

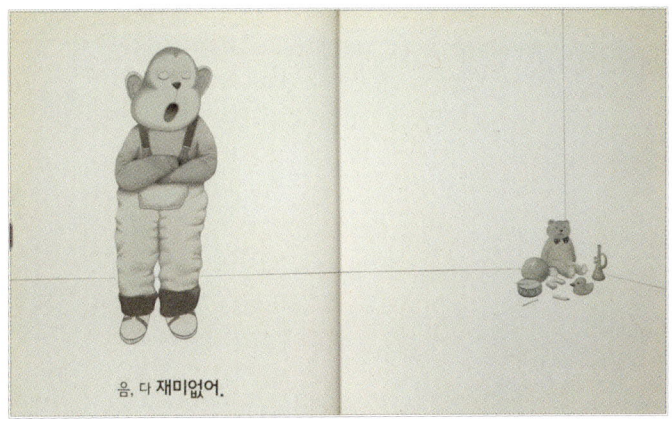

엄마 침팬지는 지금 기분이 어떤 거 같아?

아이 하품을 하고 있는 거 같은데~ 장난감 놀이를 안 하고 싶은가 봐요.

엄마 응~ 이제 재미없나봐. ○○이는 언제 이런 마음을 느꼈어?

아이 캠핑 갈 때요~ 빨리 친구 만나고 싶었는데 너무 멀어서 계속 차에만 있어서 재미없었어요.

엄마 아~ 친구를 빨리 만나고 싶은데, 너무 오래 걸려서 지루하고 재미없었구나.

그림을 살펴보며 침팬지의 기분이 어떨지 맞혀보세요. 아이가 글자를 읽을 줄 안다면 포스트잇으로 글자를 가리고 봐도 좋아요. 어떤 감정은 표정만 보고 바로 알 수 있지만, 어떤 감정은 그렇지 않을 거예요. 그럴 땐 그림 속 상황을 살펴봐요. 이런 상황에 나는 어땠는지를 생각하면 침팬지의 기분이 느껴질 거예요. 침팬지의 기분이 어떠한지를 찾았다면, 아이에게 침팬지와 같은 감정을 느꼈던 경험을 질문해 주세요. 아이의 경험을 듣고, 엄마 아빠가 감정 단어를 넣어 정리해 주면 더 좋아요. "그 마음은 이렇게 표현하는 거야."라고 말해도 나쁘지 않지만, "그때 이런 마음을 느꼈구나."로 표현하는 게 아이에게 훨씬 더 따뜻하게 느껴질 거예요.

> **엄마, 아빠의 대화 코칭!**
>
> 지시하고 가르치는 말투보다 제안하고 권유하는 문장을 사용할 때 아이가 거부감 없이 스스로 생각하고 행동할 수 있습니다. 말투 연구소 대표이사인 우치다 겐지는 《엄마 말투부터 바꿔서야겠습니다만》에서 엄마 아빠 말투의 중요성을 보여줍니다. 아이에게 지시하기보다 스스로 행동할 수 있도록 제안하는 대화법, 불안감을 자극하기보다 긍정형 문장을 사용해 아이의 내면 동기를 키우고 행동을 이끌어 낼 수 있는 대화법 등을 제시하고 있습니다.

놀이 01

나의 감정 사전

난이도 ★★★★
권장 연령 6세 이상

준비물
표정 사진
A4용지
풀
가위
사인펜

놀이의 효과 감정에 대한 이해, 자아정체성, 자기주도성, 성취감

놀이 시 주의사항
- 그림책 안에서 표현하고 싶은 한두 가지의 감정만 선택해서 활동해도 좋아요.
- 그림을 그리고 사진을 찍는 것이 아이에게 부담스러울 수 있다는 걸 알아주세요.
- 그림책의 마지막 페이지를 활용해도 좋아요.

아이가 주인공으로 등장하는 《기분을 말해 봐!》 책을 만들어 볼까요? 그림책 안에 담겨 있는 감정들 중에서 표현하고 싶은 단어를 선택해 보세요. 선택한 감정 단어에 사용할 수 있는 아이의 표정이 담긴 사진들을 준비해 주세요. 기록하기 위해 찍은 사진보다, 아이가 무엇인가를 하고 있을 때 포착한 사진이라면 더 좋겠지요. 아이는 언제 찍혔는지도 모를법한 사진을 함께 보며 그날의 추억을 떠올려보세요. 사진을 보면서 무엇을 하고 있었는지, 어떤 마음이었는지를 생각해 볼 수 있도록 질문해 주세요. 오래전 일이라 정확하게 기억나지 않는다면, 상상해 봐도 괜찮아요.

사진이 없다면, 지금 그 표정을 짓고 사진을 찍어 활용하는 방법도 좋고, 자신의 모습을 그림으로 표현하는 것도 좋아요. 그림으로 표현할 때, 나를 닮은 동물을 캐릭터로 만들어도 좋아요.

위의 세 가지 방법을 모두 사용할 수도 있어요. 이외에 다른 좋은 아이디어가 있다면 그것을 활용해 보세요. 표현한 것들을 스크랩하여 나만의 《기분을 말해 봐!》를 완성해 보세요.

그림을 그리거나 사진을 찍어 활동하는 게 부담스럽다면, 《기분을 말해 봐!》의 마지막 페이지에 담겨 있는 다양한 그림을 활용해 보는 것도 좋아요. 그 그림들을 활용해 나는 언제 이러한지를 간단하게 메모하는 것만으로도 나만의 감정 그림책을 만들 수 있답니다.

1. 페이지의 위아래가 따로 넘어가는 미니북을 만들고, 단어에 맞는 표정을 그려 넣어 감정 그림책을 만들었어요.
2. 책의 마지막 페이지를 살펴보고 언제 이런 감정을 느끼는지 메모하며 나의 감정을 살펴봤어요.

오늘 내 기분을 남겨요

오늘 내 기분은…
메리앤 코카-레플러 글·그림, 키즈엠

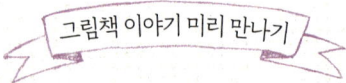

그림책 이야기 미리 만나기

    선생님은 월요일마다 기분을 물어봅니다. 오늘은 테오에게 물어보셨지요. 테오는 "모르겠어요."라고 작게 말했어요. 선생님은 "테오에게 여동생이 생겼다던데?"라며 다시 물어보셨죠. 친구들도 다함께 기분을 물어봤지만, 여전히 테오는 "잘 모르겠어."라고 대답했지요. 친구들은 테오가 어떤 기분인지 찾는 걸 도와주기 위해, 나라면 어떤 기분이었을지를 말해봅니다. 에릭은 "아마 행복할 거야. 내가 새 자전거를 선물 받았을 때처럼 말이야."라고 말했고, 릴리는 "어쩌면 질투가 날지도 몰라. 상을 타 온 우리 언니가 칭찬받았을 때처럼 말이야."라고 말했죠. 친구들의 이야기를 듣다 보니, 테오도 어떤 기분인지 생각이 났나 봅니다. 곰곰이 생각하고 대답했지요. "난 행복해!"라고 말이죠. 그리고 또 다른 감정들도 이야기합니다. 질투도 나고, 무섭기도 하고, 슬프기도 한 감정을 이유와 함께 말하죠. 어떻게 그렇게 많은 기분을 한꺼번에 느낄 수 있는 걸까요? 이건 어떤 기분인 걸까요?

최근 정서지능의 중요성이 대두되면서 감정을 물어보는 사람들이 많아졌습니다. '오늘 기분은 어떤지, 이 사건에 대해 어떻게 느끼는지' 등에 대해 표현할 수 있는 기회가 많아졌어요. 하지만 그런 질문을 자주 받아도, 여전히 대답하기 어렵습니다. 어떤 언어로 표현해야 하는지 잘 모르거든요. 감정을 나타내는 낱말을 잘 모르거든요.

　　아이의 마음을 잘 읽어주는 엄마가 되고 싶었습니다. 하지만 잘 모르겠다고 느껴질 때가 많았습니다. 이론적으로 공부한 것을 바탕으로 이게 어떤 감정인지는 알 것 같은데, 명료하지 않았습니다. 감정이 하나로 딱 떨어지지 않을 때도 많고요. 게다가 감정이라는 것이 감정을 느끼는 사람마다 그 정도가 다르기 때문에, 내가 잘 알고 있다고 해서 타인의 마음을 잘 읽을 수 있는 게 아니더라고요. 이러한 우리의 명료하지 않은 상황을 잘 보여주고 있는 그림책입니다.

　　그림책 속 선생님은 아주 훌륭합니다. 아이들에게 "너의 기분이 이렇구나."라고 단정하여 말하지 않습니다. 어떤 감정인지 질문하고, 아이가 스스로 답할 수 있도록 기다려줍니다. 우선 질문하는 것! 그리고 아이가 스스로 찾을 수 있게 기다려주는 것! 그림책을 통해 배웁니다. 친구들이 테오의 기분이 어떠한지 함께 찾으며, 자신에게 동생이 생겼다면 어떤 기분이었을지를 이야기합니다. 친구들은 '내가 어땠을 때처럼, 이런 기분일거야.'의 표현을 하는데, 이 장면들을 살펴보면서 동생이 생긴 것과 어떤 연관성이 있는지, 어떤 점이 닮았는지도 이야기 나눠보세요.

엄마 에릭은 새 자전거를 선물 받았을 때처럼 행복할거라네~
　　　새 자전거 받는 거랑 동생 생기는 거랑 어떤 점이 닮은 거야?

아이 에릭이 새로운 자전거가 갖고 싶은 것처럼, 테오도 동생이 생기기를 생기길 기다렸나봐.

엄마 아~ 원하는 것을 갖게 되어 행복하구나.
　　　에릭은 테오가 동생을 많이 바랐다고 생각했구나~

아이 응. 그리고 에릭은 동생이 생겼을 때 행복했나봐.

엄마 아, 그러네. 에릭이 그런 기분을 느껴서 테오도 그럴거라 생각했구나~

동생이 있는 아이들은 공감할 만한 스토리입니다. 전 동생을 이미 30여 년 전에 만났는데, 이제야 그때의 감정을 이해받았다는 느낌이 들었습니다. 동생이 있는 아이에게는 동생이 생겨서 어떤 기분을 느꼈는지 표현하는 시간을, 동생이 없는 아이에게는 동생이 생긴다면 어떤 기분이 들지를 상상해 보는 시간을 가져보세요.

이때, 테오의 선생님처럼 감정 카드를 활용하면 훨씬 더 선명하고 섬세하게 감정을 표현할 수 있어요. 감정을 표현하는 단어와 그 뜻이 담겨 있는 카드를 펼쳐놓고, 나의 기분을 표현할 수 있는 카드를 선택해 보는 거죠. 마치 객관식 문제를 푸는 것처럼요. 이런 작업을 통해 우리는 다양한 감정 언어를 살펴보고 경험할 수 있게 된답니다. 혹시 아이가 자신이 겪은 일에 대해서 어떤 감정을 느꼈는지 표현하는 것을 거부한다면 그 마음을 인정해 주고, 그림책 속 주인공의 마음, 다른 인물의 마음을 살펴보고 표현하는 활동을 해주시면 됩니다. 오늘은 자신의 마음을 드러내는 것이 힘들 수도 있고, 엄마 아빠가 나의 감정을 확인하려는 게 불편할 수도 있거든요. 아이의 속도대로 나아갈 수 있도록 기다려주세요.

- 난이도 ★★★★★
- 권장 연령 6세 이상

여러 가지 감정을 찾아내요.

준비물
색지
사인펜

놀이의 효과 감정에 대한 이해, 분석적 사고, 사회성, 자존감 향상

놀이 시 주의사항
- ⓐ 그림책이나 애니메이션의 주인공 기분을 먼저 찾아보세요.
- ⓐ 다양한 감정을 찾고, 이유를 말하며 하나씩 제거하는 방법을 사용해 보세요.
- ⓐ 너무 다양한 종류의 감정 단어는 아이를 혼란스럽게 할 수 있어요.

우리는 한 가지 사건 속에서도 여러 가지 감정을 느낍니다. 좋은 일일 때도 편안한 감정과 불편한 감정을 모두 느낄 수 있죠. 아이와 그림책 또는 애니메이션을 보면서 접했던 사건들을 중심으로 진행해 보세요. 다른 누군가의 이야기라면, '그 마음을 알 수 없다.'를 전제로 하고 있기에 아이는 더 몰입해서 찾아내려 애쓸 거예요. 아이에게 "이런 일이 있으면 이 아이의 마음은 어떨까?" "만약 너에게 이런 일이 생기면 마음이 어떠할 것 같아?"라고 물어봐 주세요. 그림책 내용처럼 "동생이 생겼을 때 어떤 마음이었어?" 또는 "동생이 생긴다면 어떤 기분일 거 같아?"의 질문을 하고, 그 사건에서 느낄 수 있는 다양한 감정을 찾아낼 수 있게 해주세요.

감정 카드를 활용하면 더 적극적으로 활동할 수 있어요. 여러 가지 감정이 담긴 카드를 살펴보며, 이 상황에서 주인공이 느꼈을 것 같은 감정이 적힌 카드를 찾는 거죠. 감정 카드를 펼쳐놓고 주인공의 마음을 찾는 활동은 주인공의 마음이 어떠할지를 직접 말하는 것보다 훨씬 편안하고 또 게임을 하는 것처럼 즐겁게 할 수 있는 방법입니다. 감정 카드는 메모지를 활용해 엄마 아빠가 만들어도 되고, 아이와 함께 다양한 감정 낱말들을 찾아보며 만들어도 좋아요.

1. 선생님이 보여준 12개의 감정 단어.
2. 감정 카드.
3. 주인공에게 어울리는 감정 찾아보기.

마음의 색

GLAD MONSTER, SAD MONSTER
Ed Emberley and Anne Miranda 글·그림, LB kids

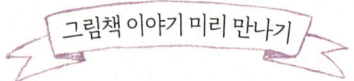

색깔이 다른 몬스터들이 등장하는 그림책입니다. 노란 몬스터가 말합니다. "생일 선물 상자를 열고, 공놀이를 하고, 아이스크림을 먹고, 친구와 춤을 추는 것은 나를 기쁘게 해!"라고 말이죠. 다음 페이지에는 빨간 몬스터가 등장합니다. 그리고 나를 화나게 만드는 것들이 무엇인지 말하죠. 핑크 몬스터, 블루 몬스터 등 색깔이 다른 몬스터들이 등장해 자신이 어떤 사건에서 어떤 감정을 느끼는지를 이야기합니다. 우리는 그림책 속 몬스터들을 통해 색깔과 감정을 연결해 볼 수 있습니다. 사랑스러움, 슬픔, 걱정스러움 등의 감정을 색깔로 표현한다면 무슨 색일까요?

감정에는 에너지가 있습니다. 보이지는 않지만 어떤 기운을 가지고 있죠. 그래서 기분이 좋은 사람과 함께 있으면 덩달아 기분이 좋아지고, 기분이 나쁜 사람과 있으면 나도 모르게 기분이 나빠집니다. 말로 표현하지 않아도, 표정과 에너지에서 감정이 느껴집니다. 공식적으로 감정의 색이 정해져 있지는 않지만 우리는 나의 감정을 색깔로 표현할 수 있습니다.

감정에 형태를 부여한다면, 무엇이 어울릴까요? 기쁨, 슬픔, 분노, 우울, 설렘 등을 생각하면 떠오르는 색이 있나요? 모양이 있나요? 《GLAD MONSTER, SAD MONSTER》 속에 등장하는 감정 몬스터들을 살펴보며, 생각해 봐요. 그림책 안에는 모두 7명의 몬스터들이 등장합니다. 모두 색깔도 다르고, 헤어스타일도 다르고, 옷도 다릅니다. 물론 가장 다른 건 성격이겠죠.

엄마　노란 몬스터가 무엇을 하고 있는 거 같아?

아이　선물을 열어 보고 있어요. 또 꽃밭에서 공놀이도 하고.
　　　더우니까 딸기 아이스크림도 먹고. 친구랑 같이 놀아요.

엄마　아~ 그렇구나. 그럼 이 노란 몬스터는 기분이 어때 보여?

아이　기쁘고 행복해요. 계속 웃고 있어요.

엄마　그래, 자기가 좋아하는 일들을 해서 행복해 보이네.

엄마　이 몬스터는 무슨 색이야?

아이　얘는 빨간 몬스터에요~ 얼굴이랑 손발이 빨간색이잖아요.

엄마　맞아~ 빨간 몬스터는 무엇을 하고 있을까?

| 아이 | 음~ 윙윙 벌이 날아와서 안 움직이고 있고,
물고기가 물을 튀겨서 맞아서 기분이 좀 나빠졌고.
길을 가다가 넘어졌어요. 근데 옆에 새들이 위로도 안 해주고 웃고 있어요.
집에 와서 혼자 블록 쌓기를 했는데, 공이 날아와서 탑이 쓰러지려고 해요.
엄마~ 얘는 화가 났네. 자꾸 뭐가 잘 안되고 그래서. |
|---|---|
| 엄마 | 그러게~ 빨간 몬스터가 화나는 상황이 언제인지 말하고 있구나. |

이렇게 아이와 그림을 보며 색깔 몬스터가 어떤 일을 겪고 있는지 그래서 감정이 어떤지를 이야기 해봐요. 영어로 된 그림책이지만, 그림만 봐도 무슨 상황을 이야기하고 있는지 읽어낼 수 있기에 영어에 대한 부담을 내려놓고 편하게 볼 수 있습니다. (번역본의 제목은 《색깔 나라의 즐거운 괴물들》입니다.)

아이와 그림 읽기를 하고 난 뒤에, 그림책 사이에 붙어 있던 몬스터 가면을 뜯어 가면 놀이도 해보세요. 가면을 얼굴에 대는 순간, 색깔 몬스터로 변신합니다. 아이와 함께 색깔 몬스터가 되어 그 몬스터의 성격에 어울리게 행동하고 기분을 표현해 보세요.

엄마, 아빠의 대화 코칭!

애니메이션 또한 그림책처럼 더 이상 어린 아이들만을 위한 영화가 아닙니다. 어린 아이 시절을 보낸 이들이라면 누구나 공감할만한 소재와 주제를 담고 있는 애니메이션이 점점 더 많아지고 있습니다. 애니메이션은 움직이는 화면과 배경음악, 배우들의 다양한 목소리 덕분에 그림책보다 더 풍요로운 이야기를 나눌 수 있는 오브제입니다.

감정을 아주 성공적으로 캐릭터화한 애니메이션을 소개합니다. 〈인사이드 아웃〉은 우리들의 감정에 대한 이야기입니다. 우리의 뇌 속에는 감정을 컨트롤하는 타워가 있고, 그 컨트롤 타워에는 다섯 개의 감정 캐릭터들이 있습니다. 기쁨, 슬픔, 버럭, 까칠, 소심. 이들은 성격은 물론이고 생김새도, 색깔도 모두 다르답니다. 영화는 감정 캐릭터들이 어떤 일을 하는지를 보여주면서, 우리의 감정이 왜 이렇게 변하는지를 이야기합니다. 기쁨은 노랑, 슬픔은 파랑, 버럭은 빨강, 까칠은 초록, 소심은 보라입니다. 모든 캐릭터들은 한 가지 색으로 이루어져있는데, 기쁨만 두 가지 색이에요. 머리카락이 파란색이거든요. 왜 기쁨이라는 캐릭터만 두 가지 색으로 표현한 걸까요? 아이와 함께 보고 다양한 이야기를 나눠보세요.

놀이 01

🔖 난이도 ★★★★
🔖 권장 연령 6세 이상

내 마음의 색을 찾아요.

준비물
도화지
색연필
사인펜

{ 놀이의 효과 } 감정에 대한 이해, 감정 분류의 기준 파악, 자아정체성, 추상적 사고력 향상

{ 놀이 시 주의사항 }
ⓐ 편안한 감정과 불편한 감정을 모두 선택할 수 있게 해주세요.
ⓐ 엄마 아빠가 먼저 색깔 몬스터가 되어 흉내 내는 걸 보여주세요.

나는 언제 빨간색, 노란색, 초록색 등의 감정을 느끼나요? 우리는 빨간색의 모습도, 노란색의 모습도, 초록색의 모습도 모두 가지고 있습니다. 언제 그런 색깔이 되나요? 언제 그러한 감정을 느끼나요? 색깔 몬스터 가면을 쓰고 변신할 수 있게 해주세요. 그리고 색깔 몬스터처럼 흉내 내보는 거죠. 지금 기분은 어떤지, 나는 언제 이러한 감정을 느끼는지 표현할 수 있게 해주세요.

색깔 몬스터 가면 놀이를 했다면, 아이가 원하는 색을 서너 가지 고르고, 언제 그러한 감정을 느끼는지를 표현할 수 있게 해주세요. 이때 편안한 감정과 불편한 감정을 모두 선택할 수 있게 해주세요. 그리고 그러한 감정을 느끼는 순간을 그림이나 글로 표현할 수 있게 해주세요.

 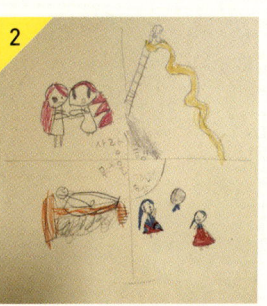

① 색깔 몬스터들의 가면을 쓰고, 흉내를 내요.
② 분홍, 노랑, 주황, 파랑의 색을 고르고 언제 그러한 감정을 느끼는지 표현했어요.

------ 함께 읽어도 좋아요 ------

‹The color monster› Anna Llenas

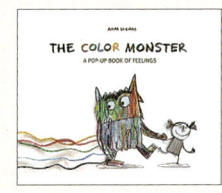

《The color monster》도 역시 색깔 몬스터가 등장하는 영어 그림책입니다. 너무 예쁜 형태의 'pop-up'이 담겨 있어, 아이들뿐만 아니라 어른들도 보는 순간 반하는 그림책이지요. 색깔 몬스터는 감정이 뒤섞여 복잡합니다. 색깔 또한 모두 뒤섞였죠. 복잡한 색깔 몬스터를 위해 소녀가 감정들을 따로따로 정리할 수 있도록 도와줍니다. 노랑, 파랑, 빨강, 초록, 검정 그리고 분홍. 색깔과 어떤 감정을 연결했을까요? 소녀의 모습은 왜 회색으로 표현했을까요? 이 책의 번역본 제목은 《컬러 몬스터 : 감정의 색깔》입니다. 원서의 경우 같은 내용으로 팝업북이 아닌 그림책으로도 출간되었고, 같은 제목의 시리즈물도 있으니 제목을 잘 확인하고 선택해야 합니다.

친구를 사귀는 방법

큰집 작은집

우에노 요시 글, 후지시마 에미코 그림, 꿈터

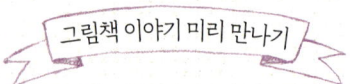

    동쪽의 작은집에는 쥐가 혼자 살아요. 서쪽의 큰집에는 큰 곰이 혼자서 살고요. 작은 쥐는 아침 일찍 동쪽 마을로 일하러 가고, 큰 곰은 아침 일찍 서쪽 숲으로 일하러 갑니다. 그래서 쥐와 곰은 지금까지 한 번도 만난 적이 없었지요. 어느 일요일 작은 쥐와 큰 곰은 누군가를 만나고 싶은 마음에 숲과 마을에 가지만, 나만 빼고 모두 행복하다는 느낌만 받고 돌아오게 되지요. 혼자라는 생각에 고개를 숙이고 걷던 둘은 큰집 앞에서 만나게 되었고, 함께 차를 마시게 됩니다. 즐거운 시간을 보내고 일요일에 다시 만나기로 하고는 헤어집니다. 만나기로 한 일요일이 되었는데 종일 비가 내렸습니다. 과연 이 둘은 다시 만날 수 있을까요?

아이와 친구 사귀는 방법에 대해 이야기 나눠보신 적이 있나요? 저는 친구를 어떻게 사귀는가에 대해서 생각해 본 적이 없더라고요. 정말 한 번도 생각해보지 않았다기보다, 친구를 사귀는 방법은 너무 어렸을 때 배운 일이고, 그 이후에는 자연스러운 일이라고 여겼기 때문입니다. '만나서 인사하고 이야기를 나누다보면 상대를 알게 되고 그 과정을 거치면서 친구가 되기도 하고 또는 그냥 아는 사람이 되는 거지.' 정도로만 생각했습니다.

친구를 사귀는 방법에 대해 인지하기 시작한 것은 아이가 주변 친구들과 관계를 맺기 시작하는 다섯 살 즈음부터였습니다. 그전까지는 아이들이 한 공간에서 서로 다른 놀이를 하는 것이 자연스러운 시기라 다른 아이들에게 피해주지 않고 안전하게 놀면 잘 노는 것이라고 생각했습니다.

그래서 어느 누구도 아이의 행동을 평가하지 않았습니다. 하지만 다섯 살이 넘어가자 엄마 아빠들은 아이의 사회성에 관심을 갖기 시작해 '누구는 욕심이 많고, 누구는 양보를 잘하고, 누구는 친구에게 관심이 없고, 누구는 인사를 잘하는 등' 관계와 관련된 부분들을 언급하게 되었습니다. 그리고 대부분의 엄마 아빠들은 자기 아이에 대해 단점을 먼저 발견하고 그 부분에 대해서 이야기 나눴습니다. 사실 그런 모습을 어른에게서 발견했다면, 우리는 '그 사람은 사람을 깊게 사겨, 그 사람은 신중한 사람이야, 그 사람은 유머가 넘쳐.'처럼 그 사람의 성격이라 인지하고 받아들입니다. 하지만 아이들에게서 그런 모습이 발견되면, 보이지 않는 다른 부분들을 미리 걱정하고 문제시하거나, 현재 보이는 그 모습을 약점이라고 판단합니다.

그런 이야기를 나눌 때마다 엄마 아빠들에게는 친구 사귀는 방법에 대한 바람직한 모습이 있는 것처럼 느껴졌습니다. 만약 친구를 사귀는 바람직한 모습이 있다면, 어떤 것일까요? 당신은 어떤 모습으로 인간관계를 맺고 계시나요?

엄마   큰 곰이랑 작은 쥐는 어떤 마음인 거 같아?

아이   둘 다 혼자여서 슬퍼하고 있었어요.

엄마   혼자인 건 슬픈 일이야?

아이   음… 꼭 그런 건 아닌데, 매일 혼자이면 좀 슬플 거 같긴 해요.

엄마   ○○이도 그런 마음일 때가 있어?

아이   같이 놀고 싶은데, 혼자일 때 심심한 마음이에요.

엄마   아~ 그럴 수 있겠구나. 그럴 땐 어떻게 하면 좋을까?

아이   친구에게 같이 놀자고 이야기 하면 돼요.

엄마   그렇구나! 큰 곰이랑 작은 쥐가 만나서 인사한 것처럼 친구에게 인사하고 이야기하면 되는구나. 그런데 만약에 둘이 서로 다른 마음이면 어떻게 하지?

아이   그럴 때는 조금씩 마음을 맞추면 돼요. 서로 하고 싶은 것을 이야기하고 들어주면 돼요.

엄마   아하~ ○○가 정말 잘 알고 있구나.

《큰집 작은집》의 두 주인공은 혼자여서 외롭다고 생각했습니다. 다들 누군가와 함께 있으면서 즐거운 시간을 보내는데 나만 그러하지 못하다 생각하지요. 길가에서 마주친 둘은 '인사'를 하는 순간 친구가 됩니다. 이야기를 나누고 마음을 나누며 가까워집니다. 위험에 처했을 때 도와주고, 서로의 일상을 공유합니다. 그렇게 둘 사이에 시간이 쌓이며 우정이 깊어지겠지요. 아이와 친구를 사귀는 방법에 대해서 이야기 나눠 보세요. '예의 바르게 행동해야 해. 다른 사람을 배려해야 해.'와 같은 추상적인 언어 말고, 예의 바르게 행동하는 게 무엇인지, 배려한다는 건 어떻게 하는 건지 구체적인 언어로 이야기 나누는 시간을 가져보세요.

친구를 사귀는 방법!

■ 난이도 ★★★★
■ 권장 연령 5~7세

준비물
A4용지
사인펜

놀이의 효과 사회성, 대인관계 형성의 이해, 자아정체성, 공감능력 향상

놀이 시 주의사항
ⓐ 긍정적인 서술어로 표현할 수 있게 해주세요.
ⓐ 추상적인 언어보다 구체적인 상황에서 어떻게 행동해야 하는지를 찾아보세요.
ⓐ 아이가 스스로 찾을 수 있게 해주세요.

친구를 사귀는 방법을 찾아봐요. 엄마 아빠가 알려주는 것 말고, 아이가 스스로 발견할 수 있는 시간이 되도록 해주세요. 아이들도 이미 그림책, 영상 등을 통해 알고 있을 겁니다. 하지만 어떤 아이는 그것을 바로 언어로 표현할 것이고, 어떤 아이는 전혀 떠올리지 못할 수 있습니다. 알고 있는 아이에게는 그것을 언어로 표현할 수 있는 기회가 될 것이고, 아직 모르는 아이에게는 친구 사귀는 방법을 배울 수 있는 시간이 될 것입니다. 막연하게 알고 있는 내용보다는 구체적인 상황 속에서 어떻게 행동해야 하는지를 찾을 수 있게 해주세요. '~하지 않기'라는 표현보다, '~하기'라는 긍정적인 서술어로 표현할 수 있다면 더 좋겠지요.

① 아이가 찾은 친구를 사귀는 방법들

함께 읽어도 좋아요

<친구를 모두 잃어버리는 방법> 낸시 칼슨

친구를 잃어버릴 수 있는 여섯 가지 방법이 담겨 있는 그림책입니다. 그림책 속 아이들의 행동을 보며, 그렇게 하면 안 된다는 것을 깨닫고 어떻게 해야 하는지를 배울 수 있게 되는 그림책이죠. 아이들은 아직 어리기 때문에 자신의 감정을 잘 조절하거나 상황에 맞게 표현하는 방법을 알지 못해 다른 사람들이 싫어하는 행동을 하게 됩니다. 이때 아이를 다그치고 혼내기보다 왜 그러한 행동을 했는지, 왜 그러한 행동을 하면 안 되는지 알려줄 수 있다면 아이들 행동을 편안하고 자연스럽게 변화시킬 수 있을 거예요. '이기적이고 고집불통인 아이 야단치지 않고 버릇 고치기'라는 부제처럼 효과적인 방법이 담겨 있답니다.

마음 우체통

왈왈이와 얄미
방정화 글·그림, 베틀북

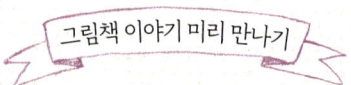

왈왈이는 캄캄 할머니의 비서로, 누가 싫은 소리를 하면 대꾸를 잘 못하지만, 불쌍한 이들을 돕는 강아지입니다. 얄미는 쥐잡이 회사의 직원으로, 누가 싫은 소리를 하면 화를 내고, 나쁜 짓 하는 이를 보면 참지 못하는 고양이입니다. 둘은 서로 첫눈에 반했고, 친구가 되었습니다. 친구가 된 이후에 왈왈이는 무척 용감해졌습니다. 얄미는 더 이상 툴툴거리지 않았고요. 캄캄 할머니는 한결 용감해진 왈왈이에게 생선을 상으로 줬습니다. 왈왈이는 기쁜 마음으로 얄미에게 생선을 선물하죠. 선물을 받은 얄미의 꼬리가 아래로 추욱~ 처졌습니다. 얄미는 고마운 마음에 커다란 뼈다귀를 왈왈이에게 선물합니다. 왈왈이의 꼬리가 위로 치익~ 올라갔습니다. 선물을 주고 받는 과정에서 둘은 크게 다퉜고, 며칠 뒤 왈왈이가 이사를 가 버렸습니다. 왈왈이와 얄미는 왜 다퉜을까요? 이들은 다시 만나 오해를 풀 수 있을까요?

'개와 고양이가 친구가 된 이야기'라는 소제목이 붙은 그림책입니다. 개와 고양이는 서로 의사소통 방식이 많이 다릅니다. 고양이는 기쁠 때 꼬리를 아래로, 강아지는 기쁠 때 꼬리를 위로 향하게 하죠. 이 둘은 서로 다른 언어 체계를 갖고 있기에 오해를 하게 된답니다. 의사소통 방식의 차이는 이 둘에게만 있는 건 아니었습니다.

《화성에서 온 남자, 금성에서 온 여자》라는 책을 아시나요? 우리는 서로 사랑했고, 함께 살아도 괜찮겠다는 생각에 결혼을 하지만 결혼을 해보니 사랑만으로는 충분하지 않았습니다. 결혼생활을 해보니 행복하지 않는 날이 있었습니다. 그런 일은 신혼부부들이 흔히 겪는 사건 정도로만 생각했습니다. 관계는 크게 무너지지 않았지만, 기대한 것만큼 반짝거리지도 않았습니다. 그럴 때마다 조금씩 이 책을 떠올렸습니다. 남자와 여자는 다르기에 적당히 이해해야겠다는 마음으로 살았습니다.

아이를 낳아 기르면서 깨달았습니다. 남녀의 차이뿐만 아니라 기질의 차이도 있다는 것을요. 사람마다 원하는 사랑이 다르고, 엄마 아빠가 아이에게 주고 싶은 사랑과 아이가 받고 싶은 사랑이 다를 수도 있다는 것을요. 또, 내가 받고 싶은 사랑과 신랑이 주고 싶은 사랑이 다르다는 것을요.

오해가 생겼을 때 그것을 해결할 수 방법은 무엇일까요? 대화를 나누는 것입니다. 내가 왜 그런 행동을 했는지, 나의 마음이 어떠한지 이야기를 나누면 서로를 이해할 수 있으니까요. 하지만 대화를 나누는 것이 가장 좋은 방법이 아닐 수 있습니다. 오해는 결국 감정과 관련된 문제이기에, 이성적이고 논리적으로 문제를 해결한다고 해서 감정까지 말끔하게 해소되지는 않으니까요.

왈왈이와 얄미의 경우 나루고 난 후에 대화를 시도하기는커녕, 인사도 나누지 않고 헤어졌습니다. 가까이 있었더라면 의도하지 않더라도 오해를 풀 수 있는 기회가 생겼을 텐데…. 너무 멀어진 왈왈이와 얄미는 그 기회조차 잡을 수 없었죠. 하지만 오랜만에 우연히 다시 만났을 때, 둘은 기회를 잡았습니다. 각자의 시간을 가지며 상대를 이해할 수 있는 여유가 생겼나 봅니다. 왈왈이와 얄미가 서로를 이해할 수 있는 여유가 생겼다는 것은, 그림책의 마지막 장을 보면 알 수 있습니다. 그림을 자세히 보세요. 왈왈이의 꼬리와 얄미의 꼬리에 어떤 변화가 생겼는지를요.

엄마   얄미가 왈왈이한테 선물을 받고, 기분이 어땠어~?

아이   좋아하는 것을 받으니까 기뻤어요.

엄마   맞아~ 그래서 꼬리를 아래로 내렸잖아.

아이   근데 왈왈이는 얄미가 기분이 나빠서 꼬리를 내린 거라고 생각하고 같이 꼬리를 내렸어요.

엄마   왈왈이는 얄미가 기분 좋을 때 꼬리를 어떻게 하는지 몰랐나봐.

아이   그럼 물어보면 되는데~

엄마   그러게~ 물어보면 싸울 일도 없었을 텐데 왜 안 물어봤을까?

아이   너무 화가 나서 그냥 갔나봐요.

그림책 장면마다 왈왈이와 얄미의 감정을 드러내고 있는 부분들이 있습니다. 그림책을 읽으며 가볍게 "이때 왈왈이의 마음은 어땠을까?" 정도로만 물어봐도 좋아요. 아이가 왈왈이와 얄미의 마음을 읽어내는 활동을 재미있어 한다면, 다시 처음부터 읽으며 왈왈이와 얄미의 마음을 감정 단어로 정리해 보는 활동을 해보세요. 두 가지 색의 포스트잇을 준비하여 왈왈이와 얄미의 감정을 적고 페이지마다 붙여보는 거죠. 이 활동은 여러 번 해보면 더 좋아요. 감정을 찾는 활동을 반복하면 처음에 찾아내지 못했던 감정들도 느껴지거든요.

놀이 01

마음 우체통 만들기

🔖 난이도 ★★★
🔖 권장 연령 6세 이상

{준비물}
상자
색종이
가위
테이프
풀

{놀이의 효과} 사회성, 타인에 대한 이해, 자기감정 파악, 표현력, 정서적 안정감

{놀이 시 주의사항}
ⓐ 우리가 알고 있는 우체통의 모습이 아니어도 괜찮아요.
ⓐ 상자, 바구니, 플라스틱 병 등 편지를 넣었다 뺄 수 있는 것이라면 무엇이든 괜찮아요.
ⓐ 그림으로 전해도 좋아요.

　마음을 전할 수 있는 우체통을 만들어요. 상자를 하나 준비해 주세요. 어떤 모양이든 괜찮아요. 자유롭게 준비해 주세요. 그리고 예쁘게 꾸며주세요. 사실 상자를 꾸미는 것보다 중요한 것은 이 우체통을 가족들이 이용하는 거예요. 마음 우체통 안에는 자신의 마음이 담겨 있는 종이라면 어떤 것이든 넣을 수 있어요. 엄마 아빠에게 보내는 편지도 좋고, 나 자신에게 보내는 편지도 좋아요. 또 나의 마음을 털어놓고 싶을 때 이용해도 좋겠지요. 이때 비난이나 지적의 메시지는 안 된답니다. 부탁이나 조언은 괜찮아요. 물론 가장 좋은 건 누구에게 무엇인가를 요청하는 글이 아닌, '나의 마음은 이러하다.'는 내 마음을 고백하는 편지랍니다.

　기쁜 일이 있을 때, 사랑을 표현하고 싶을 때, 마음껏 이용하세요. 슬픈 일이 있을 때, 불안한 마음이 들 때도 이용하고요. 보이지 않는 마음을, 글이나 그림으로 표현하면 에너지가 되어 전해진답니다. 아이가 어리다면 엄마 아빠가 더 적극적으로 활용해 보세요. 아이에게 전하고 싶은 마음을 한 두 문장으로 적어, 마음 우체통에 담아보세요. 아이가 아직 글을 읽을 수 없다면, 마음 우체통에 넣어두었다가 아이에게 직접 읽어주시면 된답니다. 이러한 행위가 아이의 몸과 마음에 쌓여, 글로 표현되는 마음의 가치를 전해줄 거예요.

― 함께 읽어도 좋아요 ―

<이상한 고양이개> 노부미

　애완동물을 키우고 싶어 하는 남매의 이야기입니다. 하지만 두 아이가 키우고 싶어 하는 동물이 달라요. 건이는 강아지를, 율이는 고양이를 키우고 싶다며 엄마에게 이야기합니다. 그래서 엄마는 '고양이개'를 데려왔습니다. '야옹멍멍'거리는 고양이개는 고양이처럼 행동하기도 하고, 개처럼 행동하기도 합니다. 게다가 '물고기소'를 먹는다니요. 건이와 율이는 야옹멍멍이가 이상해서 좋습니다. 고양이의 특성과 개의 특성을 모두 갖고 있는 야옹멍멍이는 어떻게 키워야 할까요? 먹이는? 산책은? 원반던지기는? 고양이도 아니고, 개도 아니라 외톨이로 지내던 야옹멍멍이가 건이율이네 집에서 행복하게 지낼 수 있을까요?

나를 웃게 하는 순간들

나는 이럴 때 웃어요
애이미 슈워츠 글·그림, 베틀북

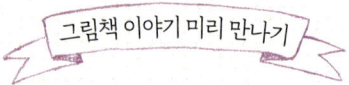
그림책 이야기 미리 만나기

쭉쭉 양말 당겨 신기, 아슬아슬 블록 쌓기, 둥근 달님과 인사하기, 종알종알 편지 읽기, 흔들흔들 공룡 시소. 그림책 안에는 아이들이 좋아하는, 하하하 깔깔깔 배시시 웃을 수 있는 순간들이 100가지나 담겨 있습니다. 특별한 스토리는 없지만 '기쁨, 설렘, 즐거움, 신남, 행복, 편안, 짜릿' 등의 감정을 느끼는 순간들을 담고 있어 아이들이 마음껏 이야기를 풀어놓을 수 있는 그림책입니다. 100가지 순간들 중 내가 좋아하는 것, 아이가 좋아하는 것은 몇 가지나 있을까요?

우리가 느끼는 감정은 크게 두 가지로 나눌 수 있습니다. 긍정적인 감정과 부정적인 감정이 그것입니다. 긍정적인 감정은 '기쁨, 행복, 포근함, 신남' 등과 같은 것들이고 부정적인 감정은 '슬픔, 분노, 짜증, 두려움' 등과 같은 것들입니다. 하지만 감정을 이렇게 분류하니, 부정적인 감정은 나쁜 것이라는 생각이 듭니다. 사실 슬픔도, 분노도, 짜증도, 두려움도 모두 필요한 감정인데 말이죠. 만약 분노라는 감정을 느끼지 못한다면 불합리한 일을 당해도 인지하지 못할 것입니다. 만약 두려움이라는 감정을 느끼지 못한다면 어떤 일들이 내게 위험한지를 파악하지 못할 것입니다.

그래서 최근에는 긍정적인 감정과 부정적인 감정이라는 표현 대신, 편안한 감정과 불편한 감정이라고 표현하려는 이들이 더 많아지고 있습니다. 편안한 감정을 느낀다면 그 감정을 유지하면 되고, 불편한 감정을 느낀다면 그것을 편안한 감정으로 전환할 수 있는 방법을 통해 감정을 변화시키면 되니까요. 세상에 나쁜 감정은 없습니다. 단지, 잘못된 표현 방법이 있을 뿐이죠.

이 그림책의 부제목은 '우리 아이가 행복한 100가지 순간'입니다. 아이와 처음 이 그림책을 볼 때 아이는 그림책 안에 나오는 100가지의 행동들을 모두 따라했습니다. 그 100가지의 행동마다, 자신이 겪은 일을 떠올리며 자신의 생각을 이야기를 했습니다. 아이에게는 그림책 안의 행복한 순간들이 모두 자신의 이야기였더라고요. 아이의 반응에 감동하여 이후 강의를 진행할 때 이 그림책을 사용했는데, 역시나 아이들은 폭발적인 반응을 보여줬습니다. 아마 아이들이 그림책 읽기에 가장 적극적으로 참여한 그림책일 것입니다.

아이와 함께 그림책을 보면서 내가 좋아하는 순간, 내가 행복을 느끼는 순간들이 보이면 스티커를 붙여주세요. 커다랗게 동그라미를 그려도 좋고, 작게 체크 표시를 하는 것도 좋아요. 식구마다 다른 스티커나 펜을 활용해 누가 무엇을 좋아하는지도 알아보세요. 다양한 방법으로 아이와 엄마 아빠의 행복한 순간들을 표시하며, 우리만의 행복한 순간들을 모아보세요.

내가 좋아하는 것

난이도 ★★
권장 연령 3~7세

준비물
A4용지
사인펜
색연필

놀이의 효과 자아정체성, 자존감, 상호존중, 만족감 향상

놀이 시 주의사항
ⓐ 그림책 안에서 내가 좋아하는 순간들을 먼저 찾아보세요.
ⓐ 좋아하는 장소, 놀이, 색깔, 음식 등 질문을 구체적으로 해주세요.

내가 행복한 순간들을 찾아보아요. 나는 언제 즐겁고 행복하고 신나고 편안한지 이야기해 보아요. 내가 주로 하는 일을 떠올려보세요. 막연하게 '좋아하는 게 뭐지?'라는 질문보다 '어떤 놀이를 자주 하나요? 어떤 옷을 자주 입나요? 어떤 음식을 좋아하나요?' 등 구체적인 질문을 해주세요. 계절, 색, 모양, 장소 등 카테고리를 나눠 찾는다는 느낌으로요.

내가 행복한 순간들. 웃는 순간들.
유튜브 찍을 때,
친구랑 놀 때,
엄마랑 있을 때,
귀여운 인형 받았을 때.

함께 읽어도 좋아요

<오소리네 집 꽃밭> 권정생

회오리바람이 불던 날, 잿골 오소리 아줌마는 회오리바람에 날아갔어요. 40리나 떨어진 읍내 장터까지 말이죠. 다양한 것을 파는 시장을 실컷 구경하고 싶었지만 사람들한테 들킬까 봐 얼른 달아났어요. 집으로 돌아오는 길에 학교가 있었고, 오소리 아줌마는 울타리 사이로 학교 안을 들여다보게 되었죠. "어머나, 예뻐라." 운동장 둘레에 예쁜 꽃밭이 있었어요. 오소리 아줌마는 예쁜 꽃밭을 만들 생각을 하며 집으로 돌아왔습니다. 오소리 아줌마는 꽃밭을 만들려고, 오소리 아저씨에게 괭이질을 부탁했는데, 글쎄 거기에는 패랭이꽃이 있더라고요. 다른 쪽엔 잔대꽃이 있고요. 꽃이 안 핀 곳을 찾으려 했지만, 오소리네 집 둘레엔 온갖 꽃들이 여기저기 피어 있었어요. 오소리 아줌마는 집 둘레에 꽃들이 많다는 것을 왜 몰랐던 걸까요? 오소리 아줌마는 원하는 꽃밭을 만들 수 있었을까요?

나의 행복한 순간

행복한 가방

김정민 글·그림, 북극곰

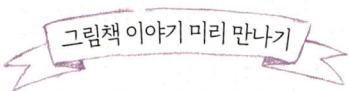

　의자에 앉아 있는 아이의 표정이 어두워요. 친구들과 헤어지고 혼자 걸어가는데 그 발걸음 또한 너무 무거워 보입니다. 게다가 가방은 또 어찌나 무거운지요. 가방은 점점 더 무거워지고 꼼짝도 안 합니다. 그때 마침 날아가는 풍선을 잡아 가방에 묶었더니, 금방 휙~ 날아가 버립니다. 안타깝게도 새가 날아와 풍선이 터지는 바람에 다시 떨어졌지만요. 아이는 가방을 멀리 보내고 싶어 하지만, 결국 그 가방은 아이보다 먼저 집에 도착합니다. 어떤 일이 있었던 걸까요? 아이는 왜 가방을 버리고 싶었던 걸까요?

《행복한 가방》은 글자가 없는 그림책이기에 그림을 꼼꼼하게 살펴보아야 합니다. 아이의 가방이 너무 무거워 보입니다. 처음엔 어깨에 메고 가다, 머리에 이고 가다, 결국은 질질 끌고 갑니다. 하지만 가방이 너무 무거워 움직이지 않습니다. 그때 아이는 날아가는 풍선을 발견하고 가방에 풍선을 묶었습니다. 그 무거웠던 가방이, 아이 혼자의 힘으로 움직이기 어려웠던 가방이, 작은 풍선에 매달려 날아갑니다. 어떻게 이런 일이 일어날 수 있는 걸까요? 아이의 가방은 진짜 무거웠던 게 맞을까요?

우리에게도 이런 날이 있습니다. 내 어깨 위에 거대한 곰이 매달려 있는 것처럼 힘든 날, 마음을 커다란 돌덩이가 누르는 것처럼 답답한 날. 가방이 너무 무거워 혼자의 힘으로 들기 힘든 날 말이죠. 무엇이 내 마음을 무겁게 했나요? 마음이 무거워졌을 때 어떻게 하시나요? 그 시간을 묵묵히 견디는 편인가요? 가벼운 마음으로 전환하려고 노력하는 편인가요?

아이의 가방을 열어본 엄마는 아이가 엄마에게 보여드리고 싶어 하지 않았던 '그것'을 발견합니다. 아이의 마음이 왜 무거웠는지 이제야 알 수 있습니다. 그림책 속 엄마는 아이가 자는 동안, 무엇인가를 만듭니다. 바로 축구공 모양의 가방! 축구공이 딱 들어가는 동그란 가방입니다. 이 가방을 받은 아이는 행복하게 가방을 메고 친구들을 만나러 가고, '뻥-' 공을 차며 이야기는 끝이 난답니다. 엄마가 왜 축구공 가방을 만들었을까요? 그림 읽기를 꼼꼼하게 하셨으니, 이미 알고 계시지요?

엄마, 아빠의 대화 코칭!

우리는 그림언어보다 문자언어를 읽고 쓰는 게 훨씬 더 익숙합니다. 문자언어는 기록되어 있는 만큼 읽지만, 그림언어는 발견하는 만큼 읽을 수 있습니다. 문자언어도 누가 읽느냐에 따라 행간을 이해하는 정도가 다른 것처럼, 그림언어도 누가 해석하느냐에 따라 그 의미가 달라집니다. 그러하기에 우리는 그림책을 한 번 읽었을 때보다 두 번 세 번 읽었을 때 더 많은 것을 읽어낼 수 있습니다. 특히 이 그림책은 판화로 작업한 그림책이다 보니, 작가가 꼭 필요한 부분을 오랫동안 고민하고 선택했을 거란 생각이 듭니다. 그러니 더 자세히 살펴보세요. 어떤 재미있는 요소들이 숨겨져 있는지를요.

나의 행복한 순간

난이도 ★★★★
권장 연령 6세 이상

준비물
우드락
볼펜(또는 나무젓가락)
물감
도화지

놀이의 효과 자기이해, 표현력, 선택 능력, 정서적 안정감 획득

놀이 시 주의사항
- 간단하고 큼직하게 그릴 수 있게 해주세요.
- 다 쓴 볼펜이나 연필, 나무젓가락이 뾰족하니 조심할 수 있게 해주세요.
- 우드락판 위에 물감을 바르고 종이를 덮는 방식으로 찍는 게 더 편해요.

아이와 행복한 순간들을 찾아보고, 판화로 만들어 봐요. 우선 언제 가장 행복했는지를 이야기 해 볼까요? 그 순간을 찾기 위해 나의 행복한 순간들을 떠올리고, 그 중에 무엇을 선택해야 할지 고민하며 행복을 만끽할 수 있으면 참 좋겠습니다.

판화로 찍고 싶은 행복한 순간을 결정했다면, 먼저 그림으로 표현하면 됩니다. 판화는 판에 그림을 새기고 찍어낸 그림을 말합니다. 우드락은 조금만 힘을 줘도 흔적이 남기에, 우드락에 밑그림을 그리고 다 쓴 볼펜이나 연필로 세게 누르며 선을 따라 그리면 우드락 판에 그림이 새겨집니다. 우드락 판에 물감을 묻히고 위에 종이를 덮어 찍으면, 우드락 판화가 완성됩니다.

1. 행복한 순간을 그리고, 연필로 진하게 그리며 우드락에 새겼어요.
2. 여러 가지 색으로 판화를 찍고 싶어서 섬세하게 색을 칠했어요.
3. 빈 곳이 안 생기게 판화를 찍고 싶어 여러 번 찍어보고, 만족스러운 작품을 완성했어요.

두려움이 사라지는 주문

다음엔 너야

에른스트 글, 노르만 융에 그림, 비룡소

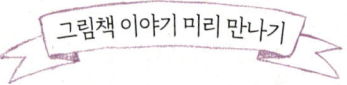

그림책 이야기 미리 만나기

    조금은 어두운 공간, 전등 하나, 불빛이 새어나오는 문. 그리고 다섯 개의 의자에 다섯 명의 장난감이 앉아 있습니다. 문이 열리고 하나가 나왔습니다. 하나가 들어가고 넷이 남았지요. 문이 열리고 하나가 나왔고, 하나가 들어갑니다. 이제 셋이 남았습니다. 이렇게 한 명씩 안으로 들어가고 다시 나옵니다. 장난감들은 지금 무엇을 기다리고 있는 걸까요? 어디로 들어가는 걸까요?

여기는 어디일까요? 왜 하나씩 문 안으로 들어가는 걸까요? 그림 읽기를 할 수 있는 아이들은 지금 장난감들이 무엇을 기다리고 있는지를 찾아냅니다. 들어가는 장난감과 나오는 장난감의 어떤 점이 달라졌는지 발견합니다. 감정 읽기를 할 수 있는 아이들은 장난감의 표정을 읽어냅니다. 문이 열리고 한 명씩 들어갈수록, 자신의 차례가 가까워질수록 달라지는 장난감의 표정. 과연 이곳은 어디일까요?

'다음엔 너야'라는 말, 차례를 기다리는 이에게는 굉장히 반가운 메시지이지만, 그렇지 않는 이에게는 너무도 두려운 순간입니다. 기대감과 두려움, 장난감들의 표정을 보니 두려움이 더 많이 느껴집니다. 아이와 함께 병원에 다녀온 엄마 아빠라면 누구나 한 번쯤 느껴봤을 순간입니다. 아이들 병원에 가면 아기자기한 공간, 재미있는 장난감, 어린이 프로그램이 나오는 TV까지 신나고 즐거운 것들이 많습니다. 그러나 대기실에 있던 아이들이 진료를 받고 집으로 돌아가고, 자신의 차례가 다가올수록 아이는 긴장을 하게 됩니다. 진료실에 들어가 진료를 시작하면 생각한 것만큼 무섭거나 아픈 일이 일어나지 않습니다. 무섭고 두려운 것은 진료를 받는 그 순간보다, 그것을 기다려야 하는 시간입니다.

그런 마음이 느껴질 때, 어떻게 하면 용기가 생길지, 마음이 편안해질지에 관해 이야기 나눠 보세요. 엄마 아빠는 어떻게 했는지, 아이에게 엄마 아빠가 알고 있는 마음이 편안해지는 비법을 전수해 주세요. 아이가 자신만의 비법을 찾을 수 있게 도와주세요.

그리고 아이가 조금 더 성장하면, 두려운 마음은 실체가 아닐 수도 있다는 이야기를 해보세요. 막상 시작해 보면 생각보다 작은 일처럼 느껴질 거라고 '아무것도 아닌 것'까지는 아니지만 '나도 할 수 있는 일' 정도로 느껴질 거라고. 앞에서 소개한 리사 데이크스트라의 《용기 모자》나 아드리앵 파를랑주의 《곧 이 방으로 사자가 들어올거야》와 같은 그림책을 함께 읽으면 도움이 될 거예요.

> **엄마, 아빠의 대화 코칭!**
>
> 몇 년 전 청소년들을 대상으로 엄마 아빠에게 가장 듣고 싶은 말을 조사한 결과를 봤습니다. 혹시 어떤 메시지가 1위를 했는지 아시나요? 약 30프로의 청소년들이 이 말을 듣고 싶다고 답했습니다. 그건 바로 "실수해도 괜찮아."라는 말입니다. 인생은 예측할 수 있는 게 아니기에 우리는 언제나 두려움을 느낄 수밖에 없습니다. 특히나 아이들은 내가 잘 못할까봐, 부모님을 실망시킬까봐, 친구들이 나를 싫어할까봐 등 다양한 이유로 두려움을 느낍니다. 아이가 어렸을 때부터 엄마 아빠가 먼저 연습하세요. "괜찮아."라고 말하는 방법을요.

놀이 01

두려움이 사라지는 주문

- **난이도** ★★★★
- **권장 연령** 5세 이상

준비물
애착 인형
색지
사인펜

놀이의 효과 자기이해, 정서적 안정감 획득, 스트레스 해소, 자기주도성 향상

놀이 시 주의사항
- 편안한 분위기에서 이야기 할 수 있게 해주세요.
- 두려움을 사라지게 하는 말을 찾기 어려워한다면, 구체적인 상황을 제시해 주세요.
- 친구에게 어떤 말을 하면 좋을지 생각해 보게 해주세요.

마음을 편안하게 하는 물건을 찾아보세요. 애착 인형이 있다면 그걸 활용하면 된답니다. 내가 좋아하는 그 물건을 만졌을 때의 느낌이 어떤지 이야기 나눠보세요. 그 느낌을 담은 감정언어를 찾아보세요. 아이가 무엇인가를 두려워하거나 무서워하는 상황이 생기면 함께 찾은 감정언어를 들려주며 이 느낌을 떠올리게 해주세요.

아이가 조금 더 컸다면, 내 마음을 편안하게 할 수 있는 주문을 정해보세요. 나는 어떤 말을 들으면 힘을 낼 수 있는지, 어렵지만 해볼 수 있겠다고 다짐할 수 있는지 찾아보세요. 그리고 그 문장들을 작은 메모지에 적어보세요. 작게 접어 부적처럼 가방 속에 넣어도 좋고, 리본 띠 같은 곳에 적어 가방 고리로 활용해도 좋아요. 코팅을 해 벽에 붙여놓아도 좋고요.

1. 나에게 보내는 응원 메시지가 담긴 용기 방패.
2. 리본 띠에 메시지를 적어 만든 응원 고리.

함께 읽어노 좋아요

<아름다운 실수> 코리나 루켄

'아름다운 실수'라는 제목에서 이질감이 느껴집니다. 우리는 실수를 '안 좋은 것, 하지 말아야 하는 것'이라고 생각하니까요. 하지만 관점을 바꿔 생각해 봅시다. 실수했다는 건, 잘 못하는 무엇인가를 새롭게 해봤다는 뜻이잖아요.

우리는 실수를 통해 새로운 방법을 찾을 수 있어요. 무엇이 잘못 되었는지 점검해 볼 수 있어요. 그러니 실수는 우리를 성장하게 하는 아주 중요한 경험인거죠. 그림을 그리다 보니 자꾸 실수를 합니다. 망쳤다고 그림 그리는 것을 멈추는 게 아니라, 이 실수를 만회할 수 있는 아이디어를 떠올리며 더 멋진 작품을 완성합니다. "실수는 시작이기도 해요."라는 마지막 메시지를 기억해 주세요. 작은 실수를 새로운 시작으로 만들어주는 비법이 담긴 그림책입니다.

뽀뽀를 전해요

엄마의 손뽀뽀
오드리 펜 글, 루시 하퍼·낸시 리크 그림, 스푼북

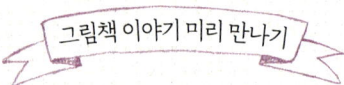

그림책 이야기 미리 만나기

　눈이 까만 아기 너구리 체스터는 학교 가기를 싫어합니다. 엄마 옆에 있고 싶다고 이야기 하는 체스터를 엄마는 조용히 타이릅니다. "처음에는 낯설고 두렵겠지만 곧 학교를 좋아하게 될 거야."라고 말이죠. 체스터에게 학교에 가면 어떤 즐거운 일들이 있는지도 친절하게 알려주었습니다. 그리고 외할머니에게 전수받은 비밀도 알려주었습니다. 그것은 바로, '엄마의 손뽀뽀'입니다. 과연 엄마의 손뽀뽀는 무엇일까요? 엄마의 손뽀뽀에는 어떤 비밀이 담겨 있을까요?

《엄마의 손뽀뽀》는 기관에 가고 싶어 하지 않는 아이에게 엄마가 전해주는 사랑의 메시지를 담은 그림책입니다. 엄마 아빠가 출근하기 싫을 때가 있는 것처럼, 아이들에게도 기관에 가고 싶지 않은 날이 있습니다. 아이가 기관에 가고 싶지 않은 이유는 다양합니다. 컨디션이 좋지 않은 수도 있고, 오늘은 엄마 아빠와 시간을 보내고 싶을 수도 있고, 기관에서 하는 활동을 하고 싶지 않을 수도 있습니다. 그리고 가끔은 아이들도 '그냥' 그러고 싶을 수도 있죠. 아이마다 기질이 다르고, 가고 싶지 않은 상황이 다르고, 기관의 환경이 다르기에 모두 같은 처방을 내리기 어렵습니다.

우선 아이에게 물어봐야 합니다. 가고 싶지 않은 이유가 무엇인지 엄마 아빠가 명확히 알아야 합니다. 아이의 환경에 어떤 문제가 있다면 어른이 적극적으로 해결해 주어야 합니다. 친구들 사이의 관계의 어려움이 있다면 그 방법을 알려주어야 합니다. 하지만 특별한 문제가 있는 게 아니라면, 엄마 아빠의 사랑을 충분히 전해주시면 됩니다. 엄마 아빠와 떨어진다고 해서 엄마 아빠의 사랑이 사라지는 게 아니라는 사실, 그 확신을 마음에 오롯이 새길 수 있는 장치를 마련해 주시면 됩니다. 저는 아이와 이 책을 읽고 난 뒤, 수시로 손뽀뽀를 나눴습니다. 기관에 가고 싶은 마음과 상관없이 유치원 앞에서 헤어질 때마다 나눴습니다. 아이에게는 이 행위에 그림책 속 의미가 더해지면서 엄마 아빠의 사랑을 느낄 수 있는 강력한 메시지로 전해졌나 봅니다.

아이들은 사랑을 먹고 자랍니다. 자신이 어떤 행동을 하는지, 무엇을 잘하는지에 상관없이 엄마 아빠가 보내는 무조건적인 사랑을 영양분 삼아 자랍니다. 사랑을 충분히 받은 아이일수록 반짝거립니다. 사랑을 충분히 받은 아이들은 자기 자신을 믿습니다. 이때 중요한 건 아이를 사랑하는 마음의 크기가 아니라, 아이에게 사랑을 표현하는 방법입니다. 아이를 사랑하는 마음이 아무리 커다랗더라도 간직만 한다면 아이에게 잘 전해지지 않습니다. 아이에게 그 사랑이 어떠한지 수시로 표현해 주세요. '내 마음을 알고 있겠지.' 하는 생각을 내려놓고, 아이가 원하는 방법으로 자주 표현해 주세요.

엄마, 아빠의 대화 코칭!

어른들이 하시는 말씀 중에 "오냐오냐 키우면, 버릇없어진다."는 이야기 들어보셨죠? 가끔 아이가 원하는 것들을 다 해주고 받아주면, 아이가 잘못 될까봐 아이에게 엄하게 대할 때가 있습니다. 아이의 약점이라 생각하는 부분을 고치기 위해 아이를 다그치기도 합니다. 아이가 여럿이라면 유독 첫째에게 더 그러하게 되더라고요. 하지만 이는 사랑을 표현하는 것과는 별개의 일입니다. 엄마 아빠의 철학이나 원칙도 없이 아이가 원하는 대로 끌려 다니면 안 된다는 의미이지, 사랑을 표현하는 것이 버릇을 나쁘게 한다는 뜻은 아닙니다. 자주 안아주고, 응원하고, 믿어주는 사랑 표현은 넘칠수록 좋습니다.

놀이 01

난이도 ★★
권장 연령 3~7세

뽀뽀를 전해요.

준비물
엄마 아빠의 사랑
아이가 원하는 사랑
사랑 표현의 형식

놀이의 효과 정서적 안정감, 부모와의 유대관계 형성, 자존감, 사회성 향상

놀이 시 주의사항
- 언어보다 행동으로 정해주세요.
- 아이가 좋아하는 형태로 정해주세요.
- 엄마 아빠가 아이에게, 아이가 엄마 아빠에게 사랑을 표현하며 에너지를 나누세요.

우리는 매일 매일 어떤 사건들을 만납니다. 어떤 사건은 나를 행복하고 신나게 하지만, 어떤 사건은 나를 초라하고 작아지게 만들기도 하죠. 그럴 때 우리에겐 긍정의 메시지가 필요합니다. 스스로에게 전하는 메시지, 나를 아끼고 사랑하는 이들로부터 받는 메시지, 책 속의 어떤 문구들 모두 내게 긍정의 에너지를 전해줍니다.

아이들에게도 긍정의 에너지가 필요한 순간들이 있습니다. 엄마 아빠의 시선에서 본다면 우리가 다 해주는데, 뭐가 힘들까 싶을 때도 있지만 아이들의 삶도 그렇게 호락호락 하지 않습니다. 5살 아이에게는 5살 아이만의 시련과 아픔이 존재하거든요. 그런 시련과 아픔이 아이에게 성장의 계기가 될 수 있도록, 손뽀뽀와 같은 비밀 언어를 만들어 보세요. 우리만의 사랑의 에너지를 전하는 액션 말이죠. 메시지가 충분히 담긴 액션은 아이에게 긍정의 에너지가 필요한 순간, 그 액션을 떠올리는 것만으로도 에너지가 될 수 있습니다.

짜증을 터뜨려요

화가 둥!둥!둥!
김세실 글·그림, 베틀북

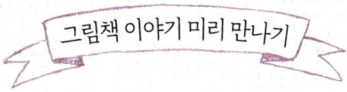

그림책 이야기 미리 만나기

나의 마음속 작은 방에 살고 있는 고릴라. 고릴라는 내가 즐겁고 행복하면 내 마음속에서 달콤한 잠을 잡니다. 하지만 내가 기분이 나쁘고 화가 나면, 크고 무서운 빨간 고릴라가 됩니다. 크고 무서운 빨간 고릴라는 천둥처럼 소리 지르고, 땅이 무너질 듯 발을 구르고, 부서뜨리고 내동댕이칩니다. 내 마음속 작은 방의 고릴라는 원래의 모습으로 돌아올 수 있을까요?

아이들의 정서는 생후 3개월부터 쾌와 불쾌로 나뉘는데, 불쾌 정서가 더 빨리 관측된다고 합니다. 불쾌 정서는 분노, 혐오, 공포 등으로 분화되는데 이는 생존과 밀접한 관련이 있기 때문입니다. 아이가 울면 어른이 아이를 살펴보고 문제를 해결해주고, 울음이 곧 어른의 주목을 끌 수 있는 방법이기에 그 수단으로 발달한다는 것이죠. 이는 언어를 잘 사용할 수 있게 되면 울음을 더 이상 불쾌의 감정을 표출하는 도구로 사용하지 않는다는 뜻이기도 합니다. 나의 감정 상태를 적절한 언어로 표현하는 것이 훨씬 효율적인 방법이니까요.

마음속 작은방에 고릴라가 살고 있다는 설정 덕분에 아이들은 보이지 않는 감정을 더 잘 인식할 수 있습니다. 또한 내가 아닌 내 마음 속의 누군가로 대상화하여 보여주니 아이들뿐만 아니라 어른들에게도 감정을 객관화하여 볼 수 있는 시각과 여유를 줍니다.

화가 나면 마음속의 고릴라가 크고 빨갛게 변합니다. 천둥처럼 소리 지르고 사납게 행동합니다. 내 마음이 편안해지면 고릴라도 다시 작아지고 파랗게 변하고 새근새근 쿨쿨 잠이 듭니다. 이 그림책을 읽으면, 화가 나는 상황에서 "너 때문에 화가 나!"가 아니라 "내 마음 속의 고릴라가 빨간색으로 변했어!"라고 표현할 수 있는 거죠.

엄마 ○○이도 마음속 방에 고릴라가 살고 있어?

아이 응. 나도 이런 날이 있었던 걸 보니 살고 있지.

엄마 ○○이는 언제 고릴라가 크고 빨갛게 되었는데?

아이 친구들이 나만 빼고 놀 때랑, 엄마한테 혼났을 때.

엄마   아~ 그랬구나…. 그때 진짜 속상하고 화가 났겠네…. 그래서 어떻게 했어?

아이   친구들이랑 놀 때는 같이 놀자고 이야기 했지~
       엄마한테 혼났을 때는 방에 들어가서 책 보고.

엄마   우아~ ○○이는 화가 났을 때도 세련되게 행동했구나~

아이   아…. 근데 나 친구들한테는 까칠하게 말했는데….

엄마   그랬구나~ 그래서 어떻게 됐는데?

아이   친구들도 까칠하게 말했는데… 결국 같이 놀았어~

엄마   아~ 그랬구나~ ○○이 마음속의 고릴라가 빨간색으로 되었는데….
       ○○가 고릴라가 다 부시지 않도록 마음 조절을 잘 했구나~

아이   응~ 다음에는 까칠하게 말 안하고 예쁘게 말 할 수 있어~

엄마   그래~ 혹시 엄마 도움이 필요하면 얘기해줘~ 도와줄게~

아이   네!!

분노를 느끼거나 화를 내는 건 잘못된 행동이 아닙니다. 하지만 적절하지 않은 형태로 분출하거나 그 감정을 참는 건 위험한 행동입니다. 나의 마음속의 고릴라가 크고 빨갛게 되었다면, 다시 작고 파랗게 만들어줄 수 있는 방법을 찾아야 합니다. 신문지를 찢거나 북을 치거나 풍선을 터뜨리거나 춤을 추는 등 감정을 전환할 수 있는 방법들을 찾아야 합니다. 그러한 방법들을 알고 사용하는 것은 분노의 감정을 스스로 통제할 수 있는 능력을 갖게 되는 것입니다.

엄마, 아빠의 대화 코칭!

감정은 전염되기에, 화를 내는 아이를 가만히 지켜보며 기다리는 게 쉽지 않습니다. 다른 형제가 있거나, 엄마 아빠가 일을 해야 하는 상황이거나, 집 밖에서 일이 일어났거나, 다른 사람에게 피해를 주는 등 여유롭지 않은 상황이라면 더더욱 그러하지요.

아이가 화를 내거나 짜증을 낼 때, "지금 화가 난 거 같은데 왜 그런지 이야기 해 줄 수 있어?" 정도로만 물어봐주시고 아이가 대답을 한다면 들어주시면 돼요. 혹시 대답하지 않는다면 "이야기 해줄 수 있을 때 엄마 아빠한테 와."라고 말해준 뒤, 엄마 아빠는 다른 일을 하시면 됩니다. 아이의 행동이 아닌, 감정에 집중해 주세요. 핵심은 아이의 분노에 같이 분노하지 않는 것이랍니다.

짜증을 터뜨려요!

난이도 ★★
권장 연령 3세 이상

준비물
풍선
신문지
달걀껍질

놀이의 효과 불편한 마음에 대한 이해, 마음을 전환하는 방법, 자기조절력, 스트레스 해소

놀이 시 주의사항
- 부시거나 망가뜨려도 안전한 물건들은 어떤 것이든 괜찮아요.
- 놀이 이후에는 정리할 수 있도록 알려주세요.
- 신체를 움직이며 에너지를 발산할 수 있도록 해주세요.

아이들도 스트레스를 받습니다. 유아 스트레스의 경우 중대한 사건으로 인한 스트레스와 일상적인 생활에서 발생하는 스트레스로 나눌 수 있습니다. 우리가 아이와 이야기를 나누는 건 대부분 일상적인 생활에서 발생하는 스트레스이지요. 병원에 가는 일, 동생이 나의 물건을 뺏어가는 일, 엄마에게 혼나는 일, 친구와 싸운 일 등 일상생활에서 흔히 일어나는 일들 속에서 느껴지는 스트레스입니다. 가벼운 일이라 생각해 무심코 지나가기 쉬운 부분이기도 하죠. 이런 일들 속에서 아이가 느꼈을 불편한 마음들을 이야기 나누고, 해소하는 놀이를 해봅시다.

내 마음 속 고릴라가 크고 빨갛게 된 경험을 이야기 할 수 있게 해주세요. 왜 짜증이 났는지 이야기를 들어주시고, 공감해 주세요. 그리고 풍선을 불어주세요. 이때 아이가 풍선을 불 수 있다면, "짜증난 일과 감정을 풍선 속에 후~하고 불어 넣자!"라고 말해 주세요.

풍선을 불고 난 뒤, 아이가 신체를 움직여 터뜨릴 수 있게 해주세요. 풍선을 터뜨리는 과정 속에서 아이는 후련함과 시원함 등의 감정을 느낄 거예요. 풍선이 없다면, 종이를 찢는 행위를 통해서도 짜증을 해소할 수 있습니다. 또는 국수를 부러뜨리거나 달걀 껍질을 깨뜨리는 활동도 좋아요. 짜증난 상황을 표현한 뒤 마음껏 찢고 부실 수 있게 해주세요. 무엇인가를 찢고 부시는 행위는 스트레스를 해소하고 즐거움을 선물합니다.

이러한 놀이는 그림책을 읽은 뒤 예전의 사건을 떠올려 활동해 보는 것도 좋지만, 짜증과 관련된 사건이 있는 날 저녁 또는 그 다음날 해보는 것도 좋아요. 평소에 그림책을 읽고 아이와 이야기를 나누고, 액션이 필요할만한 사건이 생긴 날, 아이와 함께 해보세요. 집에서 엄마 아빠와 그림책을 읽으며 감정 교육을 할 때 가장 좋은 점이 바로 이것이거든요.

춤추는 세상

어느 우울한 날 마이클이 찾아왔다
전미화 글·그림, 웅진주니어

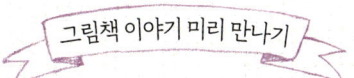

   띵동~ 띵동~ 띵동띵동!!! 누군가 바쁘게 초인종을 누릅니다. 문을 여니, 춤추는 공룡이 서 있습니다. 집주인은 현관문 밖에 붙어 있는 메모를 살펴보라고 합니다. 춤추는 공룡은 자신은 잡상 공룡이 아니고, 단지 우울하다는 소식을 듣고 찾아왔다고 이야기합니다. 집주인은 자신은 우울하지 않다고 소리치고는 들어갑니다. 집주인의 대답과 상관없이 춤추는 공룡은 닫힌 문 앞에서 준비운동을 하고 신나게 춤을 춥니다. 춤추는 소리를 들은 집주인은 살며시 문 밖을 내다보는데⋯. 과연 앞으로 어떤 일이 벌어질까요?

그림책의 제목에서 알 수 있듯이, '우울'이라는 감정을 다루고 있는 그림책입니다. 우울한 마음을 느껴보신 적이 있나요? 언제, 어떤 일로 그런 마음을 느끼셨나요? 마음이 답답하고 신체 에너지가 낮은 상태에 있을 때 우울하다는 표현을 합니다. 하지만 이러한 상태를 우울하다고 인식하기보다 그림책 속 달보처럼 '단지 생각이 많은 상태'라고 여길 때가 있습니다. 감정은 칼로 자르듯이 분명하게 나뉘는 것이 아니므로 한 가지 사건에서도 다양한 감정을 느낄 수 있습니다. '생각이 많아 행동할 수 없는 상태'와 '마음이 답답하여 활기가 없는 상태'는 비슷한 듯 다릅니다. 그 경계가 모호합니다.

달보는 어떤 감정의 상태에 있었던 걸까요? 달보는 왜 이런 감정을 느끼고 있었던 걸까요? 그림책 안에서는 왜 우울한지 알려주고 있지 않습니다. 그러나 우리는 대답할 수 있습니다. 내가 경험했던 일들을 바탕으로 상상할 수 있습니다. 아이에게는 "달보는 지금 마음이 어떨까? 왜 그런 마음을 느낄까? 어떤 일을 겪은 거 같아?" 정도로만 질문해 주세요.

'건강한 신체에 건강한 정신이 깃든다.'라는 말이 있습니다. 적당히 신체를 움직이고 스스로 에너지를 만들어낼 때 정신이 맑아지고 긍정적인 기운을 채울 수 있다는 의미지요. 몸과 마음은 서로 상호작용 관계에 있기에 마음이 답답하거나 무엇인가 잘 안 풀릴 때면 몸을 움직여 봅시다. 달보씨가 마이클과 함께 신나게 춤을 추면서 에너지를 얻었던 장면을 기억하면서요.

춤추는 그림을 그려요!

🔒 난이도 ★★★
🔒 권장 연령 6세 이상

〔준비물〕
보드마카
코팅된 접시 (사기그릇)
스포이드 (약병)
물

〔놀이의 효과〕 불편한 마음을 전환하는 방법, 스트레스 해소, 표현력, 만족감

〔놀이 시 주의사항〕
ⓐ 일회용 접시보다는 맨질맨질한 사기그릇이 더 잘 되더라고요.
ⓐ 그림이 잘 이어지게 색을 칠해주세요.
ⓐ 물을 살살 떨어뜨려주세요.

　　보드마카와 물을 활용해 춤추는 그림을 그려봐요. 코팅된 접시 위에 보드마카를 활용해 춤추고 있는 나의 모습을 그려보세요. 어떤 동작을 하고 있나요? 어떤 음악에 맞춰 춤을 추고 있나요? 어떤 의상을 입고 있나요? 그림을 그리고 색도 칠해주세요. 선과 면이 떨어지지 않도록 꼼꼼하게 칠해야 한답니다.

　　춤추는 모습을 완성했다면, 그림을 충분히 말려주세요. 그림이 다 마르면, 스포이드(약병)를 이용해 그림 위에 물을 조금씩 떨어뜨려주세요. 물방울들이 보드마카 그림과 접시 사이를 떼어놓을 거예요. 그림 전체에 물이 묻으면서 자연스럽게 그림이 떼어집니다. 그리고 후~ 불어보세요. 그림으로 표현한 춤추는 나의 모습이 물 위에서 정말로 춤을 춘답니다.

　　춤추는 그림을 그리기 전에 아이와 이러한 마음을 느꼈던 적이 있는지, 그때 어떠했는지에 대해서 이야기 나누고 함께 해보면 더 의미 있는 시간이 될 거예요. 직접 춤을 추며 신체 에너지를 채우는 방법도 정말 좋고요. 아이가 이런 감정을 느끼는 날, 함께 그림책을 읽고 마음을 전환할 수 있는 활동을 할 수 있기를 바랍니다.

① 보드마카로 춤추는 모습을 그려요.
② 물을 살며시 부어 그림이 젖을 수 있게 해주세요.
③ 후~ 불며 춤추는 모습을 관찰해요.

사라져라, 슬픔!

눈물 바다

서현 글·그림, 사계절

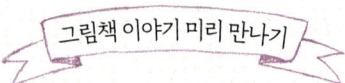

학교에서 시험을 보았습니다. 아는 것이 하나도 없었습니다. 점심밥도 맛이 없었고, 집에 오니 부모님의 싸움 소리가 들립니다. 저녁밥을 남겼다고 혼까지 났고요. 뜻대로 되는 일이 하나도 없는 날이었습니다. 하루를 마무리 하려고 누웠는데 눈물이 지꾸만 흐릅니다. 아침이 되어 눈을 떠보니 눈물 바다가 생겼습니다. 야호! 바다라니요. 눈물 바다에서 한바탕 신나게 놀았습니다. 그러고 나니 기분이 좀 달라진 거 같은데요? 어떻게 된 일일까요?

살다보면 '내 뜻대로 되는 게 하나도 없구나….' 싶은 생각이 드는 날이 있습니다. 너무나 길게만 느껴지는 하루를 보낸 날도 있습니다. 주인공의 오늘이 딱 그 날이네요. 학교에서 시험을 보았습니다. 아는 것이 하나도 없었습니다. 점심밥도 맛이 없었고, 집에 오니 부모님의 싸움 소리가 들립니다. 저녁밥을 남겼다고 혼까지 났고요. 힘든 하루를 마무리 해야겠습니다. 주인공은 자려고 침대에 누웠습니다. 그런데 자꾸만 눈물이 납니다.

조금 훌쩍거리다 살포시 잠이 들었는데, 밤새 눈물을 흘렸나 봅니다. 뜨거운 태양이 '방긋' 떠올라 눈을 뜨니 바다가 생겼습니다. 눈물 바다! 나의 슬픔을 모두 씻어준 눈물 바다입니다. 내 슬픔이 해소되며 만들어낸 눈물 바다입니다. 실컷 울며 슬픔이라는 감정을 인정하고, 표현하고 싶은 만큼 표현했더니 기분이 징말 좋습니다. 눈물 바다에서 한바탕 놀고 나니, 문뜩 내가 해야 할 일이 생각났습니다. 나의 눈물 바다에 빠진 이들을 구해서 빨랫줄에 탁탁 널고, 드라이기로 쏴- 말렸습니다. 그리고 사과도 했고요. 이제 주인공의 마음은 어떨까요?

어른들은 '울음소리'를 싫어합니다. 아이들이 울면, "우리 예쁜이가 왜 울까~ 이제 그만 그치자." 라며 타이르거나, "얼른 뚝! 그치지 못해!"라며 혼을 냅니다. 그러한 어른들의 가치관은 자연스럽게 아이들에게 전해지고, 아이들 또한 우는 것은 나쁜 것, 약한 것, 자기감정을 조절하지 못한 것이라 인식합니다. 하지만 정말 그런 걸까요? 눈물을 흘리는 일은 웃음을 짓는 일과 다르지 않습니다. 기쁘고 행복해서 활짝 웃는 것처럼 슬프고 힘들어서 펑펑 우는 것이죠. 작가가 우리에게 전하고 싶었던 메시지도 이와 같습니다. 어떻게 아냐고요? 면지를 잘 살펴보세요. 그리고 마지막 문장도요.

눈물의 순기능을 이리도 잘 보여주는 그림책이 또 있을까요? 아이가 눈물을 흘릴 때, 꼭 안아주세요. 슬프면 울어도 괜찮다고 알려주세요. 자신의 마음을 온전히 이해받은 아이는 엄마 아빠의 따뜻한 메시지 덕분에 한층 더 성장할 거예요.

엄마, 아빠의 대화 코칭!

아이들과 그림책을 통해 감정 수업을 진행할 때, 슬픔은 아이들이 제일 어려워했던 감정입니다. 아이들은 두려움이나 분노의 감정을 느낄 때, 용기를 내거나 화가 풀리게 하는 방법들은 잘 찾아냈습니다. 하지만 슬플 때 마음을 편안한 상태로 전환하는 방법을 찾아내는데 어려움을 느끼더라고요.

슬픔을 대하는 어른들의 인식 때문은 아닐까요! 아이와 함께 슬픔을 해소할 수 있는 방법들을 찾아보세요. 불편한 마음을 편안한 상태로 바꿀 수 있는 방법들을 많이 적어보세요.

사라져라, 슬픔

난이도 ★★★
권장 연령 5세 이상

준비물
손수건(빨아 쓰는 키친타월)
수성펜(바느질펜)
바가지
비누

놀이의 효과 슬픈 마음에 대한 이해, 자아성찰, 스트레스 해소, 표현능력 향상

놀이 시 주의사항
ⓐ 아이의 마음이 슬픈 날 활동해 보세요.
ⓐ 슬픔이라는 감정을 느끼고 표현하는 것이 자연스러운 일이라는 인식을 갖게 해주세요.

슬픔을 느꼈던 사건을 떠올려보세요. 슬픔의 경험 또는 나의 눈물 바다에 빠트리고 싶은 것을 수성펜으로 손수건(빨아 쓰는 키친타월)에 그려주세요. 그림을 완성했다면 그 슬펐던 사건에 대해서 이야기해 보세요. 어떤 일이 나를 슬프게 했는지, 어떤 점이 슬펐는지, 그래서 나는 그때 어떻게 했는지, 지금은 어떤 감정을 느끼는지 등등. 아직 아이가 어리다면 이 모든 질문에 답하는 건 매우 어려운 일이에요. 아이가 잘 모르겠다고 대답하면 계속 묻기보다 "그렇구나~ 엄마 아빠도 그럴 때가 있어~" 하고 넘어가면 된답니다.

아이가 슬픔을 그림이나 언어로 표현했다면, 그 손수건을 비누로 싹싹 빨아주세요. 수성펜 그림에 물이 닿으면, 나의 슬픔이 사라집니다. 나의 슬픔이 사라진 손수건을 탁탁 털어서 빨랫줄에 널어주세요. 이 활동은 과거의 슬펐던 일을 꺼내 활동하기보다, 아이가 슬퍼 보일 때나 슬픈 일을 겪었을 때 하는 게 더 좋아요. 마음이 좀 괜찮아지고 펜을 잡고 그림을 그릴 수 있는 상태가 되면, 손수건에 그림을 그리고 깨끗이 빨아 보아요. 이러한 퍼포먼스를 통해 아이가 오늘 느낀 슬픔의 감정을 씻어내고 나면, 마음의 힘이 생길 거예요. 아이는 슬픔을 내가 해결할 수 있는 감정이라고 인식할 수 있게 될 거예요.

1 손수건에 수성펜으로 슬펐던 일을 그렸어요.
2 비누로 손수건을 빨자, 슬픔도 사라졌어요.
3 슬픔이 사라지고 마음이 편안해졌어요.

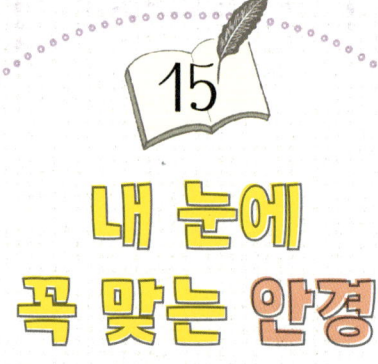

내 눈에 꼭 맞는 안경

미움
조원희 글·그림, 만만한책방

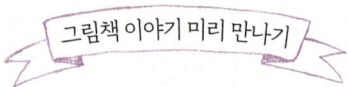

그림책 이야기 미리 만나기

"너 같은 거 꼴도 보기 싫어!"라는 말을 들었습니다. 처음 듣는 말이었습니다. 눈물이 나올 것 같았지요. 나도 그 아이를 미워하기로 했습니다. 밥을 먹으면서 미워하고, 숙제를 하면서 미워했습니다. 신나게 놀 때도 미워했지요. 미움은 계속 자랐고, 힘도 점점 세졌습니다. 드디어 내 마음에 미움이 가득 찼지만 하나도 시원하지 않았습니다. 어떻게 하면 좋을까요? 미움을 사라지게 하는 방법은 무엇일까요?

우리는 '친구'라는 낱말을 폭넓게 사용합니다. 친구의 사전적 정의를 살펴보면, '1.가깝게 오래 사귄 사람. 2.나이가 비슷하거나 아래인 사람을 낮추거나 친근하게 이르는 말.'이라고 되어 있습니다. 그래서일까요? 우리는 한 교실에 있는 아이들을 '친구'라고 부릅니다. 하지만 영어에는 'classmate'라는 단어를 사용합니다. 그리고 'friend'라는 친구를 나타내는 단어가 따로 존재하죠. 즉, 한 공간에서 생활하는 이들이 모두 친구일 수 없다는 것입니다. 친구일 필요가 없다는 뜻이기도 하고요. 한 공간에 있는 누군가와는 가깝게 오래 지내게 되지만 또 누군가와는 그렇지 않다는 거죠. 즉 누군가와는 잘 맞을 수 있지만, 또 누군가와는 그러지 않다는 것입니다.

　　아이에게 자주 '사람들은 모두 마음의 크기가 달라.'라는 이야기를 합니다. 누구에게는 재미있는 놀이가, 누구에게는 흥미롭지 않을 수 있고, 또 누구에게는 별거 아닌 일이, 누구에게는 엄청 큰 일일 수 있다는 것을 아이에게 알려주고 싶었습니다. 아직 자기중심적 사고를 하는 아이들이기에 쉽게 다른 친구에게 상처될만한 말을 하기도 하고, 자기 욕심껏 행동하기도 합니다. 상대의 이런 태도로 인해 '저 친구가 나를 미워하나 봐.'의 마음을 느낄 것이 아니라, '이 물건을 정말 아끼나 봐, 지금은 그럴 마음이 없는가 봐.' 등의 마음으로 이해할 수 있는 능력이 필요합니다. 아이들이 타인의 별 의미 없는 말로 인해 상처받을 일이 생기지 않기를 바라는 마음이 큽니다.

　　《미움》은 타인의 말로 인해 나의 마음이 얼마나 절망적으로 바뀔 수 있는지를 보여주는 그림책입니다. "너 같은 거 꼴도 보기 싫어!"라는 메시지가 내 몸과 마음을 휘감고, 끊임없이 누군가를 미워하게 되고, 그 마음이 너무 커지면서 감옥에 갇힌 느낌이 듭니다. 저도 이런 경험을 한 적이 있습니다. 마음의 힘이 약했을 때는 그 원인이 저에게 있다고 생각했습니다. 끊임없이 그 미움을 들춰보며 힘들어 했습니다. 마음의 힘이 조금 강해지니 모든 사람들과 잘 지낼 수 없다는 생각을 할 수 있게 되었습니다. 나도 누군가가 싫은 것처럼, 다른 누군가도 나를 싫어할 수 있다는 사실을 인정했습니다. 그리고 그 미움의 원인이 내가 아니라 타인에게 있다는 것을 깨달았습니다. 그 이후 타인의 시선으로부터 조금 더 자유로워졌습니다. 나의 마음에 대해서도 조금 더 솔직해졌습니다.

그림책에서 제시한 해결책이 너무나 명쾌하게 다가왔습니다. 타인의 마음을 돌리기 위해 내 마음을 희생하는 것이 아닌 온전히 나를 위한, 나에게 가장 어울리는 방법을 선택한 주인공의 뒷모습이 편안하고 또 행복해 보입니다.

'누군가를 미워해야지.'라는 감정은 다짐해서가 아니라, 어떤 상황에서 자연스럽게 발생합니다. 그 어떤 상황이 아무렇지도 않게 흘러갈 수 있다면 참 좋겠지만, 그러지 못할 수도 있습니다. 그럴 때 그 원인을 나에게로 돌리지 않는 마음의 힘이 생기면 좋겠습니다.

놀이 01

내 눈에 꼭 맞는 안경

- 난이도 ★★★
- 권장 연령 7세 이상

준비물
OHP필름
네임펜
거울

놀이의 효과 자존감, 정서적 안정, 타인에 대한 이해, 책임감, 사회성 향상

놀이 시 주의사항
- ⓐ 자기 자신을 긍정적으로 바라볼 수 있게 해주세요.
- ⓐ 내가 소중한 만큼, 다른 사람들도 그러하다는 마음을 갖게 해주세요.
- ⓐ 꼭 OHP필름이 아니어도 괜찮아요.

'제 눈의 안경'이라는 말이 있습니다. 남들 눈에는 평범하게 보이는 것도, 내 눈에는 대단하고 멋져 보인다는 것이죠. 아이가 자기 스스로를 그런 시각으로 바라볼 수 있으면 좋겠습니다. 그리고 그것이 내가 그런 것처럼 다른 사람도 그렇다고 인식할 수 있는 토대가 되었으면 좋겠습니다. 내가 특별한 만큼, 너도 특별하다고 생각할 수 있는, 우리 모두는 '제 눈에 꼭 맞는 안경'을 쓰고 있다고 인정할 수 있는 시각을 가지고 살아가면 좋겠습니다.

'나를 긍정적으로 바라보자, 나만큼 다른 사람도 특별하다.'라고 생각해도 잘 안 될 때가 있습니다. 마음으로만 다짐할 것이 아니라 그것을 눈에 보이도록 배치하면 더 효과적으로 실천할 수 있습니다. 거울에 메시지를 붙여놓고 수시로 볼 수 있도록 합시다. 또는 현관문이나 방문에 아이의 눈높이에 맞게 붙여주세요. 아이가 직접 문장을 정해서 쓰면 좋아요. 그 문장을 볼 때마다 확인할 수 있도록, 마음에 새길 수 있도록 해주세요.

  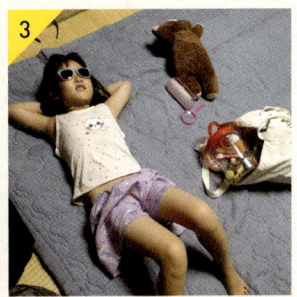

1. OHP필름에 나를 긍정하는 메시지를 적고, 나의 모습을 그려요.
2. 거울 또는 현관문 등과 같이 매일 마주하는 곳에 붙여놓고 수시로 보며 나를 긍정해요.
3. '내 눈에 꼭 맞는 안경'을 쓰면 마음이 편안해지며 자존감이 높아집니다. 이것의 다른 이름은 '마법의 안경'입니다.

함께 읽어도 좋아요

<왜 나는 초대 안했어?> 수산나 이세른

방과 후, 아이들은 모두 들떠 있지만 마크는 그렇지 않습니다. 혼자만 생일 파티에 초대받지 못했거든요. 숲으로 간 마크는 그곳에서 초대받지 못한 아이들을 만나게 됩니다. 모자를 쓴 고래가 나타나 마크와 유나, 아드리안을 태우고 이상한 마을로 갑니다. 그곳에는 한 번도 본 적 없는 동물들이 살고 있지요. 동물들은 숲에서 타조의 생일 파티가 성대히 열리는데도 자신들만의 파티를 즐깁니다. 그들은 생일 파티에 초대받거나 초대받지 않거나 전혀 개의치 않거든요. 아이들은 동물들과 멋진 시간을 보낸 후 다시 고래를 타고 집으로 돌아옵니다. 고래는 아이들에게 초대장을 남기고 떠나는데, 고래가 남긴 초대장에는 어떤 메시지가 담겨 있을까요?

Part 6

"**자존감을 키우는 그림책 놀이**"

우리는 아이가 자존감이 높은 사람으로 성장하기를 기대합니다. 성적이 높거나 똑똑한 아이보다, 자기 스스로를 사랑할 수 있는 아이를 원합니다. 그리고 그러한 이유 때문에 아이를 학원에 보냅니다. 성적을 높이기 위해서, 경쟁에서 이기기 위해서 말입니다. 아이러니하게도 입시 중심 사회에서 아이의 자기 사랑은 성적을 통해 확인하게 되는 경우가 많습니다. 아이 주변의 어른들을 통해서, 아이들은 자연스럽게 공부를 잘하고 좋은 성적을 받아야 착한 아이라고 생각합니다. 성적을 잘 받는 것이 바람직한 학생의 모습이라고 생각합니다.

자존감은 '자기를 존중하는 마음'입니다. 자존감은 '나는 사랑받을 가치가 있는 사람이야. 나는 어려운 문제도 노력하면 해결할 수 있어. 나는 내가 마음에 들어.'와 같은 마음들이 더해져 나타납니다. 자신감이 있고, 긍정적이며, 자기 자신을 신뢰할 수 있는 마음을 가지고 있을 때 자존감이 높다고 이야기 합니다. 하지만 성적을 중심으로 아이의 가치를 평가하는 현재의 사회 구조 속에서는 진정한 자존감을 키우는 것이 쉽지 않습니다.

모두 같은 기준으로 아이들을 평가하기에 한두 명을 빼고는 그 안에서 자유로울 수 없는 거죠. 그러하기에 우리는 더욱 자존감의 의미가 무엇인지, 어떻게 자존감을 키울 수 있는 것인지에 대해 공부해야 한다고 생각합니다. 자존감이라는 것은 지식을 학습하는 것처럼 많이 보고 외운다고 획득할 수 있는 게 아니니까요.

그렇다면 자존감은 어떻게 높일 수 있는 걸까요? 전문가들은 작은 성공의 경험이 높은 자존감을 만든다고 이야기합니다. 직접 숟가락으로 이유식을 떠먹고, 혼자서 신발을 신고, 스스로 물을 따라 마시는 등 사소한 것의 성공 경험이 쌓이면 자신감이 생기게 됩니다. 그리고 여기에 부모의 따뜻한 시선, 격려와 칭찬이 더해져야 하고요. 아이들은 놀이를 통해 이것들을 경험할 수 있습니다. 아이가 놀이의 주인공이 되어 자신이 생각한대로 놀이를 만들어 내는 과정에서, 또는 자신의 이러한 모습을 인정해주는 부모와 함께 놀이를 하는 과정에서 존중받고 있다는 느낌을 받게 됩니다. 그 결과 자율성, 자기주도성, 자기 조절력이 향상됩니다.

자존감은 어릴 때만 획득할 수 있는 건 아닙니다. 언제든지 가능합니다. 하지만 누군가가 키워줄 수 있는 것은 아닙니다. 스스로 키워야 하는 것입니다. 아이가 스스로 그러한 마음을 키울 수 있도록 엄마 아빠가 든든한 조력자가 되어야 합니다. 엄마 아빠가 단단한 자존감을 갖고, 그 시선으로 아이를 바라볼 때 아이 또한 단단한 자존감을 가질 수 있습니다. 이번 장에는 내가 대단히 특별하고 잘하는 것과 상관없이 나의 존재 그 자체만으로 자기를 사랑할 수 있는 마음을 가질 수 있는 방법을 담고 있습니다. 아이와 그림책을 통해 충분히 이야기 나누며, 아이도 엄마 아빠도 자존감을 더욱 단단하게 만들 수 있는 시간이 되기를 바랍니다.

세상에서 가장 중요한 것은
내가 진정 나다워질 수 있는 방법을 아는 것이다.

미셸 드 몽테뉴

내가 받는 사랑,
내가 주는 사랑

사랑해 사랑해 사랑해
로제티 슈스탁 글, 처치 그림, 보물창고

그림책 이야기 미리 만나기

아이에게 사랑한다고 끊임없이 속삭이는 그림책입니다. 아이의 어떤 모습들을 사랑하는지 가득 담겨 있어서, 이 그림책을 아이와 함께 읽는 것만으로도 평소 잊고 있었던 '사랑해'라는 표현을 마음껏 할 수 있을 거예요.

'사랑을 많이 받고 자란 아이가 사랑도 나눌 수 있다.'는 말을 들어보셨나요? 《사랑해 사랑해 사랑해》는 엄마 아빠가 세상에 하나뿐인 아가에게 '사랑해'라는 메시지를 전하는 그림책입니다. 페이지마다 사랑한다는 표현이 가득하기에 이 책을 읽으면 자연스럽게 아이에게 사랑 표현을 할 수밖에 없는 그림책입니다.

사랑 표현이 서툰 엄마 아빠라도 이 책을 보면 사랑 표현을 할 수밖에 없는 마법 같은 그림책이죠. 아이가 어렸을 때 정말 많이 읽었고, 어느 순간부터 읽어주지 않았던 책인데, 최근 아이와 다시 읽고 사랑 표현을 하며 깔깔거리며 신나게 웃었습니다. 그림책 뒷부분을 이어간다는 느낌으로, 아이가 언제 사랑스러운지 생각해 보세요. 그림책에 나오지 않은 것들을 찾아 아이에게 들려주세요. 예를 들면 '네 배꼽과 네 무릎을 사랑해. 네가 노래를 부를 때나 밥을 먹지 않을 때도 사랑해. 네가 자고 있을 때나 아침 일찍 일어났을 때도 사랑해'처럼 아이의 모든 일상을 넣어 사랑의 메시지를 붙여서 이야기해 주세요. 사랑의 메시지를 많이 듣고 자란 아이는, 자기 자신을 조건 없이 더 많이 사랑할 거예요.

엄마, 아빠의 대화 코칭!

자존감은 자신에게 중요하고 의미 있다고 여기는 누군가로부터 지속해서 긍정적이고 호의적인 느낌을 받아야 생긴다고 합니다. 아이가 어렸을 때는 긍정적인 태도로 건강하게만 자라기를 바라지만, 아이가 건강하게 잘 자라면 또 다른 바람이 생기더라고요. 조건 없는 시선으로 아이를 바라보며 사랑을 표현해 주세요. 무엇을 잘할 때만 사랑스러운 눈으로 볼 게 아니라, 어떤 행동을 해도 너를 사랑한다고 말이죠.

내가 사랑하는 것들을 소개해요.

- 난이도 ★★
- 권장 연령 4~7세

준비물
A4용지
색연필

놀이의 효과 자아정체성, 자아존중감, 안정감, 소속감, 관계지향적 사고

놀이 시 주의사항
- 내용과 어울리는 다양한 종이를 사용하면, 더 재미있어요.
- 사랑하는 것을 잘 찾지 못할 땐 힌트를 주며 찾을 수 있게 해주세요.
- 아이가 누구를 사랑하고, 누구에게 사랑받는지 직접 이야기할 수 있게 해주세요.

내가 사랑하는 것들을 찾아요. 내가 무엇을 좋아하고, 그 이유는 무엇인지. 그 중 어떤 것을 가장 사랑하는지 이야기해요. 내가 좋아하고 사랑하는 것을 표현하는 것이 자존감과 연결되는 이유는 자기 정체성과 관련이 있습니다. 내가 어떤 사람인지 알고 있고, 내 생각이 무엇인지 분명하게 표현할 수 있는 사람은 자존감이 높습니다. 내가 좋아하고 싫어하는 것을 표현하는 것은 나의 생각을 표현하는 첫걸음입니다. 아이는 엄마 아빠와 소통하면서 나의 생각을 표현하는 방법을 배웁니다. 엄마 아빠가 나의 이야기를 들어주는 모습을 보며, 듣는 사람의 역할도 배웁니다. 아이와 적극적으로 소통해 주세요. 진심을 다해 아이의 이야기를 들어주세요.

그리고 누가 나를 사랑하는지도 찾아보세요. 내 주변의 이웃, 가족뿐만 아니라 자연, 사물, 장난감들도 나를 사랑한다고 느낄 수 있어요. 아이의 대답을 들으며 "그 사람은 아닐텐데…." 또는 "그건 물건이라 너를 사랑할 수 없어."와 같은 표현은 피해야 하는 거 아시죠? 혹시 아이가 누가 자기를 사랑하는지 잘 못 찾는다면, 엄마 아빠가 적극적으로 찾아주세요. 낯선 질문이라 어떻게 대답해야 하는지 몰라서 그럴 수 있거든요. 엄마 아빠의 이야기를 들으면 아이도 자신을 사랑하는 이들을 발견할 수 있을 거예요.

1. 하트 팝업 카드 만들기.
2. 하트 안에는 내가 사랑하는 대상을, 하트 밖에는 나를 사랑하는 대상을 적었어요.

1. **나는 이래서 사랑스러워요** :
   아이 스스로 자기가 언제 사랑스러운지를 찾을 수 있게 해주세요. 자기 자신을 긍정할 수 있는 기회를 주세요. 내가 사랑스러운 순간들을 발견하면서 나에 대한 자긍심도 높아집니다. 내가 이렇게 사랑스러운 점이 많다는 걸 이야기하며, 사람은 누구나 사랑스럽고 귀한 존재임을 깨닫게 해주세요.

2. **사랑을 표현해요** :
   사랑의 메시지를 나눌 수 있는 주문이나 노래를 정해요. 저는 아이가 어렸을 때 동요에 아이의 이름을 넣어 불러줬습니다. 너무 익숙한 동요이고, 어디에 아이 이름이 들어가는지를 아이도 알지만, 노래를 들을 때마다 좋아하며, "또!"를 외쳤습니다. 꼭 노래가 아니어도 괜찮아요. 우리 가족만 알고 있는 사랑 몸짓도 정해보아요. 꼭 껴안아줄 수 없는 상황에서 사랑 몸짓을 표현하는 것만으로도 아이는 엄마 아빠와 포옹했을 때와 같은 따뜻함을 느낄 거예요.

함께 읽어도 좋아요

<엄마, 언제부터 날 사랑했어?> 안니 아고피앙

아이는 태어나기까지 엄마 뱃속에서 40주, 280일, 6720시간, 403200분을 보냅니다. 이 그림책은 아이가 엄마 뱃속에서 보내는 시간들을 담고 있습니다. 아이가 아주 작은 씨앗일 때부터, 아이의 심장소리를 처음 들었을 때부터 우리는 아이를 사랑했습니다. 뱃속의 아이를 기다리는 모든 시간을 사랑했지요. 이 그림책을 읽으며 아이가 뱃속에 있었을 때를 떠올려보세요. 그림책은 아이에게 '엄마 아빠가 이렇게 너를 사랑한다.'는 것을 담고 있지만, 엄마 아빠에게 '내가 이렇게 아이를 사랑하지.'의 깨달음도 주는 그림책입니다.

나는 이름이 많아요

모두 다 내 모습이야
허은실 글, 노인경 그림, 웅진다책

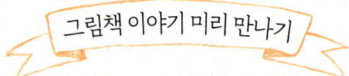

그림책 이야기 미리 만나기

갓 태어났을 때에는 쪼글쪼글 아주 작은 아기였던 김우주! 우주는 무럭무럭 자라, 유치원에 다니고 동생도 돌보는 의젓한 형이 되었습니다. 할 수 있는 일도 많아졌고, 별명도 많아졌습니다. 우주에게는 어떤 별명이 있을까요? 왜 그런 별명을 갖게 되었을까요?

"내 동생~ 곱슬머리~ 개구쟁이 내 동생~ 이름은 하나인데~ 별명은 서너개~"라는 동요를 아시나요? '내 동생'의 이름은 하나이지만, '내 동생'을 바라보는 이들은 각각 다른 별명으로 동생을 부릅니다. 우리는 모두 여러 개의 별명을 갖고 있습니다. 나를 바라보는 사람에 따라, 누구와 관계를 맺느냐에 따라 나는 다른 모습이 됩니다. '나'는 엄마 아빠의 딸이지만, 내 딸에게는 엄마이고, 신랑에게는 아내이고, 동생에게는 누나이고, 직장에서는 회사원인 것처럼, 관계에 따라 다른 역할을 갖게 됩니다. 또 어떤 사람과 소통하느냐에 따라 조금씩 드러내는 성격이 달라지기도 합니다.

　《모두 다 내 모습이야》는 관계에 따라 달라지는 나의 캐릭터에 대한 이야기를 아이들이 이해하기 쉽게 표현한 그림책입니다. 형이 된 우주를 엄마는 병아리라고 부릅니다. 엄마만 쫓아다니는 모습이 병아리를 꼭 닮았거든요. 동생은 우주를 고릴라라 부릅니다. 동생을 위해서라면 집채만 한 바위도 들 수 있거든요. 또 이웃사람들은 우주를 물음표라고 부릅니다. 우주는 호기심이 많고, 궁금한 것들이 생길 때마다 바로바로 물어보거든요.

　환경에 따라, 상황에 따라, 또 주어지는 역할에 달라지는 아이의 모습은 당연한 것이랍니다. 우리도 어떤 장소에 있는지, 누구를 만나는지에 따라 다른 모습을 보이잖아요. 단지 내 모습이라 객관적으로 보지 못했을 뿐. 그러하기에 아이의 달라지는 모습을 나무라거나 문제시 하는 게 아니라, 당연하다고 인정해 줄 수 있는 시간이 필요하답니다. 집에서는 아주 활발한데, 학교에서는 얌전한 모습이 아이에게 어떠한 문제가 있어서가 아니라, 공간에 따라 달라질 수 있는 능력을 가진 것이라 생각한다면 아이의 모습을 더 긍정적이고 객관적으로 볼 수 있을 거예요.

엄마 우주는 별명이 정말 많네~ 이 중에 ○○이에게도 어울리는 별명이 있을까~?

아이 병아리~ 나도 엄마를 종종 따라다니니까. 근데 난 병아리 아니고 엄마 껌딱지야~

엄마 맞아~ 엄마도 그 생각을 했어~ ○○이는 어떤 별명을 갖고 있을까?
      어떤 별명을 갖고 싶어?

아이 나는 별이지~ 반짝반짝 빛나서 그렇게 부르잖아.
      그런데 아빠는 가끔 나를 못난이라고 불러~

엄마 아~ 아빠는 그러시더라~ 혹시 왜 그런지 알고 있어?

아이 내가 너무 귀여워서 그런가봐~

엄마 우아~ ○○이는 아빠 마음도 잘 알고 있네. 그럼 새롭게 갖고 싶은 별명은 뭐야?

아이 음… 고민해 봐야 할 거 같아요.

함께 그림책을 보며, 아이의 다양한 이름들을 찾아보세요. 우선 그림책 속 우주의 별명 중 아이와 비슷한게 있는지 이야기 해볼까요? 아이 스스로 자신과 비슷한 별명을 찾을 수 있게 도와주세요. 하나 둘 별명을 찾아내고 이유를 이야기하다 보면, 나의 다양한 모습을 찾아낼 수 있을 거예요.

엄마, 아빠의 대화 코칭!

불리는 말인 '호칭'이 많아진다는 것은 경험할 수 있는 환경이 넓어진다는 의미입니다. 아이가 평소에 가본 곳을 중심으로 그 호칭을 정리해 보세요. 그곳에서 나는 어떤 모습인지 상상해 볼 수 있게 해주세요. 별명이 놀리는 말이라 생각하여 거부할 수도 있습니다. 그렇다면 '애칭'이라는 표현을 알려주세요. 언어에 따라 조금씩 담고 있는 어감이 다르다는 것도 배울 수 있는 기회가 될 것입니다.

난 이름이 많아요.

- 난이도 ★★★
- 권장 연령 5세 이상

준비물
A4용지
색연필

놀이의 효과 자아정체성, 자존감, 정서적 안정감, 소속감, 사회성 향상

놀이 시 주의사항
ⓐ 아이가 가지고 있는 역할을 먼저 찾아보세요.
ⓐ 별명을 짓기 어려워한다면 호칭을 정리해 보는 것만으로도 충분합니다.

상황에 따라 달라지는 나의 이름을 찾아보세요. 먼저 주어진 역할에 따라 달라지는 호칭을 찾아봐요. 어떤 역할의 이름을 갖고 있는지, 그 이름에 따라 어떤 일을 하는지 찾아보는 거예요. 아이가 어떤 상황 속에서 어떤 역할을 갖는지 잘 찾지 못한다면 엄마 아빠가 구체적인 상황을 제시해 주세요. 그럴 때 아이의 모습이 어떤지 이야기 나눠요. 그리고 그 모습에 어울리는 별명을 지어보아요. 이미 갖고 있는 별명이 있다면, 그 별명을 어떻게 갖게 되었는지도 이야기 나눠보세요.

더 신나게 놀 수 있는 TIP
가족들의 애칭을 만들어요. 식구들의 특징을 이야기하고, 어울리는 별명을 찾아봐요. 왜 그렇게 지었는지도 이야기 나눠보고, 모두 마음에 든다면 애칭으로 사용해요.

함께 읽어도 좋아요

<어떤 고양이가 보이니?> 브랜든 웬젤

세모 귀를 쫑긋, 흰 수염을 쫙, 도톰한 발바닥으로 사뿐사뿐 걸어가는 고양이. 고양이를 다양한 대상들이 바라봅니다. 파란 운동화 아이는 사랑스러운 고양이를 보고, 펄럭 귀 강아지는 얄미운 고양이를 봅니다. 찍찍 생쥐는 무시무시한 고양이를 보고, 점박이 뱀은 화려하고 눈부신 고양이를 봅니다. 다른 고양이가 아니라, 모두 같은 고양이를 봤습니다. 그런데 왜 모두 다른 고양이를 이야기했을까요? 왜 다르게 보였을까요?

색깔을 찾아요

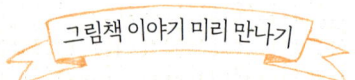

뽀뽀는 무슨 색일까
로오시 보니아 글·그림, 옐로스톤

그림책 이야기 미리 만나기

바람보다도 빠르게 자전거를 탈 수 있고, 달콤한 딸기크림 케이크를 먹으면서 엄마 이야기를 듣는 걸 좋아하고, 화분에 물주기를 좋아하는 모니카. 하지만 가장 좋아하는 일은 바로 그림 그리기입니다. 뽀뽀를 그려본 적이 없었던 모니카는 뽀뽀를 그려보기로 하는데…. 무슨 색으로 그려야 할지 모르겠네요. 좋아하는 토마토 스파게티 색인 빨간색으로 그려보려 했는데, 빨간색은 화낼 때 쓰는 색이라 아닌 것 같아요. 달콤한 꿀과 닮은 노란색으로 그리려 했지만, 이 또한 아닌 것 같습니다. 초록색, 갈색, 핑크색, 회색 등 다양한 색을 살펴보며 뽀뽀의 색을 고민해보지만 잘 모르겠네요. 모니카는 엄마에게 도움을 청합니다. "엄마아아! 뽀뽀가 무슨 색인지 알아요?" 과연 모니카의 엄마는 뽀뽀가 무슨 색인지 아실까요? 무슨 색이라 하셨을까요?

뽀뽀처럼 보이지 않는 대상의 색은 어떻게 알 수 있을까요? 과연 색이 있다고 말할 수 있을까요? 주인공 '모니카'는 그림 그리기를 가장 좋아합니다. 좋아하는 색깔로 많은 것들을 그려보았지만, 뽀뽀는 한 번도 그려보지 않았죠. 모니카는 하나씩 색깔들을 떠올려보며 뽀뽀가 무슨 색일지 고민합니다. 페이지마다 한 가지 색상을 떠올리고 보여주며 그것과 관련된 대상이나 그 색이 가지고 있는 느낌을 담고 있습니다. 그런데 아무리 고민해도 뽀뽀의 색을 모르겠어요. 뽀뽀는 과연 무슨 색일까요? 아이와 찾아볼까요?

엄마 ○○아, 뽀뽀를 본 적이 있어? 뽀뽀는 무슨 색일까?

아이 음~ 뽀뽀는 사랑하는 마음이 담겨 있으니까, 빨간색?

엄마 그렇구나. 혹시 파란색은 어때?

아이 그것도 맞아요~ 파란색은 시원한 사랑이니까.

엄마 아~ 그렇구나. 사랑에도 느낌이 다르구나. 그러면 여러 가지 색일 수도 있겠네?

아이 그럼 뽀뽀는 알록달록한 색인가봐요~

엄마 그러네~ 빨간색도 되고, 파란색도 되고, 초록색도 되고, 그럼 ○○이는 어떤 색 하고 싶어?

아이 나는 하늘색! 나는 하늘색이 가장 좋아서, 내 뽀뽀는 하늘색이에요.

색은 힘을 갖고 있습니다. 색깔마다 가지고 있는 파장과 에너지가 다릅니다. 그래서 우리는 어떤 색깔을 마주하느냐에 따라 기분이 달라지기도 하고, 색에 따라 다른 의미를 읽어내기도 합니다. 빨간색, 노란색, 초록색, 파란색, 흰색을 담고 있는 자연물을 찾고, 그 자연물을 생각하면 떠오르는 감정 언어들을 정리해 보세요. 감정 언어들을 통해, 색깔이 가지고 있는 힘을 파악할 수 있습니다. 아이들과 색의 힘을 발견하는 건 쉽지 않은 일입니다. 하지만 아이들과 함께 자연물의 색을 떠올려보고, 그것들의 특징을 이야기하다 보면 색이 가지고 있는 의미를 찾아낼 수 있습니다.

> **엄마, 아빠의 대화 코칭!**
>
> 엄마 아빠와 함께 그림책을 읽고 활동하는 것의 가장 큰 장점은, 일상 속에서 이 이야기를 공유할 수 있다는 것입니다. 그림책을 읽고 활동하는 인위적인 결합 속에서 활동을 충분히 즐기지 못했더라도, 이후에 다른 일상 속에서, 어떤 사건 속에서 지금 이 그림책을 떠올리며 이야기 할 수 있는 일이 생길 수 있거든요.
>
> 지금 색깔을 발견하고 의미를 찾아내는 것이 어려웠더라도 실망하지 마세요. 이후에 아이가 색깔에 대해 언급하는 날, 지금의 이 이야기를 함께 나누면 되니까요.

색깔을 찾아요.

🔖 난이도 ★★★
🔖 권장 연령 5세 이상

준비물
크레파스
색상환표
다양한 자연물(또는 사진)

놀이의 효과 시각적 지각력, 세상에 대한 이해, 관찰력, 집합적 사고

놀이 시 주의사항
ⓐ 빨간 의자, 노란 자동차처럼 사람이 만들어낸 것보다는, 자연 속에서 발견할 수 있도록 해주세요.
ⓐ 초록 나뭇잎, 노란 나뭇잎, 빨간 나뭇잎처럼 같은 사물의 다양한 색을 찾는 것도 인정해 주세요.

내가 알고 있는 대상들을 색깔별로 분류해보는 활동을 해봅시다. 색깔을 떠올리며 그것과 관련된 사물들을 말해보는 놀이를 해보세요. 아이와 한 번씩 번갈아가며 찾아보는 활동을 하면 아이는 집중해서 더 많은 것들을 떠올리려고 애쓸 것입니다. 머릿속으로 다양한 대상을 찾아내는 것을 어려워한다면, 사진이나 그림을 활용해 보세요. 다양한 대상의 사진과 그림을 준비해 주세요. 하늘, 산, 나무 등의 그림도 좋고, 과일, 꽃 등의 사진도 좋습니다. 신호등, 소방차처럼 누구나 떠올릴 수 있는 대상물들도 준비해 주세요. 그것들을 색깔별로 분류하며, 왜 신호등이나 소방차가 이런 색일지 이야기 해보면 색깔의 힘을 언어로 정의하지 못하더라도 이미지로 충분히 느낄 수 있습니다.

실제 사물이 존재하는 공간에서 색깔별로 나누는 활동을 하면 훨씬 더 입체적인 경험을 할 수 있을 것입니다. 산이나 바다, 공원에서 찾아보는 활동을 적극 추천하지만 그럴 수 없는 상황이라면 집 안에서 산, 바다, 공원에 있는 것처럼 활동을 해보세요.

색깔의 힘, 나는 어떤 색?

■ 난이도 ★★★★★
■ 권장 연령 7세 이상

{ 준비물 }
사인펜
색연필
A4용지
색깔별 대상물 사진

{ 놀이의 효과 } 자아정체성, 색의 에너지 이해, 자존감, 표현력, 추상적 사고

{ 놀이 시 주의사항 }
ⓐ 이유를 논리적으로 설명하지 못하더라도 인정해 주세요.
ⓐ 자신의 색 에너지를 찾기 어려워한다면, 좋아하는 색을 표현해도 좋아요.

색깔이 지닌 힘을 충분히 이야기 나눈 뒤 '나'의 색깔을 찾아보는 활동을 해봅시다. 나의 성격을 색깔의 힘과 연결해 보는 활동입니다. 마치 우리가 '퍼스널 컬러'를 찾는 것처럼 스스로 그것을 찾아보는 것이죠. 내가 느끼는 에너지를 담아도 좋고, 내가 바라는 에너지를 표현해도 좋습니다. 중요한 건 내가 나를 색깔과 연결해 보는 경험을 하는 것이거든요. 정해진 무엇을 찾는 것보다 나를 드러낼 수 있는 새로운 표현법을 찾는 경험이 훨씬 더 중요합니다. 종이를 한 장 펼쳐 놓고, 포스터를 그려봅시다. 나를 그려놓고, 나를 닮은 색으로 종이를 꾸며보아요. 잡지나 신문에서 비슷한 색감의 사진들을 찾아 붙이는 것도 좋은 방법입니다.

① 그림 자료를 활용해 색깔 마인드맵을 만들었어요.
② 나와 닮은 색을 찾고, 바다, 하늘, 파란꽃, 파란나비, 파란소라게 등을 그렸어요.
③ 색연필과 파스텔로 색칠을 해서 색깔 포스터를 완성했어요.

함께 읽어도 좋아요

<나는 빨강이야> 물기둥

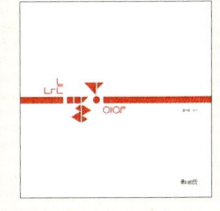

빨강, 초록, 노랑, 파랑 색깔을 의인화한 그림책입니다. 색이 가지고 있는 에너지가 곧 그 색의 성격으로 드러나죠. 주인공은 당연히 빨강. 새콤달콤하고 신선하고 생명을 구할 수도 있는 빨강. 그리고 가끔은 독단적이기도 한 빨강. 그런 빨강에게 다른 빨강이가 새로운 친구라며 노랑이를 데려옵니다. 빨강과 노랑이라니!! 노랑과 빨강은 어울릴 수 없다고 생각한 주인공 빨강이는 혼자만 빨강을 할 거라 생각하고 있는데, 노랑이는 빨강이를 '네모'라고 부릅니다. 어떻게 된 일일까요? 하나의 프레임으로만 바라보고 있던 빨강이에게 어떤 일이 생길까요?

나도 반짝이 비늘이 있어요

무지개 물고기
마르쿠스 피스터 글·그림, 시공주니어

그림책 이야기 미리 만나기

　　저 멀리 깊고 푸른 바닷속에, 온 바다에서 가장 아름다운 물고기가 살고 있었습니다. 그 물고기는 반짝반짝 빛나는 은빛 비늘이 있었거든요. 다른 물고기들도 그 물고기의 아름다운 모습에 감탄했고, 무지개 물고기라 불렀죠. 물고기들은 무지개 물고기에게 말을 붙였지만, 무지개 물고기는 대꾸도 없이 잘난체하면서 지나가 버렸습니다. 어느 날 파란 꼬마 물고기가 무지개 물고기에게 반짝이 비늘을 하나만 달라고 말했습니다. 무지개 물고기는 소리를 질렀습니다. 파란 꼬마 물고기는 그 일을 다른 물고기들에게 일러바쳤습니다. 그 뒤로는 아무도 무지개 물고기랑 놀려 하지 않았죠. 쓸쓸한 무지개 물고기는 문어 할머니에게 도움을 청했습니다. 문어 할머니는 무지개 물고기에게 반짝이 비늘을 다른 물고기들에게 한 개씩 나누어 주라는 이야기를 하고 사라졌습니다. 과연 무지개 물고기는 어떤 선택을 했을까요? 지금보다 행복해졌을까요?

<u>표지에 보이는 물고기의 반짝거림만으로도</u> 아이들의 시선을 끄는 그림책입니다. 마르쿠스 피스터의 '무지개 물고기'는 전 세계적으로 인기를 얻어 50개 이상의 언어로 번역된 작품으로 현재 8권의 시리즈가 출간되었습니다. 무지개 물고기 시리즈는 바닷속을 배경으로 나눔, 용기, 모험, 우정 등 아이들이 성장하면서 경험하고 배워야 하는 이야기들을 담고 있습니다. 글의 양도 많은 편이고, 도덕적이고 교훈적인 이야기를 담고 있지만 유아부터 초등 아이들까지 폭넓게 좋아하는 그림책입니다. 엄마 아빠 또한 전하고 싶은 메시지가 잘 담겨 있어서 선호하고, 실제 독서 수업에도 자주 등장하죠. 초등학교 교과서에도 실렸었고, 심지어 중학교 1학년 〈도덕〉 교과서에서도 언급되는 그림책입니다.

<u>아이들은 바닷속이라는 공간이 주는</u> 신비로움과 물고기들의 우정과 모험 이야기에 매력을 느끼지만, 어른들은 그림책 속 교훈적인 이야기가 아이들의 마음에 심어지길 바라는 마음에 무지개 물고기 시리즈를 선호합니다. 그래서 어른들은 보통 반짝이 비늘을 나눠 준 행위에 초점을 맞춰 이야기를 나누는 경우가 많더라고요. 그림책을 좀 삐딱하게 읽어볼까요? 무지개 물고기에게 반짝이 비늘을 달라고 한 파란 꼬마 물고기의 태도는 어떤 거 같아요? 게다가 무지개 물고기가 소리를 지르며 주지 않았다고, 다른 물고기들에게 소문을 냈잖아요. 이에 대해서는 어떻게 생각하세요? 파란 꼬마 물고기의 말만 듣고 무지개 물고기를 피한 물고기들은요? 누군가의 이야기를 듣고 진실 여부를 판단해 보지도 않고 여론에 휩쓸리는 어른들의 모습과 비슷하지 않은가요? 무지개 물고기가 반짝이 비늘을 나눠주지 않았다면 다른 물고기들과 친구가 될 수 없었을까요? 내가 가장 아끼는 것을 꼭 나누어 주어야 할까요?

<u>가치관에 따라 충분히 달라질 수 있는 행동들이에요.</u> 물론 아이들은 대부분 어른들이 바람직하나고 생각하는 대답을 합니다. 어른들이 이렇게 해야 한다고 강요하는 것과 아이들이 질문을 듣고 스스로 판단을 내려 대답하는 건 다르다고 생각해요. 전자는 지시이고 후자는 선택인 거잖아요. 아이와 이야기를 나누며 더 현명한 방법이 무엇이 있을지 찾아보세요. 일상 속 아이의 경험과 연결할 수 있다면 더 의미 있는 시간이 될 거예요.

엄마	우리는 누구나 반짝이 비늘을 갖고 있어. ○○이도 알고 있어?
아이	아~ 나도 반짝거리고 예뻐요~
엄마	맞아, 사람들은 모두 반짝거리고 예쁘지~ 왜 반짝거릴까?
아이	마음이 예뻐서.
엄마	그렇지~ 따뜻한 마음, 부드러운 마음을 갖고 있으니까 반짝거려. 그리고 무엇인가 집중을 할 때 반짝거려~
아이	아! 난 그림을 그릴 때 반짝거리고, 또 텃밭에 물을 줄 때 반짝거려요.
엄마	맞아~ 우리는 누구나 무엇인가를 잘하고 그것들을 나눌 수 있어. ○○이는 무엇을 나누고 싶어?
아이	그림을 잘 못 그리는 친구를 도와줄 거예요. 또 꽃이 힘이 없을 때 물도 줄 거예요.
엄마	우아~ 멋지다. ○○이도 무지개 물고기처럼 반짝이 비늘을 나눌 수 있는 사람이네~

우리는 모두 무지개 물고기처럼 반짝이는 비늘을 가지고 있어요. 내가 무엇인가를 잘하는 순간, 반짝거립니다. 또 열심히 집중할 때도 반짝거려요. 좋아하는 일을 할 때도 반짝거리고요. 내가 반짝거리는 순간들이 참 많아요. 내가 가진 반짝이 비늘은 무엇인지, 어떤 것을 나눌 수 있는지 이야기 나눠 봐요.

엄마, 아빠의 대화 코칭!

아이가 아직 어리다면 그림책을 삐딱하게 읽는 것도, 나의 반짝이는 순간을 발견하는 것도 쉽지 않아요. 아이가 6, 7살 정도는 되어야 찾아낼 수 있는 것들이지요. 아이가 어리다면 《무지개 물고기》 이야기를 있는 그대로 충분히 즐길 수 있게 해주세요.

아이에게 《무지개 물고기》 그림책을 처음 읽어준 건 아이가 4살 때였고, 그 이후에도 여러 번 읽어줬고, 공연도 보러 다녔어요. 그땐 무지개 물고기의 예쁜 마음, 나눔의 기쁨만 봤어요. 그리고 위와 같은 대화는 아이가 6살이 되었을 때 처음 나눴답니다. 아마 또 2, 3년 뒤 이야기를 나누면 더 깊이 있는 대화를 할 수 있을 거예요.

나도 반짝이 비늘이 있어요

난이도 ★★★
권장 연령 7세 이상

준비물
종이접시
반짝이 색종이
가위
풀
사인펜

놀이의 효과 자아정체성, 자존감, 긍정적 사고, 표현력

놀이 시 주의사항
ⓐ 아주 사소한 것들을 발견해도 괜찮아요.
ⓐ 남들과 비교하지 말고, 그냥 내가 잘하는 것을 찾아야 해요.

나의 반짝이 비늘이 담긴, 무지개 물고기를 만들어 봐요. 우선 내가 가지고 있는 반짝이 비늘을 찾아봐요. 아이가 '무엇인가를 잘하는 순간, 집중해서 수행할 때, 좋아하는 일을 할 때' 같은 반짝거리는 순간들을 많이 찾을 수 있도록 도와주세요. 최대한 많은 것을 찾아낼 수 있게 해주세요. 그리고 그 중에서 글이나 그림으로 표현하고 싶은 것을 5개 정도 선택해 주세요.

종이접시를 활용해 무지개 물고기를 만들어요. 종이접시의 한 부분을 피자 한 조각만큼 잘라내어, 반대쪽에 붙이면 무지개 물고기의 입과 꼬리가 생깁니다. 반짝이 색종이를 반 접어서 반원 모양으로 오려주세요. 그리고 그 안에 아이가 선택한 나의 반짝이는 순간들을 그림이나 글로 표현할 수 있게 해주세요. 이것을 종이접시에 붙이고 눈을 그리면, 무지개 물고기가 완성됩니다.

① 종이 접시 자르기.
② 반짝이는 순간을 색종이에 그리기.
③ 색종이를 종이접시에 붙여서 완성.

놀이 PLUS+

1. CD를 활용한 무지개 물고기:

CD의 둥근 형태를 활용해 무지개 물고기를 만들어요. 종이나 부직포를 오려 물고기의 꼬리와 지느러미를 만들어 주세요. CD에 양면테이프를 활용해 꼬리와 지느러미를 붙이고, CD 위에 비늘을 꾸며주세요. 유성매직을 활용해 그려도 좋고, 반짝이 스티커나 보석 스티커를 활용해 꾸며도 좋아요.

★ CD의 아랫부분(CD가 읽히는 부분)을 활용해 만들어주세요.
★ 끈을 활용해 모빌처럼 걸어놓으면 햇빛을 받으며 반짝거리는 모습을 볼 수 있어요.

2. 바닷속 장면을 꾸며요:

무지개 물고기와 친구들을 만들어 바닷속 장면을 꾸며요. 내가 생각하는 바닷속의 모습은 어떠한가요? 도화지를 활용해 그림을 그려보는 활동도 좋고, 상자를 활용해 입체적으로 만들어보는 것도 좋아요. 상자를 활용해 바닷속을 만들 경우, 물고기 그림을 따로 그려 나무젓가락에 붙인 뒤 상자 앞쪽에 배치하면 입체감을 줄 수 있어요. 물고기들을 고정하지 않고 인형 놀이를 할 수도 있고요.

함께 읽어도 좋아요

<완두> 다비드 칼리

완두는 인형의 신발을 신을 정도로 몸이 아주 작은 아이입니다. 완두는 높은 곳도 잘 올라가고 물놀이, 책읽기도 좋아합니다. 숲을 탐험하기도 하고, 몸을 쭉 펴고 누워 우주는 얼마나 클지 궁금해 하고 상상의 나래를 펼치기도 합니다. 완두는 학교에 들어가고 자신이 너무 작다는 것을 깨달았습니다. 선생님은 '가엾은 완두, 이렇게 작으니 나중에 무엇이 될까?'라는 생각을 했지요. 이렇게 작은 완두는 과연 무슨 일을 하게 될까요?

우리는 아이가 공교육 기관에 들어가면 마음이 급해지면서 다른 아이들과 비교하게 됩니다. 아이의 장점을 보기보다 남들이 세운 기준에 부합하는지를 보게 됩니다. 그런 우리에게 아이의 장점을 인정할 수 있는 마음을 선물하는 그림책입니다.

나는 어떤 동물을 닮았을까

내가 최고야
루시 커진즈 글·그림, 시공주니어

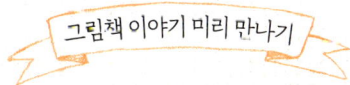

그림책 이야기 미리 만나기

　주인공 멍멍이가 등장합니다. 멍멍이는 자신감 넘치는 태도로 자신이 최고라고 소개합니다. 우리에게 무당벌레, 두더지, 거위, 당나귀도 소개해 줍니다. 친구들도 모두 멋지지만 최고는 자기라고 이야기합니다. 멍멍이는 자신이 두더지보다 잘하는 것, 거위보다 잘하는 것, 무당벌레보다 잘하는 것, 당나귀보다 잘하는 것을 이야기하며 왜 자기가 최고일 수밖에 없는지를 이야기하지요. 그렇다면 두더지, 거위, 무당벌레, 당나귀는 잘하는 게 없는 걸까요? 멍멍이에게 진 다른 친구들의 마음은 어떨까요?

《내가 최고야》는 서로 다른 동물들이 등장하며 각자 잘하는 것을 발견하는 그림책입니다. 멍멍이의 뽐내기로 동물 친구들은 슬픔에 잠깁니다. 멍멍이처럼 잘하면 좋겠다는 생각을 하다가 동물들은 자기가 잘하는 것을 찾아냅니다. 다른 동물들 또한 멍멍이와 그 능력을 비교합니다. 동물 친구들의 이야기를 들으며 멍멍이는 점점 더 시무룩해집니다. 자신이 잘하는 게 없어서, 또 친구들에게 얄밉게 말한 것이 미안해서 말이지요. 결국 동물들은 각자 잘하는 것을 발견하고, 나다운 것을 인정하면서 모두 최고라는 것을 깨닫게 됩니다. 우리들 또한 그러하지요. 모두들 각자 잘하는 것이 있습니다. 다른 사람과 비교해서 잘하는 것을 찾으려면, 찾을 수 없습니다. 타인과 비교해서 잘하는 것을 찾는 게 아니라, 그냥 내가 잘하는 것을 찾을 수 있어야 진짜 자존감을 높일 수 있습니다.

엄마   강아지가 친구들을 소개하고 있어. 모두 멋진 친구들이래.
       이 동물들은 어떤 점에서 멋지지?

아이   강아지는 귀여워요~

엄마   맞아~ 강아지는 털도 복슬복슬하고, 애교도 많고, 사람도 잘 따르지.
       강아지가 잘하는 게 뭐가 있을까~?

아이   강아지는 소리를 잘 듣고, 냄새도 잘 맡아요.

엄마   그렇지~ 그래서 강아지는 집을 잘 지킨다고 하더라고~
       당나귀는 무엇을 잘할까?

아이   당나귀는 사람을 태울 수 있어요.

엄마   맞아~ 당나귀는 사람을 태울 수 있을 정도로 힘이 세~

동물들의 특징들을 이야기 해보세요. 그리고 그 특징이 어떠한 점에서 장점이 될 수 있는지 이야기 나눠 보세요. 그 과정 속에서 동물들이 단순히 다르다가 아니라, 모든 동물들은 장점을 가지고 있다고 생각하게 되고, 그러한 시각은 자연스럽게 '나'로 연결됩니다.

엄마, 아빠의 대화 코칭!

예로부터 '벼는 익을수록 고개를 숙인다.'며 겸손해야 함을 강조한 문화 속에서 자란 우리들은 잘하는 것을 마음껏 표현하는 것을 자랑하는 것, 잘난체하는 것이라 받아들이는 경향이 있습니다. 아이와 이 활동을 하면서 누구나 잘하는 것이 있음을 이해하는 시간을 가져봅시다. 친구가 잘하는 것도 마음껏 인정할 수 있고, 자기가 잘하는 것도 자랑스럽게 표현해 볼 수 있게 해주세요. 다른 친구들과 비교해서 잘하는 것보다 내가 할 수 있는 것 중에 잘하는 것들을 찾아낼 수 있도록 도와주세요.

놀이 01

- 난이도 ★★★★★
- 권장 연령 7세 이상

나는 이런 동물을 닮았어요

준비물
색지
사인펜
색연필

놀이의 효과 자아정체성, 자존감, 유비추론 능력 향상

놀이 시 주의사항
ⓐ 아이가 자신의 긍정적인 모습을 찾아 동물과 연결할 수 있게 도와주세요.
ⓐ 성격을 표현할 때 긍정적인 언어로 표현할 수 있게 노와주세요.
ⓐ 아이가 공통점을 찾기 어려워한다면, 동물들의 특징을 먼저 이야기 나눠 보세요.

이 놀이는 아이가 자신이 잘하는 것을 발견하는 데 있습니다. 어린이들은 신체적인 특징, 신체 능력과 관련된 공통점을 주로 발견합니다. 아이의 사고가 깊어질수록 성격적인 특징, 습관 등과 관련된 특징을 발견하고 연결 지을 수 있게 됩니다. 아이가 나와 닮은 동물을 찾아내는 걸 어려워한다면, 다양한 동물들 사진을 펼쳐놓고, 동물들의 특징을 이야기 한 뒤 그 안에서 나와 가장 닮은 동물을 선택할 수 있게 도와주세요. 인지적으로 두 대상의 공통점을 발견하고 그것을 연결할 수 있는 능력이 생겨야 할 수 있는 활동이라서 어려울 수 있거든요.

엄마 호랑이는 어떤 동물이지~?

아이 호랑이는 힘도 세고, 사냥도 잘하고, 또 목소리도 아주 커요. 씩씩한 동물이에요.

엄마 ○○이도 호랑이를 닮을 때가 있어?

아이 나는 친구를 만나면 호랑이처럼 크게 인사해요.

엄마 아~ ○○이는 호랑이처럼 씩씩하게 말할 수 있구나.

아이 응. 나는 친구를 만나면 반가워서 크게 말해요.

덧붙여서, 아이가 자신의 특징을 동물과 연결할 때, 긍정적인 언어로 표현하고 연결할 수 있게 해주세요.

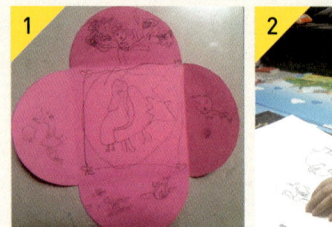

① 나와 닮은 동물 찾기.
② 아이가 생각하는 엄마 아빠와 닮은 동물 그려보기.

더 신나게 놀수있는 TIP

❶ 닮고 싶은 동물도 찾아보세요.
　아이가 잘하고 싶은 부분이 무엇인지 파악할 수 있는 기회가 됩니다.

❷ 엄마 아빠는 어떤 동물을 닮았는지도 찾아보세요. 아이가 생각하는 엄마 아빠의 모습을 알 수 있어요.

― 함께 읽어도 좋아요 ―

〈근사한 우리가족〉 로랑 모로

우리 가족의 근사한 점을 소개하는 그림책입니다. '우리 오빠'를 제일 먼저 소개해요. 놀이터 장면과 '오빠 기분을 언짢게 하지 않는 편이 나아요. 정말 힘이 세서 다들 꼼짝 못하거든요.'라는 소개의 글이 담겨 있습니다. 놀이터에서 놀고 있는 아이들을 살펴보며 누가 '오빠'일지 찾아보세요. 이번에는 교실이네요. '내 남동생은 타고난 몽상가예요. 늘 딴 생각을 하죠. 그리고 노래를 정말 잘해요!' 라는 문장을 보고 어떤 아이가 '남동생'일지 찾아보세요. 이렇게 엄마, 아빠, 할머니, 이모 등 나의 가족을 소개하고 있습니다. 가족을 소개하는 장면마다 장소 또한 도로, 해변, 거실 등으로 달라집니다. 그리고 장면마다 등장하는 동물들도 다르고요. 왜 이 장소에 이 동물이 그려져 있는 걸까요?

내가 가진 가장 소중한 물건

나랑 바꿀래?
피오나 로버튼 글·그림, 사파리

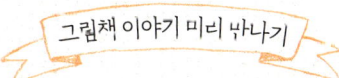

그림책 이야기 미리 나누기

    팡이는 양말을 아주 좋아합니다. 노란색이고 줄무늬도 있고 폭신폭신하고 바나나 향기도 나는 양말이지요. 노란 양말을 정말 사랑하는 팡이. 그때 빨간 기차를 끌며 걸어오는 필립을 봅니다. 팡이는 자신의 노란 양말보다 빨간 기차를 가지고 놀면 더 재미있을 거 같다는 생각이 들었습니다. 그래서 필립에게 자신의 노란 양말과 빨간 기차를 바꾸자고 하지요. 친구와 나누는 것을 좋아하는 필립은 흔쾌히 장난감을 교환합니다. 빨간 기차를 받고 신이 난 팡이 앞에, 파란 공을 굴리며 사이먼이 다가옵니다. 사이먼을 만난 팡이는 어떻게 할까요?

새로운 물건을 보면, 궁금하고 갖고 싶은 마음이 듭니다. 《나랑 바꿀래?》는 아이들의 그러한 마음을 잘 담고 있는 그림책입니다. 자신이 가지고 있는 물건이 무척 좋고 또 만족스럽지만, 다른 친구가 가지고 있는 새로운 물건을 보면 어떤 것인지 호기심이 생깁니다. 갖고 싶다는 마음도 생기죠. 내가 가진 물건이 제일 좋은 줄 알았는데, 친구가 가지고 있는 물건이 더 좋아 보입니다. 그럴 때 '팡이'는 울거나 떼를 쓰지 않고, 친구와 공정한 거래를 합니다. 내가 가장 아끼는 것과 친구가 가장 아끼는 것을 바꾸자 이야기하는 거죠. 새로운 물건을 가지고 오는 친구들을 만날 때마다, 성공적으로 물건을 바꾸지만, 결국 '팡이'는 자신의 양말을 그리워해요. 왜 그런 생각이 들었을까요?

아이들은 어린이집이나 유치원 등에서 공동체 생활을 하며, 공동의 물건을 쓰게 됩니다. 나의 물건이 아닌, 기관에 있는 물건을 '함께' 사용해야 하는 상황에서 아이들은 소유와 교환의 상황에 자주 직면하게 됩니다. 내가 먼저 가지고 놀았지만, 내 것이 될 수 없는 상황에서 아이들이 느끼는 마음은 어떨까요? 바꾸고 싶지 않은데 바꿔야 할 때 어떻게 하면 좋을까요? 친구와 바꿨지만 마음이 달라져서 다시 바꾸고 싶을 땐 어떻게 해야 할까요? 바꿔주고 싶지 않은 마음이 생길 때는요? 그림책 안에서는 아주 간단히 교환할 수 있었지만, 아이들이 살고 있는 현실 속에서는 매번 그렇지 않을 것입니다. 그림책을 통해 아이와 이야기 나누며 미리 연습해 봅시다. 어떻게 하면 사이좋게 물건을 함께 쓸 수 있을지 말이지요.

엄마 ○○이도 이런 경우가 있었지? 다른 친구가 가져온 물건이 궁금했을 때 말이야~

아이 맞아요. 나도 그럴 때가 있어요.

엄마 그럴 땐 어떻게 했어?

아이 궁금하니까 어떤 건지 보여 달라고 하고~ 또 같이 놀았어요~

엄마 그러네~ 꼭 안 바꾸고 같이 놀면 되는데… 이 아이들은 왜 바꿨을까~?

아이 필립도 팡이가 가지고 온 양말이 좋아보여서 바꾼 거예요~

어른인 저는 그림책에서 이야기한 것처럼 필립이 친구와 나누는 것을 좋아하는 친구라 바꿔준 것이라 생각했는데, 아이는 다르게 생각하더라고요. 필립 또한 팡이의 장난감이 궁금한 거였다고. 일방적인 교환이 아니라 서로가 원하는 행복한 교환이네요.

엄마, 아빠의 대화 코칭!

등장인물들의 마음이 어떠할지 상상해 보며 읽어요. 장난감을 바꾸기로 했을 때의 마음, 바꾸고 나서의 마음, 잃어버렸을 때의 마음 등 상황이 달라지면서 마음이 어떻게 변했을지 생각해 볼 수 있게 아이에게 질문해 주세요. "이 장면에서 주인공의 마음은 어땠을까?" "너라면 어떨 거 같아?"의 질문만으로도 아이는 등장인물의 마음에 닿을 수 있게 된답니다.

놀이 01

내가 가진 가장 소중한 물건

 난이도 ★★★
권장 연령 5~7세

준비물
종이
색연필
가장 소중한 물건

놀이의 효과 관찰력 발달, 표현력 향상, 상호작용능력 증진, 정서적 안정감

놀이 시 주의사항
ⓐ 꼭 기록하거나 작성하지 않아도 괜찮아요.
ⓐ 논리적으로 표현하지 않아도 괜찮아요.
ⓐ 상상 속 이야기를 하더라도 인정해 주세요.

아이가 가장 소중하게 여기는 장난감의 특징을 찾아봅시다. 아끼는 장난감을 이야기 해보세요. 그리고 그 중에서 가장 소중하다 생각하는 물건을 찾으면 되겠죠? 애착 인형이나 애착 이불도 좋아요. 아이가 그 장난감에 대해 이야기할 수 있게 해주세요. 잘 발견해내지 못한다면 어떤 색인지, 어떤 촉감인지, 어떤 특징이 있는지 구체적으로 질문해 보세요. 그리고 그 특징들이 잘 담기게 한 장의 포스터로 표현해 보세요. 나는 이 장난감이 왜 좋은지, 언제부터 내 것이 되었는지 등 나의 사연이 담긴 이야기도 함께 담는다면 더 멋진 포스터가 될 거예요.

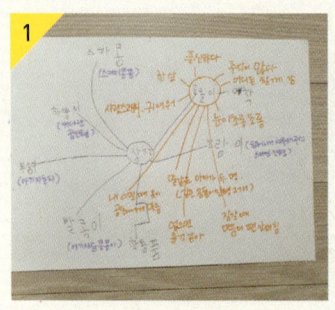

1 나의 소중한 장난감에 대해 이야기를 나눴어요.
2 애착 인형과 함께한 추억이 담긴 사진을 붙였어요.
3 나의 소중한 장난감이 담긴 포스터를 완성했어요.

함께 읽어도 좋아요

<네 마음을 알고 싶어> 피오나 로버튼

《나랑 바꿀래?》 작가가 쓴 책입니다. '두 동물이 같이 겪은 아주 다른 이야기'라는 소제목이 붙어있죠. 책 안에는 두 편의 이야기가 담겨있습니다. 한 편은 소녀의 이야기, 다른 한 편은 팡이의 이야기입니다. '나'는 할머니 댁에서 돌아오는 길에 작고 슬프게 우는 작고 이상한 동물을 발견합니다. 그 동물을 구해주고 싶은 마음에 집으로 데려왔고, 이름도 지어주고, 옷도 입혀주고, 집도 만들어줍니다만 별로 행복해 보이지 않습니다. 결국 창문이 열렸을 때 도망가죠. 왜 떠난 걸까요?

'나'는 숲속에서 신나게 노래를 부르고 있는데, 크고 끔찍한 동물에게 잡혔습니다. 그 동물은 나를 박박 씻기고, 좁은 상자에 가두고, 여기저기 끌고 다녔습니다. 기회를 포착해 탈출에 성공하지요. 하지만, 다시 그 집으로 돌아갑니다. 왜 그랬을까요?

멋진 나의 몸을 소개합니다

줄무늬 미용실
홍유경 글·그림, 북극곰

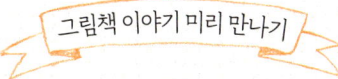

그림책 이야기 미리 만나기

　곱슬거리는 머리카락이 고민인 꼬마 사자가, 줄무늬 미용실을 찾아왔습니다. 얼룩말 미용사는 사진을 보여주며 마음에 드는 스타일을 골라 보라고 합니다. 하지만 꼬마 사자가 원하는 스타일은 없네요. 꼬마 사자는 사진이 원하는 스타일을 종이에 그려 보여줍니다. 얼룩말 미용사는 자신 있게 꼬마 사자의 헤어스타일을 변신시켜주는데…. 꼬마 사자는 원하는 헤어스타일을 갖게 되었을까요?

내가 가지고 있는 외모에 대해서 어떻게 생각하세요? 나의 눈, 나의 얼굴, 나의 키 모두 마음에 드나요? 많은 사람들은 자신의 신체에 대해 장점보다는 단점을 더 먼저 발견합니다. 엄마 아빠 또한 아이의 신체에서 멋지고 자랑스러운 부분보다 걱정스러운 부분을 먼저 짚어내죠. 아무렇지도 않게 "우리 애는 키가 작아요~", "우리 아이는 몸무게가 너무 많이 나가요. 딸인데도 말이죠."라는 이야기를 하며 아이의 신체적 단점을 언급합니다. 사실 엄마 아빠는 걱정되는 마음에 별 뜻 없이 이야기한 것이지만, 그 이야기를 들은 아이들은 그 언어로 자신의 외모를 평가하게 됩니다.

《줄무늬 미용실》에 나오는 사자 또한 그러합니다. 곱슬곱슬 풍성한 머리카락을 가졌음에도 불구하고, 자신의 머리카락을 마음에 들어 하지 않고, 숨겨야 하는 대상으로 여기지요. 사실 그림책 속에서는 사자 뿐만 아니라, 다른 동물들 또한 같은 시선으로 바라보고 있음을 알 수 있어요. 사자의 머리카락을 처음 본 얼룩말이나 오리의 반응을 통해 알 수 있지요.

엄마 사자는 어떤 머리스타일을 골랐을까?

아이 음~ 2번. 색깔도 두 가지고, 차분해 보여서 지금이랑 많이 다르니까 그걸 골랐을 것 같아요.

엄마 우아~ 정말 2번만 머리카락 색이 두 가지네.
그럼 ○○이가 사자라면 어떤 머리를 하고 싶어~?

아이 나는 긴~ 머리카락을 하고 싶어요.

엄마 근데 혹시 지금 이 머리는 별로인거야?

아이 지금 머리카락도 예뻐요~ 아! 삐삐머리나 엘사머리처럼 땋으면 될텐데~

엄마 오호~ 그런 방법도 있구나.

그림책 속 주인공이 어떤 선택을 했을지, 책장을 넘기기 전에 상상해 봐요. 주인공이 어떤 마음일지, 어떤 선택을 했을지 고민해 보는 것만으로 아이들은 상대방을 이해해 보는 경험을 하게 된답니다. 얼룩말 미용사는 사자가 원하는 스타일로 머리카락을 바꿔주지만 사자의 머리카락은 금방 원래의 모습으로 돌아옵니다. 사자도 얼룩말도 오리도 모두 좌절하지요. 다행히 얼룩말 미용사가 아이디어를 떠올려 사자가 만족할 만한 헤어스타일로 만들어 줍니다.

본래의 것을 없애고 새로운 모습으로 바꾸는 게 아니라, 가지고 있는 자신의 모습을 바탕으로 만족할 수 있게 말이죠. 아이가 혹시 자신의 신체 중에 마음에 들어 하지 않는 부분이 있다면, 인식을 전환할 수 있게 도와주세요. 세상의 대부분의 것들은 좋은 점과 나쁜 점을 갖고 있기에 언어를 어떻게 사용하느냐에 따라 충분히 좋은 점만 드러낼 수 있거든요. 그리고 사실 우리 아이들은 어떤 모습이든 다 예쁘잖아요.

놀이 01

멋진 나의 몸을 소개합니다!

난이도 ★★★
권장 연령 6세 이상

준비물
모조지(전지)
색연필
사인펜

놀이의 효과 자아정체성, 자존감 향상, 표현력, 정서적 안정, 지구력

놀이 시 주의사항
ⓐ 종이 위에 팔과 다리가 모두 보일 수 있는 자세를 취해주세요.
ⓐ 신체의 멋진 점을 아이가 말하고, 엄마 아빠가 대신 적어도 괜찮아요.

나의 신체의 멋진 점을 마음껏 뽐내는 활동입니다. 우선 멋진 포즈를 정해주세요. 그리고 종이 위에 누워 그 포즈를 취해주세요. 엄마 아빠는 아이의 신체 외곽선을 사인펜을 이용해 그려주시면 됩니다. 아이들은 자신의 사이즈와 동일한 그림이 그려졌다는 사실만으로도 즐거워한답니다. 외곽선을 모두 그렸다면 얼굴 표정도 그려주고, 예쁜 옷도 입혀주세요. 그리고 아이 스스로 자신의 신체의 멋진 점들을 찾을 수 있게 해주세요. 평소에 칭찬을 받았던 것들은 금방 말할 수 있을 거예요. 혹시 자신있게 찾지 못한다면 엄마 아빠가 먼저 발견해 주세요. 너무 두드러지는 특징보다 아이들이 찾기 어려운 멋진 점을 찾으시면, 그것을 힌트로 아이가 자신의 멋진 점을 찾을 거예요. 아이가 이야기하는 멋진 점을 각 신체 주변에 적어주세요.

1. 포즈 정해서 종이 위에 눕기.
2. 신체 외곽선 따라 그리기.
3. 내 신체의 멋진 점 이야기해 보고 꾸미기.

함께 읽어도 좋아요

<난 등딱지가 싫어!> 요시자와 게이코

거북이는 등딱지가 싫어 견딜 수가 없었습니다. 등딱지 때문에 깡충깡충 뛸 수도, 나무에 오를 수도 없었습니다. 무엇보다 토끼에게 늘 놀림을 받는 게 너무 싫었습니다. 거북이는 등딱지를 벗어 발로 휙 차 버렸습니다. 거북이에게는 거추장스러운 등딱지가 곰에게, 새에게, 생쥐에게는 훌륭한 물건으로 변신합니다.

거북이 또한 등딱지가 없자 불편한 게 한두 가지가 아닙니다. 그제야 거북이는 등딱지의 소중함을 깨달았습니다. 뒤늦게 등딱지를 찾아다니지만, 결국 찾지 못하고 터벅터벅 걸어가던 중에 등딱지를 발견하게 됩니다. 어디에서 발견했을까요? 내게 단점이라 여겨졌던 것이 사실은 나만 모르고 있는 장점일 때가 있습니다. 내가 가진 것들을 있는 그대로 받아들이는 이야기를 유쾌하게 담고 있는 그림책입니다.

내가 먹은 음식이 바로 나

모두 식탁으로 모여 봐!
마크 패롯 글, 에바 알머슨 그림, 웅진주니어

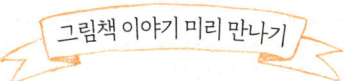

탐험가, 대식가, 까탈 대마왕, 빨리빨리 패스트푸드 등…. 아이들의 식습관을 표현한 말입니다. 그림책 속에 전혀 다른 식습관을 가진 6명의 아이들이 등장합니다. 아이들은 자신이 좋아하는 음식, 식사 방법들을 이야기 하며, 나는 어떤 사람인지 소개합니다. 어른들의 시선에 의해 몸에 좋은 음식, 나쁜 음식으로 나누지 않고, 내가 좋아하는 음식이 무엇인지 솔직하게 이야기 하는 아이들. 아이들이 좋아하는 음식은 과연 무엇일까요?

'내가 먹은 음식이 곧 내가 된다.'는 말을 아주 잘 보여주는 그림책입니다. 아이들은 저마다 좋아하는 음식이 다릅니다. 단순하게 음식이 다를 뿐 아니라, 선호하는 음식의 스타일, 재료 또한 다릅니다. 하지만 어른들은 영양소를 생각하며 어떤 음식은 몸에 좋고, 어떤 음식은 몸에 나쁘다며 아이들의 식습관을 어른들의 시선으로 평가하죠. 밥상 위의 음식들을 가리키며 골고루 먹어야 한다고 이야기하죠.

《모두 식탁으로 모여 봐!》에 등장하는 아이들은 어른들의 그러한 시선에서 자유롭습니다. 당당하게 내가 좋아하는 음식들을 밝히고, 내가 어떤 아이인지 이야기 합니다. 자기 자신을 '탐험가'라고 소개한 아이는 어떤 음식을 좋아할까요? 음식을 대하는 태도가 어떠할까요? 그림책 속 아이의 이야기를 듣기 전, 아이와 대화를 나눠 보세요. '탐험가'라는 이름 안에 아이의 어떤 모습이 담겨 있을지 말이에요. '대식가'는 어떤 사람을 말하는 걸까요? 아이가 궁금해 하며 그림책을 읽을 수 있도록 질문을 던져주세요. 아이가 꼭 대답하지 않아도 괜찮답니다.

엄마, 아빠의 대화 코칭!

면지도 살펴보세요. 면지는 겉표지부터 시작된 이야기와 본격적으로 담고 있는 이야기 사이의 다리와 같은 존재지요. 빨간색 식탁보 위에 다양한 음식들이 차려져 있습니다. "어떤 음식들이 보이나요? 나는 어떤 음식을 좋아하나요? 이 음식을 좋아하는 사람은 어떤 사람일까요?" 그림책이 시작할 때의 면지와 그림책이 끝날 때의 면지가 동일합니다.

시작할 땐 나의 이야기만 했다면, 끝날 땐 그림책 속 아이들에 대한 이야기도 할 수 있겠죠. 동일한 면지가 어떻게 배치되느냐에 따라 그 안에 담겨 있는 이야기를 해석하는 것도 달라집니다. 면지도 그림책의 한 장면입니다.

내가 먹은 음식이 바로 나

난이도 ★★★★
권장 연령 7세

준비물
도화지
물감
색연필
사인펜

{놀이의 효과} 자아정체성, 자존감, 표현력, 자발성, 추상적 사고력 향상

{놀이 시 주의사항}
ⓐ 골고루 먹어야 한다는 교훈적인 활동이 되지 않도록 해주세요.
ⓐ 아이가 평소 좋아하는 음식이 어떤 방식으로 만들어지는지 알려주세요.

나는 어떤 음식을 좋아하나요? 내가 좋아하는 음식을 담고 있는 자화상을 그려보아요. 내가 나의 모습을 그리는 것을 '자화상'이라고 합니다. 우선 좋아하는 음식들을 찾아봅시다. 내가 좋아하는 음식들을 나열해 놓고, 그것들의 공통점을 찾아보세요. 어떤 식재료를 좋아하는지, 어떤 방식으로 조리된 것을 선호하는지, 새로운 음식을 만날 때 태도는 어떤지, 누구와 식사하는 것을 즐겨하는지 등 음식과 관련된 다양한 것들을 이야기해 봐요.

그 안에서 나도 모르는 내 모습을 발견할 수도 있을 것입니다. 음식과 관련된 나의 모습을 찾았다면, 한 마디로 표현해 봐요. 그림책 속 아이들처럼 하나의 단어로 정의내리는 것도 좋고, 조금 긴 문장으로 표현하는 것도 좋아요. 《모두 식탁으로 모여 봐!》의 마지막 장에 나의 이야기가 담긴다면 어떻게 표현하면 좋을지 생각하며 그려보면 더 재미있을 거예요.

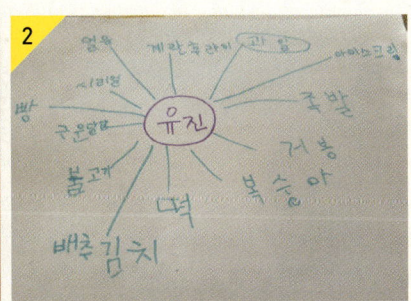

1 내가 좋아하는 음식 찾기.
2 내가 좋아하는 음식 마인드맵.
3 나의 음식 취향이 담긴 자화상 완성.

혼자 할 수 있어요

심부름 다녀왔습니다
히도 반 헤네흐텐 글·그림, 웅진주니어

그림책 이야기 미리 만나기

　포동이네 가족은 일요일마다 케이크를 먹습니다. 엄마가 식구들에게 케이크 사올 사람을 물었지만, 아무도 대답하지 않았죠. "내가 갈게요!" 포동이는 식구들을 대표해 '처음'으로 케이크를 사러 갑니다. 처음으로 혼자 가는 심부름. 포동이는 얼른 심부름을 다녀와서 자랑하고 싶었습니다. 사와야 하는 것을 잊을까봐 계속 중얼거리며 빵집에 도착했습니다. "버찌 크림 케이크 큰 거랑 롤빵 스물다섯 개 주세요." 엄마가 사오라 한 것을 제대로 산 걸까요? 빵집에서 케이크와 빵을 산 포동이는, 빵집 아줌마의 말씀대로 반듯하게 케이크를 들고 집으로 돌아갑니다. 과연 포동이는 집까지 케이크를 무사히 가지고 갈 수 있을까요?

《심부름 다녀왔습니다》는 처음 심부름을 하게 되는 포동이의 이야기를 담고 있는 그림책입니다. '심부름'은 남이 시키는 일을 하는 것을 의미합니다. 아이에게 심부름은 단순히 어떤 일을 하는 것을 넘어, 나에게 그것을 수행할 만한 능력이 있다는 것을 엄마 아빠가 인정하고 있음을 내포하고 있는 일이기도 합니다. 포동이 또한 그러했지요. 이미 심부름이 익숙한 형과 누나에게는 그 의미가 흐릿해졌지만 이제 그러한 능력이 생긴 포동이에게는 자신의 능력을 뽐낼 수 있는 기회였습니다.

포동이는 가족들을 대표해 케이크를 사러갑니다. 처음으로 혼자 가는 심부름. 어떤 기분일까요? 처음 어떤 일을 할 때 느끼는 마음을 표현할 수 있는 낱말에는 무엇이 있을까요? 얼른 심부름을 다녀와서 자랑하고 싶은 그 마음을 표현할 수 있는 낱말에는 무엇이 있을까요? 다양한 낱말들을 찾아보세요. 처음 무엇인가를 시도했을 때, 그 마음이 어땠는지 떠올려 보세요. 아이가 겪었던 처음의 순간들, 혼자의 힘으로 성공했던 순간들을 이야기해 보세요. 처음 혼자 발걸음을 옮기고, 처음 혼자 밥을 먹고, 처음 혼자 책을 읽고, 처음 혼자 장난감을 정리하게 된 그 순간들을 이야기해 보세요. 처음 시도했을 때의 마음, 여러 번의 반복, 그 후 결국 성공했을 때의 감정들을 이야기 나눠요.

엄마, 아빠의 대화 코칭!

심부름하기 활동을 통해 아이의 자존감을 높일 수 있습니다. 단순하게 어떤 일을 지시하고 수행하게 하는 것이 아니라, 아이 스스로에게 '이 정도 일을 할 수 있는 능력 있는 사람'이라는 느낌을 갖게 해주세요. 아이가 엄마 아빠의 심부름을 수행했을 때, 그 과정에 대한 칭찬과 감사 인사를 전해주세요. '내가 엄마 아빠에게 도움이 되는 사람이구나, 내가 이런 능력을 갖고 있는 사람이구나.'라는 느낌은 아이의 자기효능감을 높여줍니다.

혼자 할 수 있어요!

난이도 ★★★
권장 연령 5세 이상

준비물
어렸을 때 사진
도화지
색연필
사인펜

놀이의 효과: 자아정체성, 자존감, 성취감, 주의집중력, 자기조절력 향상

놀이 시 주의사항
- 아이의 생각과 엄마 아빠의 생각이 다르더라도, 아이가 표현하는 것들을 인정해 주세요.
- 눈에 잘 드러나지 않는 능력들도 발견할 수 있도록 도와주세요.
- 다른 아이들과 비교하지 않도록 해주세요.

어렸을 때 사진을 준비해 주세요. 1년 전 사진도 좋고, 2년 전 사진도 좋아요. 오늘 날짜의 작년, 재작년의 사진을 준비해도 좋고요. 내가 혼자 할 수 있는 일들을 모두 찾아보세요. 잘하고 못하는 것과 상관없이 할 수 있는 것들을 발견해 봅시다. 긍정의 눈으로 나를 바라보아요. 내가 태어나서 지금까지 어떤 능력들을 획득했는지 생각해 보는 시간입니다. 객관적이고 표면적인 것들뿐만 아니라, 주관적이고 잘 보이지 않는 능력들까지도 찾을 수 있다면 나를 더 긍정할 수 있을 거예요. 혼자 세수를 할 수 있게 된 것, 그네를 탈 수 있게 된 것, 엄마가 힘들 때 안마해 줄 수 있게 된 것, 풀 사이의 달팽이를 발견하게 된 것 등 사소한 것들도 충분히 발견할 수 있도록 도와주세요. 사소한 것들이 모여 내가 된다는 것을 경험할 수 있도록 해주세요.

또, 내가 앞으로 혼자 하고 싶은 일들에 대해도 생각해 봐요. 내가 할 수 있는 일들을 바탕으로 어떤 일들을 하고 싶은지 이야기해 봅시다.

1. 어렸을 때 사진을 살펴봐요.
2. 혼자 할 수 있게 된 것들을 찾아요.
3. 나의 달라진 점을 그림과 글자로 표현해요.

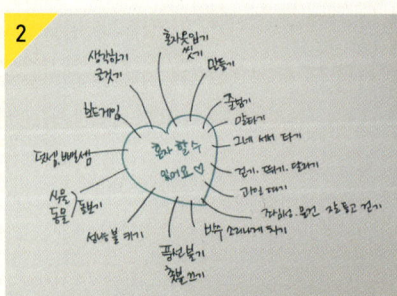

> 놀이 PLUS+

1. **케이크 배달 놀이를 해요** :

    책 위에 종이컵처럼 떨어져도 깨지지 않는 물건을 올려두고 옮기는 놀이를 해요. 안전하게 배달할 수 있는 방법은 무엇일까요? 포동이처럼 다양한 포즈로 종이컵을 옮겨 봐요. 간단한 신체 활동이지만 균형감각은 물론이고 집중력까지 높일 수 있는 놀이입니다.

    ★ 종이컵의 개수를 점점 늘려보세요.
    ★ 시간 측정하기, 경주하기 등 다양하게 활동해 보세요.
    ★ 종이컵을 떨어뜨려도 괜찮아요. 자책하지 않도록 해주세요.
    ★ 놀이가 경쟁이 되지 않도록 해주세요.
    ★ 잘하려는 마음보다 즐거운 시간을 보내려는 마음을 지지해 주세요.
    ★ 뛰지 않고 사뿐히 걷기, 자책하지 않기 등 놀이의 규칙을 정해놓고 시작해 주세요.

나는 ㅇㅇㅇ입니다

물을 싫어하는 아주 별난 꼬마 악어

제마 메리노 글·그림, 사파리

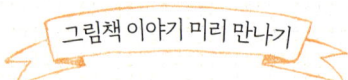

옛날 옛날에 꼬마 악어가 살았어요. 꼬마 악어는 별나게도 물을 싫어했지요. 형제들은 물놀이를 좋아하는데 말이죠. 꼬마 악어는 같이 놀고 싶었지만 물놀이를 하고 싶지는 않았기에 함께 놀 수 없었어요. 어느 날 꼬마 악어는 좋은 생각이 떠올랐어요. 그것은 바로 튜브를 타고 물놀이를 하는 것! 용돈으로 산 빨간 튜브를 타고 물가로 간 꼬마 악어. 과연 물놀이를 하며 형제들과 재미있는 시간을 보낼 수 있었을까요? 왜 꼬마 악어는 다른 악어들과 다르게 물놀이를 싫어하는 걸까요?

'미운 오리 새끼'라는 이야기를 아주 잘 알고 계시지요? 오리들 사이에서 혼자만 달라 미움을 받으며 외톨이처럼 지냈는데, 알고 보니 백조였다는 이야기. 그 이야기의 다른 버전이라고 할 수 있어요. 악어인 줄 알았는데, 알고 보니 용이었다는 이야기.

악어들이 욕조에서 물놀이를 즐깁니다. 공놀이를 하고, 잠수를 하고, 샤워기에서 쏟아지는 물을 맞으며 행복해 합니다. 단 한 마리의 악어만, 욕조 밖에서 그 안을 물끄러미 바라보고 있습니다. 의자 위에 올라서서 욕조에 딱 붙어 있는 걸 보면, 들어가고 싶은 마음이 간절하다는 게 느껴집니다. 이번엔 강가입니다. 강가에서 다른 악어들은 엄마 등을 보트 삼아, 엄마 꼬리를 미끄럼틀 삼아 물놀이를 즐깁니다. 딱 한 마리의 악어만, 나뭇가지 위에 앉아 그 상황을 물끄러미 보고 있습니다. 다른 악어들과 같이 놀고 싶지만, 물놀이는 정말 하고 싶지 않습니다. 꼬마 악어는 물놀이 보다는 나무를 타는 게 훨씬 더 재미있었지요. 하지만 형제들은 나무에 올라가는 것을 좋아하지 않았어요. 같이 놀 친구가 없어 외로웠던 꼬마 악어는 좋은 생각을 떠올렸습니다. 모아두었던 용돈으로 빨간 튜브를 산 것이죠. 다른 악어들과 함께 하고 싶은 꼬마 악어의 마음이 잘 느껴지는 대목입니다. 방법을 찾고, 노력을 하고, 용기를 냈지만 꼬마 악어는 여전히 잘 어울릴 수 없었습니다.

꼬마 악어는 관계를 잘 맺고 싶어서, 다른 악어들과 어울리고 싶어서 끝까지 노력합니다. 그리고 그 노력의 끝에서 자신의 특별한 점을 발견하게 되죠. 물에 빠지지 않았더라면 재채기를 하지 않았을지도 모릅니다. 노력하지 않았다면 자신만의 능력을 찾지 못했을지도 모릅니다. 무기력하지 않았던 꼬마 악어, 자신이 현재 할 수 있는 일들을 모두 시도해보았던 꼬마 악어의 행동에 박수를 보냅니다. 그리고 자신들과 다른 꼬마 악어 아니 꼬마 용의 능력을 인정해준 다른 악어들에게도 박수를 보냅니다. 이렇게 우리는 그림책 안에서 내게 주어진 문제를 해결하기 위해 어떤 태도로 바라봐야하는지, 세상의 서로 다른 존재들이 어떻게 관계를 맺는지를 보며 무엇인가를 배웁니다.

그림책을 다 읽었다면, 그냥 덮지 마시고 마지막 장의 면지도 살펴봐주세요. 누구인지 아시겠죠? 그리고 그림책 안의 '빨간색'들도 찾아보세요. 왜 빨간색으로 표현했을까요? 빨간색 사물들은 어떤 의미를 담고 있는 걸까요?

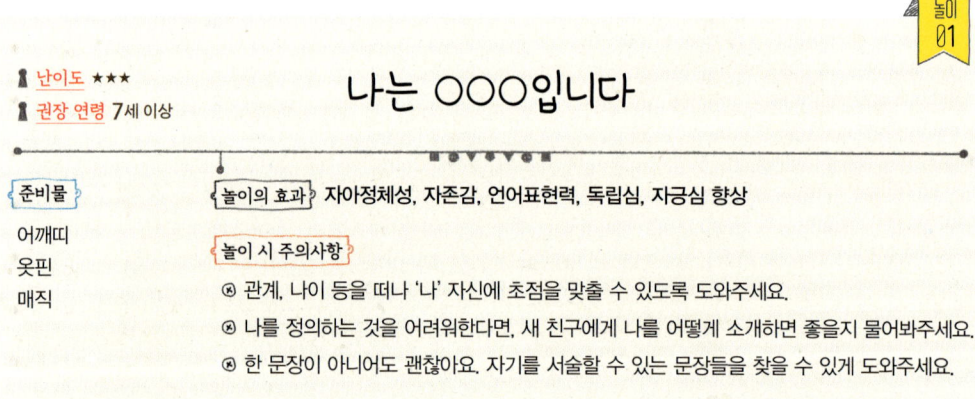

나를 한 마디로 표현하면, 어떤 사람이라고 소개하고 싶은가요? 우리나라 사람들은 나의 아내가 아니라 우리 아내, 나의 남자친구가 아니라 우리 남자친구라는 표현을 자주 씁니다. '나'의 무엇을 소개할 때 '우리'라는 단어를 사용합니다. 영어권에서는 볼 수 없는 표현이라고 합니다. 영어로 번역해 봐도 좀 이상하지요? 그렇기에 의도적으로 관계를 제외하고, 현재 나의 모습 중 가장 나다운 것, 나를 드러내는 것을 찾아보세요.

아이들에게도 이 질문이 꽤 어려울 수 있습니다. 그럴 땐 "나를 무엇을 잘하는 사람이라고 소개하고 싶어?"라고 다시 질문해 주세요. "나를 어떤 마음을 가진 사람이라고 소개하고 싶어?"라고 풀어서 물어봐 주세요. 새로운 친구를 만났을 때, 나를 제일 잘 표현할 수 있는 한 문장을 찾는다면 뭐라고 하고 싶은지 말이죠. 물론 아이가 한 문장이 아니라 여러 문장으로 자신을 소개하고 싶다고 한다면 그것을 그대로 인정해 주시면 됩니다. 어깨띠에 내가 찾은 문장을 적고 예쁘게 꾸며 보세요. 어깨띠가 주는 에너지 덕분에 아이는 나를 더 자랑스럽게 생각하게 될 거예요.

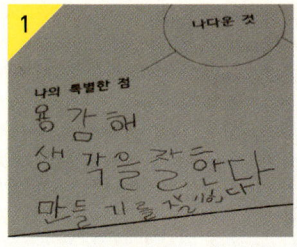    

1 스스로 찾은 나의 특별한 점.
2 나를 가장 잘 표현하는 문장을 어깨띠에 써요.
3 나는 이런 사람이에요!

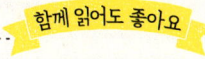

<쑥쑥> 로리 켈러

잔디밭에 여덟 개의 풀이 자라고 있습니다. 이들은 모두 같은 키인 줄 알았는데, 그 중에 하나가 쑥~하고 자랍니다. 자신의 성장을 마구 뽐내던 중, 다른 잔디도 쑥~ 자라고, 또 다른 잔디도 뿅~하고 자랍니다. 그리고 키가 자라면서 각자 다른 특징이 나타납니다. 누구는 제일 뾰족하고, 누구는 제일 아삭하고, 누구는 제일 웃기게 자랐습니다.

하지만 하나의 풀은 자신의 특징을 찾을 수 없었습니다. 친구들도 함께 고민했지만, 찾을 수 없었죠. 그때 저 멀리서 들리던 "윙-" 소리가 점점 더 가까워지고, 결국 여덟 개의 풀은 잔디 깎는 기계에 의해 다시 모두 똑같아졌습니다. 그리고 그 순간, 자신만의 특별함을 찾지 못했던 나머지 하나의 풀이 자신의 특별한 점을 발견했습니다. 과연 어떤 특별한 점을 갖고 있을까요?

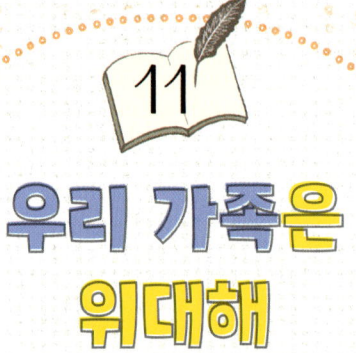

우리 가족은 위대해

위대한 가족

윤진현 글·그림, 천개의 바람

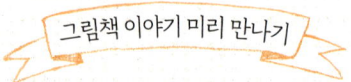

그림책 이야기 미리 만나기

　위대한 가족의 막내, 스컹크가 가족을 소개합니다. 아빠, 엄마, 큰형, 누나, 작은형, 그리고 나. 모두 여섯 식구가 한 집에 살고 있습니다. 아빠는 힘센 천하장사이고, 엄마는 무슨 일이든 척척 잘하는 슈퍼우먼입니다. 큰형도 누나도 작은형도 모두 특별하고, 잘하는 점이 있습니다. 그런데 이 위대한 가족은 저마다 위대해서 함께 있는 게 귀찮았대요. 도대체 무슨 사연이 있는 걸까요?

엄마 '위대한 가족'이래~ 위대하다
는 건 어떻다는 뜻일까?

아이 뭔가 잘한다는 거 같기도 하고….

엄마 그렇지~ 잘하고 훌륭하다는
거야~ 능력이 아주 뛰어나다는 뜻이지. 가족들이 저마다 위대하다는데…
어떤 점에서 그런지 알 수 있을까?
그림을 살펴보면 추측할 수 있을 거 같아~
○○이 생각에 사자는 가족 구성원 중에 누구일까? 어떤 점에서 위대할까?

아이 사자는 아빠인데, 낚시를 아주 잘하나 봐요~
장화를 신고, 커다란 물고기를 잡았을 때 찍은 사진 같아요.

벽에 걸려 있는 다섯 개의 사진을 하나씩 살펴보며, 가족 구성원 중 누구일지, 어떤 점이 위대할지 추측해 보세요. 그리고 사진을 보고 있는 동물은 누구일지, 어떤 점이 위대할지 생각해 봐요. 당연히 정해진 답은 없습니다.

책장을 넘기니 처음 등장하는 가족은 바로 '사자 아빠'입니다. 우리가 예상한 것과는 조금 다른 위대함을 이야기하네요. 그렇다고 틀렸다고 생각할 필요는 없어요. 아빠 주변의 책이나 물건들을 보니, 예상한 것이 아주 틀린 이야기는 아닌 거 같으니까요. 엄마의 위대함, 큰형의 위대함, 누나의 위대함, 작은형의 위대함을 모두 살펴봤어요. 정말 모든 가족들이 위대하네요. 그런데 모두 위대해서 함께 있는 게 귀찮았대요. 그래서 각자 벽을 쌓았어요. 왜 이런 일이 생긴 걸까요? 위대한 것은 좋은 일인데, 왜 이런 불편한 마음이 생긴 걸까요?

가족은 아주 친한 관계이지만, 그 관계가 너무 친밀하여 지켜야 할 것들을 놓치는 경우가 종종 있습니다. 그림책 속 가족처럼 서로 벽을 쌓는 건 아니지만, 엄마 아빠가 너무 바빠 외롭게 시간을 보내는 아이의 이야기는 우리 주변에서도 많이 접할 수 있는 일입니다. 《위대한 가족》 이야기를 통해, 가족 구성원들의 성향도 파악하고, 우리 가족의 문화도 생각해 볼 수 있는 시간을 가져보세요. '나'는 '가족'에 뿌리를 두고 있기에, 건강한 가족의 에너지는 아이에게 밝은 에너지를 전해준답니다.

가족을 소개해요

난이도 ★★★
권장 연령 6세 이상

준비물
가족사진
풀
색연필
사인펜

놀이의 효과 정서적 안정감, 자아정체성, 소속감, 타인에 대한 이해

놀이 시 주의사항
- 당연하다 여겨서 잘 발견하지 못할 수 있어요. 사진을 보거나 있었던 일을 떠올려볼 수 있게 도와주세요.
- 대단하고 거창한 것을 발견하기보다, 우리 가족의 긍정적인 점을 발견하는 활동에 초점을 맞춰주세요.

가족사진을 보며 우리 가족의 멋진 점, 위대한 점을 찾아봐요. 가족 구성원들이 무엇을 좋아하는지, 또 무엇을 잘하는지, 우리 가족을 위해 어떤 역할을 하는지 이야기해 봐요. 이번엔 우리 가족이 함께일 때 위대한 점도 찾아보세요. 왜 함께할 때 더 위대해지는 걸까요? 어떤 점에서 우리 가족은 위대한가요? 아이가 질문을 어려워한다면, '함께 해서 좋은 점, 함께 있을 때 할 수 있는 일' 등을 생각해 볼 수 있게 해주세요. 그게 바로 우리 가족의 문화이고, 위대한 점이니까요. 충분히 이야기를 나눴다면, 도화지에 가족사진을 붙이고, 내가 찾은 우리 가족의 위대한 점을 써주세요. 가족의 특징이 드러나게 직접 그려보는 것도 재미있는 활동이 될 것입니다.

놀이 PLUS+

1. **가계도를 그려요** : 나는 엄마 아빠로부터 태어났습니다. 그렇다면 엄마 아빠는 어디서 왔을까요? 가계도를 통해 관계를 이해하는 시간을 가져보세요.
   ★ 아이가 자주 만나는 인물들을 중심으로 그려주세요.
   ★ 촌수의 개념을 익히는 학습보다, 이런 관계 속에 있다는 것을 느끼는 시간이 되게 해주세요.
   ★ 가족들의 사진을 활용하여 친숙하게 그릴 수 있게 해주세요.

2. **가족사진을 붙여요** : 거실이나 방문, 냉장고 문 같은 곳에 가족사진을 붙여주세요. 아이들은 나의 뿌리를 확인하고 싶어 합니다. 수시로 가족사진을 보며 내가 가족 안에서 중요한 사람이구나를 느낄 수 있습니다.
   ★ 아이의 시선이 닿는 위치에 붙여주세요.
   ★ 특별한 날에 찍은 사진이 더 좋아요.

소원을 이루어주는 나무

신발이 열리는 나무

박혜선 글. 김정선 그림. 크레용하우스

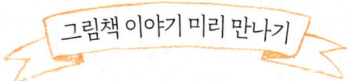

그림책 이야기 미리 만나기

햇빛이 쨍쨍 내리쬐는 여름날, 뒷집에 놀러 갔던 할머니가 돌아왔어요. 누렁이가 얼른 달려와 할머니를 반겼지요. 킁킁! 냄새를 맡더니 할머니 신발 한 짝을 벗겨 물고 뒷집으로 갔어요. 그리고는 다른 신발을 물고 왔지요. 할머니가 신발을 짝짝이로 신고 와서 찾으러 갔다 온 거죠. 그 뒤 누렁이는 신발만 보면 집으로 물고 왔어요. 날이 갈수록 누렁이가 물고 온 신발이 늘어났고, 누렁이는 신발을 여기저기 숨겼어요. 봄이 되고 텃밭 가운데에 신발 모양의 새싹이 나왔어요. 그 새싹은 무럭무럭 자라 나무가 되었지요. 그리고 가을이 되자 나무에는 신발이 많이 열렸어요. 어떻게 된 일일까요? 누렁이와 할머니는 이 신발 열매를 어떻게 했을까요?

그림책 속 주인공 누렁이는 신발을 아주 좋아하는 강아지입니다. 신발을 좋아하니 할머니가 잘못 신고 오신 신발도 금방 알아채고 바꿔오고, 할머니가 집에 가실 때 되면 알아서 신발도 챙기고 말이죠. 신발을 좋아하니 신발을 잘 알게 된 거죠. 좋아하는 마음이 커져서 온 동네 신발을 모두 가져오고, 여기저기 숨기더니 결국 이렇게 커다란 나무를 키워냈잖아요. 누렁이의 어떤 마음이 신발 나무를 자라게 한 걸까요? 어떻게 신발을 열매 맺을 수 있게 한 걸까요?

엄마   우아, 신발이 정말 많다. 어떤 신발들이 있나~?

아이   여자 아이 구두, 운동화, 장화, 겨울 부츠, 고무신, 아기 신발, 할아버지 구두, 엄마 구두…

엄마   정말 종류가 엄청 다양하네~

아이   근데 왜 한 짝만 있는 거지? 신발은 두 짝이 있어야 하는데…

엄마   그러네~ 한 짝씩 신는 신발인가?

아이   혹시 한 짝을 따면 그 자리에서 다른쪽 신발이 또 자라나?

엄마   그럴수도 있겠다~ 재미있는 생각이네~~
       근데 누렁이는 왜 신발을 그렇게 많이 가져온걸까?

아이   신발이 좋아서 그랬지~ 또 동네 사람들한테 신발을 선물하고 싶었나봐~

엄마   아, 그런 마음이 있었을 수도 있네~ 누렁이의 소원이 이루어졌네~
       ○○이는 나무에서 무엇이 열렸으면 좋겠어? 어떤 소원이 이루어졌으면 좋겠어?

아이   나는 코로나가 빨리 끝나고 비행기 타고 여행 가고 싶어~

엄마	엄마도 같은 마음이야~~ 얼른 끝났으면 좋겠다~사람들은 소원이 있으면 그걸 적어서 나무에 걸어 놓거나, 나무 앞에서 그 소원을 빌었대. 우리도 나무에 쪽지를 적어서 걸었던 거 기억나?
아이	응~ 기억나요~
엄마	우리도 소원을 이룰 수 있는 나무를 만들어 볼까?
아이	나무가 있으면 소원을 다 이룰 수 있는 거예요?
엄마	글쎄… ○○이는 어떻게 생각해?
아이	나무에 걸어놓고 계속 생각하면서 마음을 다하면 이룰 수 있지!
엄마	그렇지~ 엄마도 그렇게 생각해~ 우리도 만들어 보자!

아이들은 바라는 것이 많습니다. 새 장난감이 생기면 좋겠다는 마음, 언니가 생겼으면 좋겠다는 마음, 방학이 빨리 왔으면 좋겠다는 마음, 우리집이 도서관이 되었으면 좋겠다는 마음 등 매일 무엇인가를 바라고, 그것들을 가진 삶을 상상합니다. 아이들이 소원을 말할 때, '일상의 부족한 면만 보는 거 아닌가? 자신의 삶에 만족하지 못하고 있는 건가?'의 시선으로 바라본 적이 있었습니다. 왜 들어줄 수도 없는 것들을 요구하는건지 모르겠다는 생각이 들었습니다.

그런데 이 그림책을 만난 뒤, 아이의 모습을 다르게 바라보게 되었습니다. 만족하지 못하고 있는 것이 아니라, 자신이 좋아하는 것을 적극적으로 표현하고, 현재 자신의 관심사가 무엇인지를 보여주는 메시지라는 것을 알게 되었습니다.

바라는 것이 많은 사람은 욕심쟁이인 줄 알았는데, 자신의 삶을 적극적이고 주체적인 태도로 사는 것임을 깨닫고 더 적극적으로 소원을 적고, 바람을 이야기합니다. 언어의 힘을 믿으며 내가 글자로, 그림으로 표현한 것들이 이루어질 거라 믿고 행동합니다. 신발을 심으면 신발 나무가 자란다는 기적을 믿으며 말이죠.

나의 소원이 담긴 나무

난이도 ★★
권장 연령 6세 이상

준비물
나무를 꾸밀 재료
(도화지, 색연필, 화병, 나뭇가지)
색지
끈
사인펜

놀이의 효과 자발성, 표현력, 자기 마음 이해, 주체적 사고력 향상

놀이 시 주의사항
ⓐ 아이가 원하는 형태로 나무를 만들 수 있게 준비물을 챙겨주세요.
ⓐ 현실적이지 않은 소원이라도 모두 인정해 주세요.
ⓐ 아직 글씨를 쓸 수 없다면, 엄마 아빠가 대신 써주세요.

누렁이의 신발 나무처럼, 소원 나무를 만들어 봐요. 나는 나무에 어떤 소원을 빌고 싶은지, 내가 원하는 것이 무엇인지 생각해 보는 활동이에요. 나무에 소원을 걸어둔 기억이 있나요? 그 경험을 떠올리며 직접 소원 나무를 만들고, 나의 소원을 걸어 봅시다. 나무를 입체적으로 만들면 소원 종이를 끈으로 연결하여 걸면 되고, 나무를 평면에 그리면 소원 종이를 붙이면 되니, 아이가 원하는 대로 만들어 보세요. 나뭇가지, 수수깡 등을 활용하여 자유롭게 만들어요. 화병에 나뭇가지를 꽂아 만들면 간단하게 멋진 소원 나무를 완성할 수 있답니다.

① 연말에 박물관에서 만난 소원 나무.
② 소원 카드 만들기.
③ 소원이 열린 나무 완성!

잘하게 됐어요

내일의 나는…
미야니시 타츠야 글·그림, 예림당

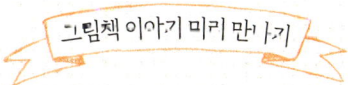

나는 아직 못하는 게 많습니다. 무서워하는 것도 많고 싫어하는 것도 많지요. 난 겁쟁이에요. 작은 강아지도 무서워하지요. 그렇지만 내일의 나는 큰 개에게도 명령하고 훈련할 수 있게 될 거랍니다. 난 혼자서 머리를 못 감아요. 샴푸 거품이 눈에 들어가면 바로 울지요. 그렇지만 내일의 나는 참방참방 뽀글뽀글 기분 좋게 혼자서 머리를 감을 수 있게 되지요. 나는 못하는 일이 많지만, 그건 단지 '아직' 못하는 것일 뿐입니다. 내일이 되면 잘하게 될 테니까요. 내일이 되면 나는 어떤 모습이 될까요? 내일이 되면 나는 무엇을 잘하게 될까요?

우리는 매일 조금씩 성장합니다. 어제 몰랐던 새로운 지식을 알게 되기도 하고, 경험해보지 못했던 무엇인가를 겪기도 하고, 느껴보지 못했던 새로운 감정을 느끼기도 합니다. 인간은 태어나는 순간부터 모든 것을 새롭게 쌓아가는 존재이고, 특히 아이들의 경우 그 성장의 모습이 점점 더 선명해집니다. 걸음마를 배우고, 말을 하고, 스스로 밥을 떠먹고, 글자를 읽는 등 모두 아이들이 성장하는 모습입니다.

《내일의 나는…》속 주인공은 어린 아이들의 작은 성장의 순간들을 담고 있습니다. 어른이 된 우리들의 눈에 너무나 당연한 그 순간들이, 사실은 이러한 작은 성장의 결과물들이 쌓여 이루어졌음을 깨닫게 하는 그림책입니다. 반복되는 구조로 이루어진 덕분에, 두 세장만 읽어도 아이들은 다음에 주인공이 무엇을 잘하게 될 것인지 찾아낼 수 있습니다. 주인공이 오늘은 못하지만, 내일 잘하게 될 그것을 맞추다 보면, 아이들은 자신의 이야기를 꺼내게 됩니다. '나도 이러한 순간들이 쌓이며 자라고 있는 중이거든요. 나도 오늘은 못 했지만, 내일 잘하게 될 것들이 많이 있거든요. 경험을 이야기하며 아이들은 자연스럽게 그림책을 능동적으로 읽을 수 있게 되는 거죠.

엄마 아빠도 아이와 성장에 대한 이야기를 나누며, 처음에는 잘 못했지만 잘하게 된 것들을 이야기해 보세요. 엄마 아빠의 경험을 통해 아이들은 인간은 언제나 성장하고 있다는 경이로운 사실을 느낄 수 있을 거예요. 지금 내가 못하는 건 내가 무능해서가 아니라 아직 그 과정 속에 있는 것임을 느낀다면 무엇인가 새로운 일을 시작하거나, 현재 하고 있는 일이 잘 안될 때 좌절하고 포기하기보다 내일은 잘할 수 있으리라는 기대감으로 마주할 수 있을 거예요.

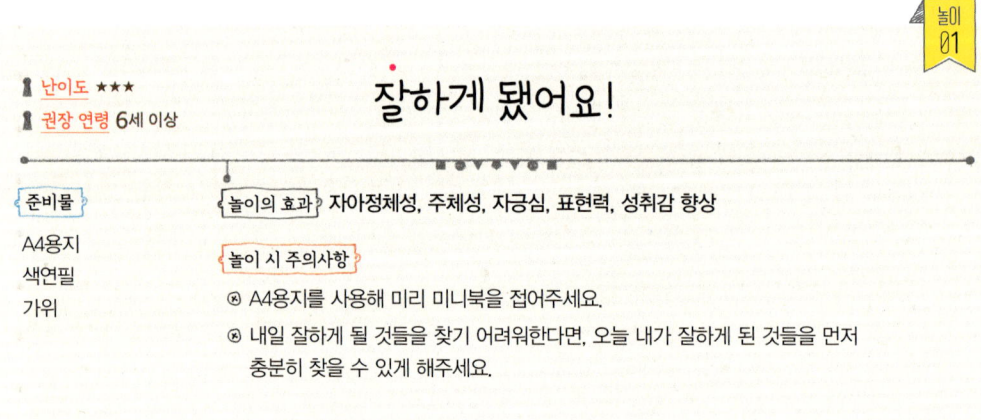

아이가 할 수 있는 모든 것들은 처음에는 할 수 없었고 잘 못했지만, 지금은 할 수 있게 되었고 고 잘하게 된 것들입니다. 대부분의 아이들이 자라며 성취하는 것이기에 우리는 그 경이로웠던 순간들을 잊고 당연하게 받아들이며 아이에게 더 큰 무엇인가를 요구하게 됩니다. 아이들 또한 점점 더 어른들과 비슷한 시각으로 자기 자신을 보게 되죠. 그 익숙함을 깨보자고요. 내가 이루고 있는 것들이 얼마나 찬란한 것들인지 이야기해 보자고요. 아주 작은 것부터 찾아보아요. 지금 내가 잘하게 된 것들을 찾아보아요. 그리고 내가 지금 잘 못하지만, 내일 잘하게 될 것들을 이야기해 보아요.

혹시 아이가 내일 잘하게 될 일을 찾는 것을 어려워한다면, 잘하고 싶은 것을 생각해 보게 해주세요. 잘하게 될 일과 잘하고 싶은 일은 연결되어 있고, 또 어쩌면 비슷한 것일 수 있으니 아이가 부담감을 내려놓고 편안하게 이야기를 꺼낼 수 있을 거에요.

《내일의 나는…》의 주인공처럼 내 이야기가 담긴 미니북을 만들어 봐요. A4용지를 8등분으로 접고, 가운데를 자른 뒤, 접으면 귀여운 책 모양이 완성됩니다. (시판 중인 스크랩북을 활용해도 좋아요) 미니북의 오른쪽 페이지에 오늘 내가 못하는 것을 적고, 뒷장으로 넘겨 왼쪽 페이지에 내일 내가 잘하게 될 것을 적으면 됩니다. 우리가 읽은 그림책과 동일한 형태로 구성하면, 뒷장을 넘기며 무엇을 잘하게 될지 상상하며 읽을 수 있거든요.

1. 앞장 오른쪽에는 '가위질을 잘 못하는 나', 뒷장 왼쪽에는 '가위질을 잘 하는 나'.
2. 앞장 오른쪽에는 '그림을 잘 못 그리는 나', 뒷 장 왼쪽에는 '그림을 질 그리는 니'.
3. 제목을 짓고, 나의 이름을 적어서 표지를 꾸며요.

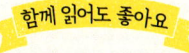
함께 읽어도 좋아요

<큰다는 건> 클린 패러토어

'큰다는 것'이 무엇인지를 담고 있는 그림책입니다. 물질적인 성장이 아닌, 마음과 생각이 자라는 것에 대해 초점을 두고 있습니다. 사실 우리는 눈에 보이는 성장을 보고 판단하는데 더 익숙하지요. 《큰다는 건》에서는 그러한 우리들에게 진짜 큰다는 게 무엇인지, 큰 사람이 되려면 어떻게 해야 하는지 물어봅니다. 매일 찾아오는 새로운 날을 어떻게 보내야 하는지, 나는 나를 어떻게 대해야 하는지 등 삶에 대한 태도를 점검해 볼 수 있는 이야기를 쉬운 문장, 밝은 그림으로 표현한 철학적인 그림책입니다.

나는 매일 자라요

내가 자라면
우이팅 글·그림, 크레용하우스

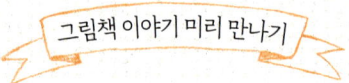

그림책 이야기 미리 만나기

    콩콩이는 '자란다는 건 어떤 거야?'라는 궁금증이 생겼어요. 어른들께 여쭤봤지만, "자라면 알게 될 거야!"라는 말만 들을 뿐이죠. 호기심 많은 콩콩이는 '자란다'는 것에 대한 대답을 생각해 봅니다. 내가 자라면 아기였던 나는 사라지는 것인지? 내가 자라면 어떻게 생겼을지? 어떻게 하면 잘 자랄지? 등등 궁금한 것들을 질문하며, 내가 자라게 되면 어떤 일이 생길지 상상해 봅니다. 콩콩이의 질문과 상상력 덕분에 그림책을 읽다보면 자연스럽게 '나'는 어떻게 자랄지 상상해 보게 된답니다.

이 그림책을 처음 읽었을 때, 처음부터 끝까지 읽는 내내 가슴 한가득 몽실몽실한 기분이 들었어요. 행복하고 따뜻하고 예쁜 에너지가 제 마음 속에 쏙 들어왔습니다. 세상에는 다양한 '가치'가 있고, 사람에 따라 중요시하는 가치가 다르다고 하죠. 저는 많은 가치 중 '성장'이라는 단어를 가장 좋아해요. 무엇인가 잘하게 되는 것, 어제보다 나아지는 것, 발전하는 것은 저를 살게 하는 엄청난 에너지거든요. 아이를 낳고 키우며 체력적으로 힘들고 가끔은 견딜 수 없게 두렵지만, 행복하고 즐겁게 살 수 있는 건, 제가 매일 성장하려고 애쓰고 있고, 그 애쓴 만큼 조금씩 성장하고 있음을 느끼기 때문이거든요. '자란다'는 것은 무엇일까요? 어떤 변화가 있을 때, 우리는 '자란다'고 표현하나요? 아이의 키가 컸을 때, 몸무게가 늘었을 때, 동생을 챙기는 모습을 봤을 때 우리는 아이가 자랐다고 이야기합니다. 또 울지 않고 자신의 감정을 언어로 표현했을 때, 사용하지 않던 낱말을 말했을 때도 자랐다고 이야기하죠. 자란다는 개념은 신체적 변화뿐만 아니라, 정서적, 언어적 변화 등 모든 성장에 사용합니다.

주인공 콩콩이는 '자란다'에 대해 궁금했고, 그 궁금증은 꼬리를 물고 다양한 질문을 만들어 냈습니다. 아이와 함께 《내가 자라면》을 보며, 하나씩 대답해 보아요. 어떤 질문은 쉽게 대답할 수 있지만, 또 어떤 질문은 그 답을 찾기 어렵습니다. 어쩌면 엄마 아빠보다 아이가 더 명쾌한 답을 가지고 있을지도 몰라요.

엄마 ○○아, 자란다는 게 무슨 뜻이야?

아이 그건 쑥쑥 키가 크는 거지. 이도 새로 나고, 머리카락도 길어지고.

엄마 그렇지~ 그럼 몸이 크는 것만 자라는 거야?

아이 아니 · 못하는 걸 잘하게 되는 것도 자라는 거지.
 엄마가 나한테 언니 돼서 잘한다고 했잖아.
 초등학생 되니까 잘하게 된 건, 자라서 잘하게 된 거잖아.

엄마 응~ 근데 만약에 ○○이가 열심히 연습을 안 했으면 잘할 수 있었을까?

아이 연습을 안 하면 못하지~ 원래 잘하는 사람은 없지~

엄마 그럼 연습을 많이 할 수 있게 되는 건, 자랐다는 뜻인가?

아이 응. 연습하는 건 가끔 힘든데, 힘든 거를 참을 수 있는 힘이 생긴거거든.

엄마 우아~ 우리 ○○이 표현이 참 멋지다.
 그럼 몸도 자라는 거고, 마음도 자라는 거구나.

엄마 콩콩이가 '엄마 아빠도 지금보다 더 자랄까?'라고 궁금해하는데…. 어떻게 생각해?

아이 당연히 더 자라지~ 키도 아주 조금 크기도 하고, 또 마음이 더 커지잖아. 그리고 못하는 걸 잘하게 되기도 하니까, 자라는 거지. 엄마가 처음에는 운전 못했는데 이제 잘하게 됐잖아.

엄마 아~ 그러네. 엄마도 운전을 어른이 돼서 배웠지. 무엇인가 잘하게 되는 것도 자라는 거구나. ○○이 덕분에 엄마가 오늘도 조금 더 자랐어~! 고마워.

엄마 근데 이 아이들은 누구야?

아이 아~ 콩콩이의 엄마 아빠가 어렸을 때 모습이야.

엄마 왜 갑자기 나왔어?

아이 콩콩이가 궁금해서, 사진보고 생각한거야. 상상했어~

엄마 아하~ ○○이 말을 듣고 보니, 그러네.

엄마, 아빠의 대화 코칭!

가끔은 잘 모르는 척 해주세요. 엄마 아빠가 다 알고 있기보다, 한 번씩 모르는척하는 게 아이에게 더 기쁘고 즐거울 수 있어요. 내가 엄마 아빠에게 도움을 준다는 느낌을 얻을 수 있거든요. 아이가 엄마 아빠에게 알려준다는 기쁨을 누릴 수 있게 해주세요. 가끔은 잘 모르는 것도 잘 알려고 애쓰기도 할 거예요. 그 과정 속에서 아이 스스로 더 잘 알게 되기도 하고요.

나는 매일 자라요

🔖 **난이도** ★★★
🔖 **권장 연령** 6세 이상

준비물
도화지
색연필
사인펜

놀이의 효과 자아정체성, 자존감, 자긍심, 상상력, 미래지향적 사고

놀이 시 주의사항
ⓐ 아이가 자신의 성장을 충분히 기뻐할 수 있게 해주세요.
ⓐ 미래의 모습을 즐겁게 상상할 수 있게 해주세요.

앞으로 어떤 모습으로 자라고 싶은지 생각해 볼 수 있게 해주세요. 내가 자라면 무엇을 할 수 있을지, 무엇을 하고 싶은지 찾아볼 수 있게 해주세요. 현실적이지 않은 일들도 괜찮아요. 엉뚱하거나 가능성이 낮아 보이는 일들도 괜찮아요. 마음껏 펼칠 수 있게 해주세요. 그것들을 통해 아이의 바람과 욕구를 살펴볼 수 있고, 어쩌면 앞으로 아이를 키우는데 도움이 될지도 모른답니다. 또한 아이들이 살아갈 세계는 우리가 생각하는 것보다 훨씬 더 큰 상상력이 필요한 세상일 수 있어요. 우리도 미래가 어떠할지 모르니, 엄마 아빠의 시선에서 판단하지 말자고요.

1 용기를 주는 일을 하고 싶다고 적었어요.

함께 읽어도 좋아요

<어른이 되면> 상드린 보

아이들이 어른이 되면 하고 싶은 일들이 담긴 그림책입니다. 아이들은 어른이 되면 무엇을 하고 싶어 할까요? 그림책 속 아이들은 물고기차를 운전하고 싶다고 이야기해요. 또 비눗방울 만드는 일을 하고 싶다고 말하기도 하고, 말에게 줄무늬를 그려주는 화가가 되고 싶은 아이도 있네요. 어른들이 보기에 허무맹랑해 보이는 일이지만, 아이들에게는 너무 멋진 일입니다. 파스텔톤의 따뜻한 그림과 상상력이 가득 담겨 있어 읽는 내내 미소가 떠나지 않는 그림책입니다. 아이와 함께 읽으며 미래에 대해 마음껏 상상해 보세요.

내 이불을 디자인해요

내 이불은 바다야
미로코 마치코 글·그림, 길벗어린이

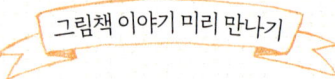

그림책 이야기 미리 만나기

바다 이불을 덮고 잠을 잡니다. 시원하고 파도 소리가 들리는 이불입니다. 전등은 달이 되고, 베개는 구름이 되었습니다. 내가 덮고 잔 바다 이불은 어느 순간 고양이 이불이 되었다가 식빵 이불이 됩니다. 식빵 이불을 코끼리 아저씨가 먹어 나의 이불이 사라졌습니다. 그래서 코끼리 아저씨와 나는 이불을 함께 덮게 되지요…. 내가 자고 있는 동안, 나의 이불은 자꾸만 변합니다. 어떻게 이불이 변하는 걸까요?

처음에 이 그림책을 만났을 때, 그림책의 내용이 잘 이해되지 않았습니다. 그림책 속 사물들이 어떤 연관성이 있어 서로 연결되는지 납득되지 않았습니다. 아이와 함께 그림책을 보며 "왜 이렇게 자꾸 바뀌는 걸까?" 질문하니, 아이는 너무 간결하게 "꿈이니까 그렇지~"라고 대답하더군요. 아이의 시선에서 너무 자연스러운 이야기가 어른인 제게는 어렵고 해석해야 하는 대상이었더라고요.

꿈이란 무엇일까요?

네이버 어학사전에 '꿈'을 검색하면 3가지의 의미가 나옵니다.

[명사] 1. 잠자는 동안에 깨어 있을 때와 마찬가지로 여러 가지 사물을 보고 듣는 정신 현상
2. 실현하고 싶은 희망이나 이상
3. 실현될 가능성이 아주 적거나 전혀 없는 헛된 기대나 생각

아이들에게 '꿈'이 무엇인지 물어보면 1번과 2번의 뜻을 잘 찾아냅니다. 아이들과 이야기를 나눌 때는 1번과 2번의 정의만 활용합니다. 아이들에게 잠잘 때 꾸는 꿈과 하고 싶은 꿈이 어떻게 연결되어 있는 건지, 왜 같은 글자에 다른 뜻이 있는 건지 물어보곤 하죠. 신기하게도 영어 단어 'Dream'도 동일하게 두 가지 의미를 가지고 있거든요. 자기 전에 어떤 생각을 계속 하다 잠들었을 때, 꿈속에 나타난 경험이 있으신가요? 아이들에게 물어보면 아이들도 어렵지 않게 그런 경험들을 찾아내 이야기합니다. '내가 무엇인가를 계속 생각하고, 이루고 싶어서 간절하게 바라고 떠올리는 것들을 자면서도 생각할 수 있구나!' 결국 낮에 꾸는 꿈과 밤에 꾸는 꿈이 연결되어 있다는 것을 발견하게 됩니다.

주인공은 꿈속에서 여러 대상들을 만납니다. 꿈속에서 만난 대상들을 찾았다면 구체적으로 어떤 꿈을 꿨을지 이야기 만들기를 해봐도 좋아요. 이 꿈 다음에 이떤 대상이 나왔을지 한 두 문장으로만 표현하더라도 이야기가 완성되므로, 자신의 생각을 표현하기 어려워하는 아이들에게도 부담 없이 접근할 수 있는 방법입니다. 주인공의 꿈 이야기를 상상해 보고, 꿈의 사전적 정의도 알았다면, 이제 나의 꿈에 대해 이야기해 볼 차례에요. 나는 '꿈을 자주 꾸는지, 어떤 꿈을 꿔봤는지, 그때 느낌은 어땠는지.' 꿈과 관련된 에피소드들을 이야기해 보세요. 엄마 아빠의 꿈과 관련된 에피소드를 들려주서도 좋고, 아이가 엄마 뱃속에 있었을 때의 꿈 이야기인 '태몽'을 들려주는 것도 좋습니다.

밤에 꾸는 꿈에 대한 이야기를 나눈 뒤, 낮에 무슨 꿈을 꾸는지도 이야기해 보세요. 오늘 내일 이루고 싶은 작은 꿈도 좋고, 1년 2년 뒤 이루고 싶은 꿈도 좋아요. 미래에 어떤 일을 하고 싶은지도 좋고요. 꿈이 꼭 어떤 직업을 갖는 것이 아니어도 괜찮아요. 어떤 일을 하고 싶은지, 어떤 삶을 살고 싶은지를 이야기 할 수 있는 게 더 중요합니다. 내가 무엇을 좋아하고 그 일을 왜 하고 싶은지 말할 수 있게 도와주세요. 엄마 아빠가 먼저 지금 어떤 꿈을 꾸고 있는지, 그 꿈을 이루기 위해 어떤 행동을 하고 있는지 들려준다면 아이들에게 더 의미 있는 시간이 될 거예요.

엄마, 아빠의 대화 코칭!

매일 꿈이 달라지더라도 괜찮습니다. 언제든지 꿈은 바뀔 수 있다는 것을 꼭 이야기해 주세요. 우리는 매일을 살면서 새로운 경험들을 하고, 그것들은 나의 생각을 달라지게 할 수 있으니까요. 아직 경험해 보지 못했지만 내게 딱 맞는 꿈을 내일 발견할 수도 있으니까요.

놀이 01

나의 꿈이 담긴 이불!

▌난이도 ★★★★
▌권장 연령 6세 이상

준비물
색지
반투명 종이(트레싱지)
색연필
사인펜
풀

놀이의 효과 자존감 향상, 자아정체성, 자긍심, 표현력, 미래지향적 사고

놀이 시 주의사항
ⓐ 어떤 꿈을 이야기하든지 인정해 주세요.
ⓐ 그 직업과 관련한 이미지를 잘 떠올리지 못한다면, 사진 자료를 활용해 붙이는 것도 좋아요.

색지는 침대고, 반투명 종이는 이불입니다. 두 장의 종이를 붙여 내가 꿈 이불을 덮고 있는 모습을 표현할 거예요. 색지에는 침대에 누워있는 내 모습을 그리면 됩니다. 내가 입고 싶었던 잠옷도 입혀주고, 잘 때 내 옆에 있는 인형 또는 장난감도 그려요. 반투명 종이는 나의 꿈이 담긴 이불이에요. 그림책 속 주인공이 꿈을 꿀 때마다 이불이 달라진 것처럼 나도 내 꿈이 담긴 이불을 디자인할 거예요.

우선 아이와 어떤 '꿈'을 꾸고 있는지 이야기 나눠 보세요. 그리고 그 꿈과 관련된 사물들을 찾아보세요. 만약 꿈이 '요리하는 사람'이라면 요리와 관련된 요리사 모자, 앞치마, 조리도구, 식재료 등을 떠올릴 수 있겠죠. 예쁜 디자인의 식기와 카메라도 떠올릴 수 있고요. 그럼 이제 그 사물들을 이불에 그려주면 된답니다. 어떻게 배치하느냐에 따라 이불의 디자인이 달라지겠죠?

1. 색지에 내 모습 그리기.
2. 나의 꿈과 관련된 이미지 그리기.
3. 꿈 이불을 덮고 자는 내 모습 완성!

더 신나게 놀 수 있는 TIP
내 이불은 어떤 이불인가요? 내가 덮고 자는 이불은 어떤 디자인인지 살펴보세요. 또 어떤 소리, 어떤 향기를 갖고 있는지 상상해 봐요.

함께 읽어도 좋아요

<주인공은 너야> 마크 패롯

6개의 직업을 따뜻하게 표현하고 있는 그림책입니다. 우리가 직업과 관련된 책에서 쉽게 살펴볼 수 있는 의사, 변호사, 소방관 같은 직업이 아닌, 작가, 연출가, 배우 등 예술 분야에서 일하는 이들을 소개하며, 엄마 아빠도 막연히 알았던 직업을 조금 더 가까이 느낄 수 있습니다. 직업인으로서 하는 일 뿐만 아니라, 평소에 관심을 갖고 있는 분야와 어렸을 때부터 무엇에 관심을 갖고 있었는지를 함께 담고 있습니다. 덕분에 꿈이나 장래희망이 먼 미래의 일이 아니라, 지금의 나와 연결되어 있음을 느낄 수 있으며, 꿈꾸는 삶을 응원하고 있음을 느낄 수 있는 따뜻한 그림책입니다.

내 아이의 정서지능을 키워주는
그림책 놀이

초판 1쇄 인쇄 2022년 3월 1일
초판 1쇄 발행 2022년 3월 10일

지은이 이정원
펴낸이 정용수

사업총괄 장충상 본부장 윤석오
책임편집 홍서진 기획·편집 블루기획
디자인 이성희
영업·마케팅 정경민
제작 김동명 관리 윤지연

펴낸곳 ㈜예문아카이브
출판등록 2016년 8월 8일 제2016-000240호
주소 서울시 마포구 동교로18길 10 2층(서교동 465-4)
문의전화 02-2038-3372 주문전화 031-955-0550 팩스 031-955-0660
이메일 archive.rights@gmail.com 홈페이지 ymarchive.com
블로그 blog.naver.com/yeamoonsa3 인스타그램 yeamoon.arv

ⓒ 이정원, 2022
ISBN 979-11-6386-090-7 13370

㈜예문아카이브는 도서출판 예문사의 단행본 전문 출판 자회사입니다. 널리 이롭고 가치 있는 지식을 기록하겠습니다.
이 책 내용의 전부 또는 일부를 이용하려면 반드시 저작권자와 ㈜예문아카이브의 서면 동의를 받아야 합니다.

*책값은 뒤표지에 있습니다. 잘못 만들어진 책은 구입하신 곳에서 바꿔드립니다.